마지막 때 예배자 군대

KB205390

THE END TIME WORSHIP ARMY
CHOOSING A LIFE OF WORSHIP THAT CHANGES CITIES AND NATIONS

PUBLISHED BY CHRIS AND ALYCIA HUMPHREY BURN 24-7 SACRAMENTO
CONTACT THE AUTHOR AT CHRISH@THEBURN247.COM

마지막 때 예배자 군대

삶의 예배로 도시와 나라를 변화시켜라!

크리스 험프리 지음 / 천슬기 옮김

션 포이트 - 예배 사역자, Burn 24-7 창립자

크리스 험프리는 내가 아는 누구보다 가장 마음 깊은 곳에서 우러나오는
참된 예배를 드리는 사람이다! 크리스는 하나님의 임재를 열정적으로 추구하며
매달 캘리포니아에서 주최하는 24~50시간 Burn 집회 동안 줄곧 자리를 지키는
헌신 된 사람이다. 나는 끊임없는 예배의 자리에서 삶으로 녹여낸 성경적 가치와
원칙을 크리스보다 더 모범적으로 잘 전달하는 사람을 본 적이 없다.
크리스는 예배자들의 모범이다.

차 례

2부 마지막 때 군대 END TIME ARMY

추천의 글

데이비드 프리치, Burn 24-7 섬김이

"크리스는 내가 아는 사람 중에 가장 겸손하고 믿음직스러우며 열정적인 사람이다. 크리스가 지나온 삶의 간증은 하나님의 급진적인 사랑이 한 사람을 완전히 변화시키는 모습을 아름답게 보여준다. 크리스는 스스로 힘들고 어려운 고난과 시련을 통과하면서 상한 마음이 무엇인지 철저히 경험한 결과, 상한 마음을 가진 다음 세대의 참된 아버지로 영적인 자녀들을 일으키는 놀라운 기름부음이 있다. 그의 삶에서 우러나온 메시지는 당신이 예수님과 더 깊은 사랑에 빠지게 만들고 진정으로 헌신 된 복음의 종이 되도록 영감과 도전을 불러일으킬 것이다."

스티브 스톡클린, 시애틀 포트 오처드 Burn 24-7 섬김이

"이 책은 우리를 향한 하나님의 마음과 영원한 사랑을 알려준다. 우리는 하나님의 기쁨을 위해 지음 받았다! 크리스 험프리의 삶은 우리가 하나님의 사랑 안에 거하면서 기쁨으로 가득한 예배의 삶을 살 때 하나님이 우리 한 사람 한 사람을 기뻐하신다는 참된 증거의 실제이다. 모든 예배자에게 이 책을 추천한다."

로저 조이너, 기도 인도자

"크리스 험프리는 다윗의 마음을 가졌다! 크리스는 하나님을 향한 갈망으로 불타며 종교적으로 꾸며지지 않은 이 세대를 향한 하나님의 목적을 섬길 용기가 있는 사람이다. 이 책은 하나님의 길을 가는 굶주린 순례자들에게 신선한 기름 부음을 전달한다."

브라이언 바로셀로나, 윈보이스 학생 선교 사역

"크리스 험프리는 내 멘토이자 기도의 사람이며 하나님의 부르심에 충성한 사람이다. 여러분이 이 책을 읽을 때 하나님의 은혜를 경험하고 우리가 지금까지 눈물로 심은 것을 이 세대가 추수하는 열매를 볼 것이다."

재러드 맥에크런, 엘크 그로브 추수 교회 학생 사역 담당자

"크리스 험프리는 전심을 다 해 급진적으로 하나님을 사랑하는 사람의 정의 그 자체이다! 크리스는 굉장한 열정으로 사람들을 하나님의 영광의 임재로 이끈다. 여러분이 이 책을 읽을 때 크리스 험프리가 자아를 버리고 저돌적인 예배자로 만들어준 하나님의 사랑을 경험할 것이다!"

갈렙 클링에, 새생명 기독 센터 담임목사

"지난 몇 년 동안 하나님이 크리스를 통해 역사하시는 것을 기쁨으로 지켜보았다. 크리스는 겸손과 성실이 어우러진 불의 사람이다. 이 책을 읽는 동안 크리스의 불과 열정이 여러분에게 나누어지길 기도한다."

ACKNOWLEDGEMENTS

감사의 글

아내 알리시아에게 특별한 감사를 전합니다. 알리시아는 하나님이 내 삶에 주신 가장 위대한 선물입니다. 여보, 시련이 닥칠 때마다 내 곁을 지켜주고 힘이 되어 줘서 정말 고마워요. 교도소에서 막 나온 한 남자의 청혼을 받아주어서 정말 고마워요. 당신은 내가 결코 상상할 수 없는 것을 내 안에서 보았습니다. 나라는 사람과 결혼하는 "위험"을 감수한 당신의 용기 때문에 내가 더 좋은 사람이 될 기회를 얻었습니다! 당신을 정말 사랑합니다.

내 부모님, 제임스와 펠리시아! 제가 말도 안 되는 일들을 겪을 때도 포기하지 않는 사랑으로 최고의 가족이 되어 주셨기에 이 책이 나올 수 있었습니다. 어머니, 저를 믿어 주셔서 감사해요. 아버지, 언제나 조건 없는 사랑을 보여주시고 정직하며 근면한 남성의 모범이 되어 주셔서 감사해요. 제임스와 펠리시아, 저를 지지해주셔서 감사합니다.

선 포이트와 모든 Burn 24-7 가족에게 감사를 전합니다. 선, 나는 당신의 열정적이고 급진적인 삶을 보면서 더 높은 뜻을 마음에 품는 것이 무엇인지 배웁니다. 내 Burn 가족들, 밤낮으로 함께

한 여러분의 순종으로 전 세계 도시에서 하나님이 급진적으로 역사하신다는 소식을 들을 때마다 소망으로 가득 찹니다.

낸시 킹과 저스티나 할스톤 두 분의 수고와 놀라운 편집 실력 덕분에 이 책이 훨씬 좋아졌습니다. 여러분의 노력을 잊지 않을 것입니다. 두 분에게 큰 감사를 보냅니다.

사랑하는 예수님! 예수님은 내 아름다운 주님이십니다. 주의 임재라는 은혜로운 선물을 통해 우리가 주님의 선하심으로 충만한 삶을 살게 하셨습니다.

주 예수님, 정말 감사합니다. 우리가 살면서 당신의 영원한 영광을 조금이라도 맛본다면, 이 땅에서 사는 동안 겪는 어떤 고난도 우리를 주님의 사랑에서 끊을 수 없으며, 주님을 위한 어떤 희생도 아깝지 않을 것입니다. 주님 정말 사랑합니다!

내 이야기

이 책의 본격적인 내용으로 들어가기 전에 먼저 내 이야기를 조금 나누고 싶다. 하나님을 예배하는 예배자로서 걸어온 내 삶의 여정이 어쩌면 하나님께서 당신에게 말씀하시는 것을 이해하는 데 조금은 도움을 줄지 모르기 때문이다.

나는 이 책에 삶으로 드리는 예배의 깊은 성경적 계시와 함께 내 개인적 경험과 사례를 최대한 기록했다. 당신이 이 책을 한 장 한 장 읽을 때, 하나님이 나를 이끄셨던 그곳으로 당신을 인도하시기를 기도한다. 내 이야기는 신자들의 일상적인 모습과 상당히 다르다. 나는 크게 쓰임 받은 대부분의 사역자와 다르게 대부흥의 시기를 경험한 적도 없고 훌륭한 영적 아버지에게 멘토링을 받은 적도 없으며 어렸을 때는 아예 교회를 다니지 않았다.

사실 내 과거는 과도한 약물 복용과 주술, 뉴에이지 영을 실험한 일로 가득하며 이런 악한 경험 때문에 나는 오직 예수님이 아니면 구출할 수 없을 정도로 극도의 영적인 타락에 빠졌다. 슬프게도 이 시기에 나와 제일 친했던 친구들은 지금 대부분 범죄나 사고로 죽거나 죄를 저질러 종신형을 선고받고 감옥에 있다.

내 간증은 어두운 곳에서 벗어나 참된 예배자의 삶을 사는 한 사람의 이야기다. 나는 19살에 그리스도께 삶을 드리고 곧바로 하나님을 따르는 생활로 뛰어들었다. 나는 지금도 내 삶을 예수님께 드린 주님의 임재를 경험한 영광스러운 순간을 기억한다. 누가 설명해 주지 않았지만, 이 영적인 경험이 내 존재 이유라는 것을 알았다. 그리스도 안에서 거듭난 지 얼마 되지 않았지만 내 영은 예배하는 삶에 깃든 영광을 자주 경험했다. 이런 경험들은 참된 예배자가 되는 여정을 결단하게 했다.

나는 21살에 내가 살던 캘리포니아주 새크라멘토를 떠나 오리건주 포틀랜드로 오라는 초청을 받았다. 이 초청은 내가 누리던 모든 안락함을 내려놓는 것을 의미했지만 나는 전혀 주저하지 않았다. 오히려 의욕으로 가득한 그리스도의 젊은 추종자였던 나는 예수의 참된 연인으로 사는 삶을 추구하기 위해 모든 것을 내려놓는다는 생각에 기쁨이 넘쳤다. 물론, 이후 8년이라는 시간이 내 삶에 가장 외롭고 힘든 시간이 될 줄은 전혀 몰랐다.

지금 되돌아보면 말할 수 없이 고통스러운 그 8년 동안 내가 통과한 모든 상황이 나를 참된 예배자로 빚으시는 하나님의 계획이었다. 나는 사울의 가혹한 지도력 아래 있던 다윗처럼 아주 율법적이고 책망하기 좋아하는 교회 지도자 아래 있었다. 매일 매 순간 혼나고 책망받을 때마다 정죄감 때문에 큰 고통을 겪었으며 그저 내가 여전히 하나님께 사랑받는 사람이라는 것을 확인하기 위한 절박감으로 예배와 기도의 자리에서 주님께서 주시는 용납을 느끼려고 몇 시간씩 머물렀다.

이 시기는 나에게 "사막의 구석"에 있는 경험이었다. 1990년대 후반과 2000년대 초반까지 나는 교회에서 무슨 일이 일어나는지 거의 모르고 지냈다. 나는 나만의 작은 세상에서 믿음을 지키려고 고군분투했는데, 정말 너무 힘들어서 매일 자살의 유혹과 싸워야 할 정도였다. 다른 신실한 친구들의 도움이 필요했지만 하나님과 성경 말고는 아무것도 필요 없다는 잘못된 가르침에 묶여서 세월을 보냈다. 하지만 지금 나는 이때의 경험을 감사하는 마음으로 되돌아볼 수 있다! 하나님은 다윗에게 던져진 사울의 창이 다윗을 하나님의 마음에 합한 사람으로 빚으시는 것을 아셨듯이 내가 겪는 고난이 나를 어떻게 바꿀지 정확히 아셨다.

이 시기의 고난이 내 삶을 향한 하나님의 "완벽한 계획"이었을까? 사실 나는 이 질문에 정확히 답하기 어렵다. 히브리 민족의 고난과 울부짖음이 하나님의 보좌에 닿을 때까지 이집트에서 가혹한 고통을 받는 것이 하나님의 완벽한 계획이었을까? 1948년에 이스라엘이 독립된 국가가 되기 전 6백만 명의 유대인이 2차 대전 중에 몰살당한 것이 하나님의 완벽한 계획이었을까? 사실 이런 역사와 개인의 비극은 지적인 이해와 교리문답으로 답할 수 없는 영역이다. 그저 내가 말할 수 있는 것은 영혼의 고통으로 절박하게 부르짖는 심령을 만드는 일들은 오직 하늘 보좌에서만 위로받을 수 있다는 것이다. 이것이 정확히 내가 포틀랜드에 있을 때 내 안에 일어난 일이다. 고난의 용광로 속에서 삶의 예배가 자라났다.

나는 8년간 혹독한 비난과 정죄 아래 시간을 보내다 결국 건강하지 못한 신앙 환경을 떠났고 그 충격으로 다시 약물 남용의 악순환에 빠져 연방 교도소 10년형을 선고받을 위기에 처했지만, 하나님의 은혜로 16개월의 형량을 선고받고 그중에 9개월만 복역하고 출소했다. 사실 이 사건은 내게 일어난 최고의 일이었다! 나는 교도소에서 갇혔을 때 오히려 하나님을 예배하는 참된 자유를 발견했다. 제소자 중에 극히 적은 다섯 명이 참석한 작은 예배실에 하늘 문이 열렸고 하나님의 영광이 육신으로 갈 수 없는 곳으로 나를 데려갔다. 나는 교도소에서 보낸 9개월간 지존자의 은밀한 곳에 거하는 법을 배웠다. 이것은 말 그대로 초자연적이었다.

교도소에서 어디에 있든 하나님이 함께하면 곧 그곳이 예배 처소였다. 교도소에서 보낸 시간 속에서 나는 어느 곳에서도 찾을 수 없는 하나님의 친밀함을 발견했다. 사실 교도소에 들어가면 수많은 범죄자에 둘러싸이기 때문에 이전보다 더 나빠지는 경우가 대부분이다. 하지만 감사하게도 나는 하나님이 함께하셔서 범죄자들에 둘러싸이지도 않았고 마음의 응어리와 거절감, 약물과 포르노 중독, 두려움과 과거의 불안에서 벗어났다.

이제 나는 혼자 방에 있든 수천 명의 예배자로 가득 찬 집회 장소에 있든, 하나님이 계시는 천상의 영역에 접속하는 방법을 안다. 구원받은 신자라면 오직 믿음으로 보좌에 앉으신 하나님께 예배하는 수많은 천사와 하나님의 영광의 임재로 가득한 천상의 영역에 즉각 접속할 수 있다. 천상의 예배를 통해 나는 약물에서 해방되었고 하나님의 임재에 중독되었다! 나에게 예배는 그저 최신 유행 찬양이나 특색 있는 교회의 화려한 공연보다 훨씬 귀하다. 예배는 내 삶의 근원이다.

나는 이 책을 3년 반에 걸친 사랑의 수고로 완성했다. 당신은 이 책을 읽으면서 내가 어떻게 예배자가 되어 예배의 삶을 사는지 발견할 것이다. 우리 주 예수님이 자신의 생명을 나누어 주신 것처럼 나는 이 책을 통해 내 삶으로 깨달은 생명과 같은 예배를 당신과 나눈다. 내 예배하는 삶이 당신에게 예수 그리스도를 더 깊이 찾는 도구가 되기를 기도한다.

"아버지, 이 책의 내용을 통해 이 세대에게 당신의 마음을 알려 주십시오. 예배자를 찾으시는 아버지, 아버지께서 찾으시는 예배자들이 이제 일어나 마지막 때 군대의 선두에 서기를 기도합니다. 예배자들이 아버지가 역사하시는 통로가 되게 하소서! 예수님의 이름으로 기도합니다. 아멘."

| 일 러 두 기 |

이 책에 사용된 성경 본문은 히브리어와 헬라어 원문에 충실한 표준 새번역을 기준
으로 필요에 따라 다양한 역본을 사용했습니다.

마지막 때
예배자 군대

1부

참된 예배

TRUE WORSHIP

1장

예배의 마음
THE HEART OF WORSHIP

23 아버지께 참되게 예배하는 자들은 영과 진리로 예배할 때가 오나니 곧 이 때라 아버지께서는 자기에게 이렇게 예배하는 자들을 찾으시느니라 24 하나님은 영이시니 예배하는 자가 영과 진리로 예배할지니라. (요 4:23~24, 개정)

이 세상에 자신의 창조 이유를 아는 사람이 얼마나 될까? 사람의 영혼 깊은 곳에는 자기의 존재 이유, 존재의 목적을 찾으려는 열망이 있다. 역사를 보면 이 열망에 자극받은 사람들이 당시 기준으로 불가능하다고 생각한 것을 뛰어넘었다. 탐험가들은 위험한 바다를 건너 새 영토를 발견했고 어떤 이들은 세계에서 가장 높은 산을 등반했다. 나는 아마도 세상에서 가장 큰 업적 중의 하나는 인류가 우주 공간으로 진입해 달 표면을 걸은 일이 아닐까 생각한다. 하지만 이 모든 놀라운 성취에도 인류는 인생의 참된 목적을 발견하지 못했다. 모든 사람에게 존재 이유를 찾는 갈망을 주신 분은 하나님이시다. 인생의 목적은 깊은 우물처럼 끌어 올려야 찾을 수 있다.

이제 우리 삶과 존재의 참된 목적을 간략히 정의해 보자. 태초 이래 수십억의 영혼이 간절히 찾던 존재의 목적을 향한 답은 오직 우리를 창조하신 하나님과의 인격적인 관계 안에서만 발견할 수 있다. 요한계시록 4:9~11은 전능하신 하나님의 보좌 앞에 어떤 일이 일어나는지 생생하게 보여준다. 특히 11절에 나오는 이십사 장로의 말에서 모든 창조물의 목적과 우리 존재 이유를 발견한다.

> 10 이십사 장로들이 보좌에 앉으신 이 앞에 엎드려 세세토록 사시는 이에게 경배하고 자기의 면류관을 보좌 앞에 던지며 가로되 11 우리 주 하나님이여 영광과 존귀와 능력을 받으시는 것이 합당하오니 주께서 만물을 지으신지라 만물이 주의 뜻대로 있었고 또 지으심을 받았나이다 하더라 (계 4:10~11, 개역)

이 핵심 구절과 앞으로 찾을 많은 구절에서 우리는 사람이 창조된 이유가 전능하신 주 하나님을 예배하는 것임을 확인할 것이다. 하나님은 자신이 창조하신 사람들이 삶으로 드리는 예배에서 기쁨을 누리신다. 또 나는 이 책의 나머지 부분에서 예배하는 삶을 살려면 어떻게 해야 하는지 알아볼 것이다.

예배란 무엇인가?

유감스럽게도 현대 교회에서 "예배"를 말하면 가장 먼저 떠올리는 것은 느린 음악을 따라 부르거나 손을 드는 교회 예배의 모습과 음악의 다양한 장르에 따른 "예배 스타일"을 언급한다. 사람들이 예배하면 음악을 떠올린다는 말은 과장이 아니다. 실제로 음악은 예배의 삶에서 큰 역할을 하며 성경도 음악의 중요성을 강조한다. 특히 성경의 시편은 문자 그대로 "노래들"이라고 번역된다. 하지만 예배는 음악 그 이상이다! 예배를 이해하려면 크신 사랑으로 우리를 창조하신 하나님을 친밀하게 알아야 한다. 예수님은 우물가의 여인에게 이렇게 말씀하셨다.

> 22 너희는 너희가 알지 못하는 것을 예배하고 우리는 우리가 아는 분을 예배한다. 구원은 유대 사람들에게서 나기 때문이다. 23 참되게 예배를 드리는 사람들이 영과 진리로 아버지께 예배를 드릴 때가 온다. 지금이 바로 그 때이다. 아버지께서는 이렇게 예배를 드리는 사람들을 찾으신다. 24 하나님은 영이시다. 그러므로 하나님께 예배를 드리는 사람은 영과 진리로 예배를 드려야 한다. (요 4:22~24, 새번역)

예수님은 우물가의 여인에게 하나님 아버지의 마음 중심에 있는 가장 중요한 진리를 말씀하신다. 하나님은 자신이 창조한 자녀들과 깊은 친밀함을 누리길 원하신다. 태초에 하나님은 에덴동산에서 아담과 하와와 함께 걷고 이야기하며 친밀한 교제를 나누셨다. 사람은 죄가 세상에 들어오기 전까지만 해도 하나님의 충만한 임재 안에 거하며 교제했다. 이때만 해도 하나님의 임재 안에 거하는 삶 자체가 하나님이 받으시기 합당한 예배였다. 성경은 시편 8:4~6에서 이렇게 말한다.

4 사람이 무엇이기에 주님께서 이렇게까지 생각하여 주시며 사
람의 아들이 무엇이기에 주님께서 이렇게까지 돌보아 주십니까?
5 주님께서는 그를 하나님보다 조금 못하게 하시고, 그에게 존귀
하고 영화로운 왕관을 씌워 주셨습니다. 6 주님께서 손수 지으신
만물을 다스리게 하시고, 모든 것을 그의 발 아래에 두셨습니다.

(시 8:4~6, 새번역)

하나님은 사람을 창조하시고 영광으로 옷 입히셨다. 이로 말
미암아 사람은 영광중에 계신 하나님의 얼굴을 자유롭게 바라보
고 예배할 수 있었다. 구약에서 예배에 해당하는 히브리어 의미
는 "절하다, 경의를 표하다"이며 우월한 존재 앞에서 존경심을 표
하며 엎드린다는 의미이다. 실제로 이스라엘 사람들은 전능하신
여호와 앞에 무릎을 꿇고 자기의 이마를 땅에 대면서 이 단어를
실천했다. 예배의 헬라어 "프로스큐네오^PROSKYNEO"는 히브리어와 거
의 같은 뜻으로서, 흥미로운 점은 이 단어의 문자적 번역이 "입 맞
추다" - 신체적 친밀함을 내비치는 행위 - 라는 것이다.[3] 나는 성
경에서 말하는 예배가 가장 잘 나타난 환경이 하나님의 충만한 임
재안이라고 생각한다. "계시"라는 용어는 "드러내다 혹은 덮개를
벗기다"라는 의미다. 성경은 이렇게 말한다.

그리스도 안에 온갖 충만한 신성이 몸이 되어 머물고 계십니다.

(골 2:9, 새번역)

---

1. SPIROS ZODHIATES, HEBREW/GREEK KEYWORD STUDY BIBLE, NEW INTERNATIONAL
VERSION, (AMG INTERNATIONAL 1996), P. 1514.

15 그 아들은 보이지 않는 하나님의 형상이시요, 모든 피조물보다 먼저 나신 분이십니다. 16 만물이 그분 안에서 창조되었습니다. 하늘에 있는 것들과 땅에 있는 것들, 보이는 것들과 보이지 않는 것들, 왕권이나 주권이나 권력이나 권세나 할 것 없이, 모든 것이 그분으로 말미암아 창조되었고, 그분을 위하여 창조되었습니다. 17 그분은 만물보다 먼저 계시고 만물은 그분 안에서 존속합니다. 18 그분은 교회라는 몸의 머리이십니다. 그는 근원이시며 죽은 사람들 가운데서 제일 먼저 살아나신 분이십니다. 이는 그분이 만물 가운데서 으뜸이 되시기 위함입니다. 19 하나님께서는 그분의 안에 모든 충만함을 머무르게 하시기를 기뻐하시고 (골 1:15~19, 새번역)

무한하신 하나님이 아들 예수 그리스도를 통해 우리에게 자신을 계시하셨기 때문에 우리는 예수 그리스도를 통해 하나님의 모습을 찾을 수 있다. 하나님의 임재는 정해진 규칙이나 관습이 아니라 하나님의 아들 예수 그리스도와 인격적인 교제를 나눌 때 역사한다. 주님은 이 친밀한 관계 속에서 우리의 눈을 여시며 그때 우리의 삶은 참된 예배가 된다. 예수님은 요한복음에서 이렇게 말씀하신다.

내 계명을 받아서 지키는 사람은 나를 사랑하는 사람이요 나를 사랑하는 사람은 내 아버지의 사랑을 받을 것이다. 그리고 나도 그 사람을 사랑하여 그에게 나를 드러낼 것이다. (요 14:21, 새번역)

하나님의 무소부재하심^{OMNIPRESENCE}과 임재의 나타남^{MANIFEST PRESENCE}에는 차이가 있다. 광야 생활을 하던 이스라엘 사람들에게 낮에는 구름 기둥과 밤에는 불기둥이 늘 함께했는데, 구름 기둥과 불기둥은 곧 하나님의 임재가 이스라엘과 함께한다는 증거였다. 그런데 구름 기둥과 불기둥이 광야의 이스라엘 사람들과 함께할 때도 하나님의 영광이 따로 임했던 적이 있다. 다시 한번 나는 예배가 우리 자신을 위해 무엇을 하는 것이 아니라 하나님의 임재를 향한 피조물의 자연스러운 반응이라 말하고 싶다.

오늘날 하나님의 임재는 우리 안에서 계속된다. 하나님은 말씀하신다. "내가 결코 너를 떠나지도 않고 버리지도 않겠다"(히 13:5). 성령님은 자신을 온전히 하나님께 드린 모든 사람을 위한 하나님의 약속이시며 어려울 때 큰 도움이 되신다. 하나님은 갈급함으로 하나님을 더 알고 싶어 하며 경험하기 원하는 모든 사람을 위해 성령님을 통해 영광을 나타내신다. 하나님의 명백한 임재를 갈망하는 사람들은 예배 안에서 하나님 아버지와의 친밀함을 경험한다. 이 거룩한 교제를 위해 예수님께서 십자가에서 죽으시고 다시 살아나셨다.

예배자의 마음

사람의 타락 이후 모든 것은 하나님의 구원 계획을 중심으로 진행되었다. 모세를 통해 주어진 율법, 속죄제, 약속된 다윗의 자손과 선지자들의 모든 기록이 메시아로 오셔서 이스라엘 민족뿐만 아니라 열방을 구원하실 예수님의 죽음과 부활을 가리킨다.

하나님의 계획은 언제나 죄악 된 인류를 구원하시는 것이다. 이제 예수님께 구원받은 사람들의 마음에서 하나님이 귀 기울이는 소리가 나온다. 세상에서 구원받은 예배자는 철저히 하나님을 의지하며 우리 안에 계신 그리스도만이 영광의 소망이 되고 주님 없이는 아무것도 할 수 없음을 깨달은 사람들이다. 예수님의 은혜로 과거에 우리를 사로잡았던 지옥의 세력에서 벗어나 예수님의 발 앞에 엎드려 예배하는 사람으로서 당신에게 내 마음을 나눈다. 나는 예배자라는 주제를 연구하는 사람으로서가 아니라 멸망의 구덩이에서 건져냄을 받은 사람으로서 이 글을 쓴다.

누가복음 7:36~50에는 죄지은 여인이 값비싼 향유 옥합을 들고 예수님께 나온 이야기가 나온다. 여인은 눈물을 흘리며 머리카락으로 예수님의 발을 닦고 입 맞추며 향유를 붓는다. 저자 누가는 이 여인의 이름을 언급하지는 않지만 아주 비슷한 이야기를 담은 요한복음 12:1~8을 통해 우리는 이 여인이 베다니의 마리아라는 것을 알 수 있다. 이 사건이 서로 같다고 확정적으로 말하기는 어렵지만 나는 두 이야기에서 성령님이 말씀하시는 같은 영감을 발견한다. 누가복음을 보면 예수님을 초청한 바리새인은 여인의 예배 행위를 보고 마음에 반감을 품는다. 예수님은 바리새인의 불편한 마음을 아시고 비유로 말씀하신다.

41 어떤 돈놀이꾼에게 빚진 사람 둘이 있었는데 한 사람은 오백 데나리온을 빚지고 또 한 사람은 오십 데나리온을 빚졌다. 42 둘이 다 갚을 길이 없으므로 돈놀이꾼은 둘에게 빚을 없애주었다.

그러면 그 두 사람 가운데서 누가 그를 더 사랑하겠느냐? 43 시몬이 대답하였다. 더 많이 빚을 없애준 사람이라고 생각합니다. 예수께서 그에게 말씀하셨다. 네 판단이 옳다. 44 그런 다음에 그 여자에게로 돌아서서 시몬에게 말씀하셨다. 너는 이 여자를 보고 있는 거지? 내가 네 집에 들어왔을 때에 너는 내게 발 씻을 물도 주지 않았다. 그러나 이 여자는 눈물로 내 발을 적시고 자기 머리털로 닦았다. 45 너는 내게 입을 맞추지 않았으나 이 여자는 들어와서부터 줄곧 내 발에 입을 맞추었다. 46 너는 내 머리에 기름을 발라 주지 않았으나 이 여자는 내 발에 향유를 발랐다. 47 그러므로 내가 네게 말한다. 이 여자는 그 많은 죄를 용서받았다. 그것은 그가 많이 사랑하였기 때문이다. 용서받는 것이 적은 사람은 적게 사랑한다. 48 그리고 예수께서 그 여자에게 말씀하셨다. 네 죄가 용서받았다. (눅 7:41~48, 새번역)

47절에서 예수님은 아주 담대하고 심오한 말씀을 하신다. "그러므로 내가 네게 말한다. 이 여자는 그 많은 죄를 용서받았다. 그것은 그가 많이 사랑하였기 때문이다. 용서받는 것이 적은 사람은 적게 사랑한다." 나는 늘 이 말씀을 이해하기 어려웠다. 누군가가 다른 사람보다 더 하나님을 사랑하는 것이 가능할까? 두 사람이 자신의 삶을 똑같이 예수님께 드릴 때 둘 사이에 하나님을 향한 사랑의 수준이 다를 수 있을까? 만일 그렇다면 그 사랑은 어떻게 측정할까? 우리는 "사랑"이라는 단어가 누가복음에서 어떻게 쓰이는지 이해해야 이 비밀을 알 수 있다.

바인 헬라어 사전에 따르면 영어의 동사 "사랑하다"에 해당하는 헬라어 단어는 두 개다. 한 단어는 "필레오"로 "부드러운 사랑"을 의미하며 한 사람이 다른 사람에게 보이는 친절함을 의미하기도 한다. 다른 헬라어 단어는 "아가파오" 혹은 "아가페"이며 가장 직접적으로 "하나님의 본성을 표현하는 사랑"이라는 의미이다.[4]

누가복음에서 예수님이 말씀하신 사랑은 "아가페"이다. 누가복음 7장의 여인은 예배의 행위로 하나님의 사랑의 본성을 표현한 것이다. 아가페 사랑은 사람의 마음에 없는 사랑의 종류인 자기를 돌보지 않는 사랑이다. 예수님은 요한복음 15:13에서 이렇게 말씀하신다. "사람이 자기 친구를 위하여 자기 목숨을 내놓는 것보다 더 큰 사랑은 없다." 아가페 사랑은 하나님 아버지로부터만 온다. 로마서 5:5은 "이 희망은 우리를 실망시키지 않습니다. 하나님이 우리에게 주신 성령님을 통하여 그의 사랑을 우리 마음 속에 부어 주셨기 때문입니다."라고 말한다.

하나님은 여인의 행동에 주목하셨다! 비록 깊은 죄와 어둠 속에 허덕이며 살았지만 여인은 하나님의 임재에 믿음으로 반응했기 때문이다. 히브리서 11:6은 이렇게 말한다. "믿음이 없이는 하나님을 기쁘시게 하지 못하나니 하나님께 나아가는 자는 반드시 그가 계신 것과 또한 그가 자기를 찾는 자들에게 상 주시는 이심을 믿어야 할지니라.(개정)" 믿음은 언제나 상응하는 행동을 일으킨다. 야고보서 2:26은 말한다. "영혼이 없는 몸이 죽은 것과 같이 행함이 없는 믿음은 죽은 것입니다."

2. W.E. VINES, VINE'S CONCISE DICTIONARY OF THE BIBLE, (THOMAS NELSON, INC. 2005) P. 225.

나는 하나님의 임재가 충만한 예배를 드리면서 여전히 불평하는 사람들을 보면 도대체 어떻게 저럴 수 있을까 의아했다. 불평꾼들은 아무리 강력한 하나님의 임재가 역사하는 예배를 드려도 예배가 끝나면 언제 그랬냐는 듯이 다른 사람과 '나는 목사님이 이럴 때 이렇게 했으면 좋겠어.' 혹은 '나는 지금 예배 인도자가 이 노래나 저 노래를 불렀으면 좋겠어.', '이제 그 노래는 그만 불렀으면 좋겠어.' 같은 뒷이야기를 나누는 모습을 직접 봤다. 분명한 것은 하나님의 임재에 믿음으로 반응하지 않는 불평꾼들은 하나님이 주시는 놀라운 축복을 받지 못할 것이다.

우리는 누가복음 7장에서 여인과 바리새인을 통해 이 일이 실제로 일어난 것을 본다. 바리새인은 육적으로는 예수님 곁에 앉아 있었지만 예수님이 일하시는 방식을 비판했다. 그러나 죄지은 한 여인은 먼발치에서도 하나님의 임재에 믿음으로 반응했다. 나는 여인의 반응에 감동하신 하나님이 여인에게 자신의 속성인 아가페 사랑을 나눠주셨다고 생각한다. 하나님이 많은 죄에 사로잡힌 여인의 깊은 공허함에 "아가페 사랑"을 부어 주신 순간 즉시 죄를 용서받았다. 성경은 이렇게 말한다.

20 율법은 범죄를 증가시키려고 끼여 들어온 것입니다. 그러나 죄가 많은 곳에, 은혜가 더욱 넘치게 되었습니다. 21 그것은 죄가 죽음으로 사람을 지배한 것과 같이 은혜가 의를 통하여 사람을 지배하여 우리 주 예수 그리스도로 말미암아 얻는 영원한 생명에 이르게 하려는 것입니다. (롬 5:20~21, 새번역)

세상에 사로잡힌 사람들이 하나님의 은혜를 받으면 한때 죄로 어두웠던 메마른 마음에 하나님의 놀라운 사랑이 가득 부어진다. 눈물로 예수님의 발을 씻기는 여인에게서 하나님은 그토록 찾으신 참된 예배자의 모습을 발견하셨다. 하지만 안타깝게도 종교적인 사람들은 예수님의 발치에서 자신의 전부를 드리는 참된 예배자의 **넘치는 예배**EXTRAVAGANT WORSHIP를 항상 불편해한다. 우리는 베다니의 마리아가 드린 넘치는 예배에서 제자 중 몇몇이 여인이 주님 앞에 값비싼 향유를 드린 것을 놓고 과한 행동이라고 바리새인처럼 불평한 모습을 통해 종교적인 사람의 정확한 모습을 본다.

성경에서 마리아는 자기 언니 마르다가 예수님을 섬기느라 분주할 때 예수님 발 앞에 앉아 있었다. 마리아는 마르다와 다르게 다른 이들을 섬기느라 바쁘기보다는 가능한 예수님과 가까이 있기 원했다. 마르다는 예수님의 발 앞에 앉은 동생이 괘씸하고 불편했다. 예수님은 불평으로 가득한 마르다를 사랑 어린 마음으로 교정하시면서 마리아가 빼앗기지 않을 더 좋은 것을 선택한 것이라고 말씀하신다(눅 10:41~42). 종종 참된 예배자들은 기꺼이 모든 것을 제쳐두고 자유롭게 주님을 섬기고 싶은 갈급함 때문에 다른 사람에게 조롱과 무시를 당할 때가 많다. 내 말을 오해하지 않았으면 좋겠다. 나는 영적으로 게으르거나 무질서한 행동을 옹호하는 것이 아니라 하나님과의 친밀한 예배를 위해 하나님의 영이 우리를 은밀한 처소로 이끄시는 때를 분별해야 한다고 말하는 것이다. 예배하는 마음은 우리의 진정한 연인이 되신 하나님과 함께 있기 위해 주저하지 않으며 비난과 걱정과 우려를 극복한다.

누가복음 7장의 여인과 베다니의 마리아는 **넘치는 예배자** EXTRAVAGANT WORSHIPER의 아름다운 본보기이다. 나는 죄지은 여인과 베다니 마리아가 신약에서 가장 친밀한 예배자로 주목받는 것이 결코 우연이 아니라고 생각한다. 이제 두 여인이 동일 인물인가 보다, 어떤 면에서는 극단적으로 주님을 예배하는 여인의 갈급한 마음이 하늘의 이목을 집중시켰다는 것이 더 중요하다! 이 본문은 하늘이 주목하는 예배의 마음을 우리에게 보여준다. 오직 하나님만이 당신의 유일한 갈망인가? 잃어버린 보물을 찾듯이 간절한 마음으로 하나님을 찾는가? 만일 예수님이 당신 앞에 서 있다면 주변 사람들이 당신에게 뭐라 하든 상관없이 용감하게 행동할 수 있는가? 그리스도의 보혈로 구속받은 사람은 누구든지 베다니 마리아의 예배의 마음을 받는다. 하나님 아버지는 참된 예배자들을 찾으시며 참된 예배자들은 오직 하나님만 찾는다!

하나님의 마음에 합한 사람

성경에는 주님을 예배하는 삶을 산 사람들의 본보기가 많다. 하나님을 예배하는 예배자들의 삶을 연구할수록 우리가 어떻게 전심으로 헌신하며 예배하는 삶으로 하나님을 증거할지 단서를 찾을 수 있다. 성경에 나오는 모든 사람 중에 돋보이는 한 사람이 있다(물론, 예수님을 제외하고). 하나님이 이 사람을 드러내기로 선택하셨다. 과연 누구일까? 사무엘상 13:14에서 사무엘은 사울 왕에게 말한다 "여호와께서 그의 마음에 맞는 사람을 구하여(개정)" 하나님이 찾은 한 사람은 바로 다윗이다.

변하지 않는 진리는 우리가 하나님을 찾는 것보다 하나님이 우리를 훨씬 더 간절히 찾으신다는 점이다. 역대하 16:9는 이렇게 말한다. "주님께서는 그 눈으로 온 땅을 두루 살피셔서 전심전력으로 주님께 매달리는 이들을 힘있게 해주십니다(새번역)." 하나님이 에덴동산의 아담을 찾으실 때 하나님의 마음이 느껴지는가? "아담아, 네가 어디 있느냐?" 예수님은 우리에게 하나님의 마음을 선포하셨다. "인자는 잃은 것을 찾아 구원하러 왔다"(눅 19:10).

핵심 구절 요한복음 4:23은 이렇게 말한다.

참되게 예배를 드리는 사람들이 영과 진리로 아버지께 예배를 드릴 때가 온다. 지금이 바로 그 때이다. 아버지께서는 이렇게 예배를 드리는 사람들을 찾으신다. (요 4:23, 새번역)

하나님은 무엇을 찾으시는가? 하나님은 다윗의 삶의 어떤 부분 때문에 주목하셨는가? 이것을 확인하는 가장 좋은 방법은 사울 왕과 다윗의 삶을 비교해 보는 것이다. 사무엘상 13장을 보면 사울 왕의 아들 요나단의 기습공격에 분노한 블레셋이 전차 삼만 대, 기수 육천 명, 해변의 모래처럼 셀 수 없이 많은 병사로 이스라엘과 대치 중이었다. 그러나 사울 옆에는 겨우 삼천 명이 두려움에 떨었고 그마저도 동굴과 덤불, 바위와 구덩이에 숨어 숫자는 더 줄었다. 심지어 어떤 사람들은 뻔히 블레셋의 대량학살이 예상되는 현실을 피하고자 요단강을 건너 멀리 도망갔다. 그런 긴박한 상황에 사무엘 선지자는 사울에게 하나님께 번제를 드리고 오는 7일 동안 길갈에서 기다려야 한다고 아주 분명하게 말한다. 당시 상황에서 사울에게 이 명령은 정말 어려운 것이었다. 사울은 사무엘의 말을 "거의" 지켰지만 공포에 떠는 사람들을 보면서 겁에 질린 나머지 결국 사무엘을 기다리지 않고 자기가 번제를 드렸다. 하나님의 율법에 따르면 제사는 오직 제사장만 할 수 있었다. 공교롭게도 사울이 불순종의 번제를 마친 직후, 사무엘이 도착했다!

이 참담한 상황에서 우리는 무엇을 배워야 할까? 하나님은 시간을 어기지 않으시며 절대 늦지 않으신다는 것이다! 우리의 "영적인 시계"를 하나님의 시간에 맞추는 것이 지혜로운 선택이다. 살다 보면 우리도 사울처럼 엄청난 상황의 압박 속에서 하나님이 역사하실지 아닐지 궁금한 때가 있다. 당연히 좀 더 기다리면서 기도해야 한다고 생각하면서도 하나님이 즉각 응답하시기를 요구할 때도 있다. 나는 여러분이 하나님을 오해하지 않기를 바란다. 하나님은 우리 안에 바른 성품을 세우시기 위해 우리의 믿음을 흔드시기도 한다. 하나님이 하시는 모든 것은 하나님의 목적과 계획안에 있다. 하나님을 사랑하고 전적으로 헌신한 사람들은 이 진리에 온전히 순복한 삶을 산다.

하나님의 계획은 사울을 통해 십자가를 이루시는 것이었다. 이 책을 읽는 어떤 이들은 불편한 마음으로 이렇게 말할 수도 있다. "잠깐만요, 십자가라구요? 당신은 어떻게 하나님이 사울을 통해 십자가를 이루시려 했다고 말할 수 있나요?" 먼저 우리는 창세기부터 요한계시록까지 신구약의 모든 것이 예수님과 십자가를 가리킨다는 점을 알아야 한다. 예수님은 언제나, "죽임당한 어

린 양"(계 13:8)이셨다. 바울은 히브리서 10:1~10에서 신약의 진리
를 계시하려고 구약의 예를 사용한다. 그리고 11절에서 "이런 일
들이 그들에게 일어난 것은 본보기가 되게 하려는 것이며 그것들
이 기록된 것은 말세를 만난 우리에게 경고가 되게 하려는 것입니
다."라고 말한다. 또 히브리서 기자는 이렇게 말한다. "율법은 장
차 올 좋은 것들의 그림자일 뿐이요, 실체가 아니므로"(히 10:1). 우
리는 성경을 읽을 때 언제나 우리를 십자가 예수님께 이끄는 성령
님의 도우심을 힘입어야 한다. 십자가는 하나님이 이 땅에 행하
시는 모든 것의 중심이다.

사울을 위한 하나님의 계획은 기다림과 인내로 사울의 내면에
십자가를 이루는 것이며 이 과정을 면제받은 사람은 아무도 없다.
사울은 앞서 하나님께 "새 마음"을 받았지만(삼상 10:9) 이전 것은 지
나가고 모든 것이 새로워지도록(고후 5:17) 자기 마음에 하나님이 역
사하시는 것에는 동참하지 않았다. 이것은 우리를 위한 분명한 경
고다. 하나님은 우리가 구원받고 거듭날 때 "새로운 마음"과 "새로
운 생각"을 주시며 왕의 자녀로 왕관을 씌워주지만, 여전히 우리가
하나님께 더 가까이 나아갈 유일한 방법은 십자가의 길뿐이다.

살다 보면 사방에서 억누르는 상황이 펼쳐진다. 삶은 종종 우
리를 최악으로 이끌어 한계점까지 몰아붙인다. 그러나 하나님은
바로 이런 극한 상황에서 우리 앞에 놓인 불의 연단으로 우리 마
음을 정화하는 은혜를 주신다(약 1:2~4; 벧전 1:6~9). 하지만 유감스럽
게도 사울은 이것을 이해하지 못하고 시험의 때에 하나님의 말씀
에 불순종한 결과 선지자 사무엘에게 책망받는다.

13 사무엘이 사울에게 이르되 왕이 망령되이 행하였도다 왕이 왕의 하나님 여호와께서 왕에게 내리신 명령을 지키지 아니하였도다 그리하였더라면 여호와께서 이스라엘 위에 왕의 나라를 영원히 세우셨을 것이거늘 14 지금은 왕의 나라가 길지 못할 것이라 여호와께서 왕에게 명령하신 바를 왕이 지키지 아니하였으므로 여호와께서 그의 마음에 맞는 사람을 구하여 여호와께서 그를 그의 백성의 지도자로 삼으셨느니라 하고 (삼상 13:13~14, 개정)

범죄한 사울 대신 하나님께서 선택한 사람, 성경 전체에서 우리를 위한 참된 예배자의 모범은 다윗이다. 주님과 깊은 친밀함을 누린 어린 다윗은 아버지 이새의 양무리를 돌보는 목동에서 한 나라의 지도자로 선택받았다. 이스라엘이 극심한 전쟁에 놓였을 때도 다윗은 들판에서 주님을 향한 사랑의 노래를 불렀다. 이스라엘 역사상 가장 어두웠던 시간에 주님을 향한 다윗의 헌신과 하나님을 향한 진실한 예배가 민족의 부흥을 일으키는 밑거름이 되었다. 하나님은 자신의 마음을 나눌 하나님의 사람을 찾았다.

나는 두 명의 이스라엘 초대 왕 사울과 다윗을 비교하면서 삶으로 하나님의 마음을 추구하는 두 가지 모습을 발견한다. 하나는 예수님을 믿고 거듭난 후에도 십자가와 성령님의 일 하심에 전혀 순복하지 않으면서 세상 방식대로 사는 사람이며 또 다른 하나는 거듭난 즉시 내면의 죄악과 탐욕을 버리고 호흡하는 순간마다 하나님의 친밀함을 추구하는 사람이다. 첫 번째가 사울과 같은 사람이라면, 두 번째는 다윗 같은 사람이다.

사무엘상 15:17에 사무엘은 사울에게 주님의 말씀을 전한다. "사무엘이 이르되 왕이 스스로 작게 여길 그 때에 이스라엘 지파의 머리가 되지 아니하셨나이까 여호와께서 왕에게 기름을 부어 이스라엘 왕을 삼으시고." 많은 사람이 그렇듯 사울은 언제부턴가 삶의 동기였던 하나님을 향한 불타는 열정을 잃어버렸고 하나님이 사울을 왕으로 세운 이유인 겸손함도 사라졌다.

예수님은 마태복음 23:12에 "자기를 높이는 사람은 낮아지고 자기를 낮추는 사람은 높아질 것이다."라고 말씀하신다. 하나님 앞에 겸손한 사람은 삶과 사역에 승진이 있다. 그러나 하나님의 승진이 주어졌다고 해서 이제 겸손하지 않아도 된다는 것은 아니다! 나는 내가 만난 많은 지도자에게 이 원칙을 말해 주었다. "하나님이 당신에게서 보신 겸손, 당신을 지도자의 자리로 승진 시켜준 겸손을 절대 잃지 마십시오."

원수는 우리가 "좋은 일을 많이 했기 때문에" 승진했다고 유혹하므로 사탄의 전략을 잘 분별해야 한다. 교만은 사탄이 하늘에서 쫓겨난 이유이며 우리가 반드시 알아야 할 매우 실제적인 위험 요소이다. 나 역시 한때 자만심과 교만한 태도를 가졌던 사람으로서 말한다. 믿는 사람들 안에서 지위나 평판을 쫓다가 온 마음과 힘을 다해 하나님을 사랑하는 불타는 갈망을 잃지 말기를 바란다. 바로 그 순간 우리는 예배자의 마음을 잃는다.

한편, 사무엘은 어린 다윗(학자들은 대부분 이때 다윗의 나이를 14-16세 사이로 추정한다)을 이스라엘의 차기 왕으로 기름 부었다(삼상 16장). 다윗은 결코 자신의 행위나 성품 때문에 하나님을 향한 마음을 잃지 않았고 심지어 사울이 다윗을 추격했을 때조차도 사울에게 반격하지 않고 사울의 명예를 더럽히지 않았으며 사울을 대항해 하나님이 자신에게 왕으로 기름 부었다고 증명하지 않았다! 다윗은 "하나님의 마음에 합한 사람"이었고 하나님을 향한 마음으로 가득했으며 아무리 힘들 때도 하나님의 통치를 인정했다. 우리는 성경에서 다윗이 많은 어려움에도 몇 번이고 다시 주님을 의지하고 주님의 음성을 구하는 모습을 본다.

만일 다윗이 사람들의 좋은 평판과 명예와 높은 지위를 좇았다면 모든 일을 자기 뜻대로 판단하고 자기 힘으로 처리했을 것이다. 실제로 다윗은 사울 왕의 목숨과 이스라엘 왕국을 빼앗을 기회가 두 번이나 있었지만 자신과 하나님의 관계를 위태롭게 할만한 어떤 행동도 하지 않았다. 다윗의 순수한 동기는 주님이 보시기에 기뻐하실 일을 하는 것이었다. 하지만 다윗도 사울처럼 치명적인 실수를 몇 번 저질렀다. 어떤 실수는 사울보다 더 심각했지만 다윗은 하나님을 향한 헌신을 놓치지 않고 즉시 회개했다. 나는 사울도 진심으로 죄를 회개했다면 계속 이스라엘을 다스릴 수 있지 않았을까 생각하곤 한다. 그러나 사울은 이렇게 고백한다.

24 사울이 사무엘에게 이르되 내가 범죄하였나이다 내가 여호와의 명령과 당신의 말씀을 어긴 것은 **내가 백성을 두려워하여** 그들의 말을 청종하였음이니이다 25 청하오니 지금 내 죄를 사하고 나와 함께 돌아가서 나로 하여금 여호와께 경배하게 하소서 하니 (삼상 15:24~25, 개정)

오직 하나님만 사람의 마음을 아신다. 누구도 주님의 눈을 피할 수 없다. 사무엘은 이렇게 대답한다. "사무엘이 사울에게 이르되 나는 왕과 함께 돌아가지 아니하리니 이는 왕이 여호와의 말씀을 버렸으므로 여호와께서 왕을 버려 이스라엘 왕이 되지 못하게 하셨음이니이다 하고." 이 말을 한 후 사무엘이 돌아가려 하자 사울은 손을 뻗어 선지자의 옷자락을 붙잡지만 찢어지고 30절에 사울의 진짜 숨은 동기가 드러난다. "사울이 이르되 내가 범죄하였을지라도 이제 청하옵나니 내 백성의 장로들 앞과 이스라엘 앞에서 **나를 높이사** 나와 함께 돌아가서 내가 당신의 하나님 여호와께 경배하게 하소서 하더라."

사울은 사무엘에게 "당신의 하나님"이라고 말한다. 우리는 사울의 삶에서 단 한 번도 주님을 자신의 하나님이라고 부르는 모습을 볼 수 없다. 사울과 하나님의 관계는 이스라엘 왕의 지위를 지키기 위한 것이었으며 사울은 얼마든지 왕의 지위와 사람들 앞에서 체면을 지키기 위해 하나님과의 관계를 타협할 사람이었다. 오늘날에도 수많은 사역자가 사울처럼 타협한다! 하지만 은혜의 하나님은 우리에게 죄를 대면하고 돌이켜 회개할 기회를 주신다.

하나님의 마음은 책망과 심판이 아니라 우리가 회개하고 하나님과 올바른 관계로 돌이키는 것이다. 그러나 사탄은 언제나 우리에게 하나님의 성품을 왜곡하려고 애쓴다. 하나님의 심판은 하나님의 사랑을 통해 역사한다. 성령님이 개인의 기도 골방이나 하나님의 사람들이나 하나님이 우리에게 보여주시는 어떤 방식으로든 우리가 죄를 직면하게 하실 때, 언제나 하나님의 마음은 우리가 회개하며 돌이키는 데 있다. 하나님은 우리를 정죄하고 심판하기를 원하지 않으신다.

하나님은 항상 은혜로우시지만 문제는 우리에게 있다. 우리는 회개하기보다 쉽고 간편하게 자신을 합리화한다. 심지어 사탄은 하나님이 주시는 회개의 마음을 사탄이 주는 정죄와 참소라고 믿게 만들고 우리는 속아서 변명을 둘러댄다. 죄가 우리를 속일 때 즉시 회개하지 않으면 마음에 뿌리를 내린다. 유감스럽지만 쉽게 자신을 속이면서 마음에 죄를 품고 사는 것이 얼마든지 가능하다. 정신을 차리고 보면 어느새 죄와 하나님의 관계를 놓고 타협한 자신을 발견할 것이다. 사울은 자기 왕국을 몇 년 더 지켰지만 성품은 급속도로 망가졌고 급기야 하나님이 택한 다윗을 쫓아다니면서 죽이려 했으며 그 과정에서 제사장 85명을 죽였다(삼상 22장). 사울 왕은 인생의 마지막 순간, 주님의 음성을 들을 수 없었을 때 주술사를 찾아갔다. 성경에 나오는 사울의 심판 이유는 사울이 어둠의 마법을 의지했기 때문이다(대상 10:13~14).

다윗도 사울처럼 실수했다. 간음죄를 저지르고 여인의 남편을 죽였다. 하지만 하나님의 선지자가 죄를 지적했을 때, 다윗은 자신이 저지른 죄의 심각성을 깨닫고 하나님 앞에 즉시 회개했다. 시편 51장은 다윗이 나단 선지자에게 죄를 지적당한 직후 쓴 것이다. 다윗이 회개한 동기는 하나님과 관계를 지키는 것이었다. "오 하나님, 내 속에 깨끗한 마음을 만들어 주시고 내 안에 올바른 마음을 새롭게 해 주소서. 나를 주 앞에서 쫓아내지 마시고 주의 성령을 내게서 거두어 가지 마소서.."(시 51:10~11, 쉬운성경) 계속해서 15절에 "주님, 내 입술을 열어 주십시오. 주님을 찬양하는 노래를 내 입술로 전파하렵니다." 이것이 예배자의 마음이다. 다윗이 유일하게 두려워한 것은 예배의 마음을 잃는 것이었다.

다윗은 세상 모든 왕을 능가하는 명성을 얻었지만 사울처럼 자신의 명예나 왕국을 구하기 위해 하나님을 향한 순수한 예배의 마음을 타협하지 않았다. 다윗은 아들 압살롬이 왕위를 빼앗으려 할 때조차도 왕위를 지키려고 싸우지 않았다. 왕의 자리를 주신 하나님이 다윗이 그 자리를 지키기 원하신다면, 하나님이 직접 자신을 위해 싸우실 것을 알았기 때문이다. 다윗은 역경 앞에서 언제나 하나님께 영광 돌리고 하나님을 신뢰했다. 우리는 하나님의 마음에 합한 다윗에게 배워야 할 것이 아주 많다.

당신의 마음에 무엇이 있는가?

예수님은 요한계시록 2:4에서 에베소 교회를 향해 먼저 예수님의 이름을 위해 한 모든 좋은 일을 칭찬한 후에 이렇게 말씀하신다. "그러나 내가 너를 책망할 것이 있으니, 너의 처음 사랑을 버린 것이다." 에베소 교회는 하나님을 향한 첫사랑과 예배의 마음을 잃어버렸다. 이것은 현대를 사는 우리에게도 쉽게 일어나는 일이다. 하나님을 가장 기쁘게 하는 마음속 뜨거운 열정을 잃어버리고 마르다처럼 많은 주님의 일에 분주하게 둘러싸일 수 있다. 마리아는 더 좋은 쪽을 택했고 다윗은 하나님의 마음을 지키려고 기꺼이 모든 것을 내려놓았다. **당신의 마음은 어떤가? 무엇을 내려놓고 무엇을 지킬 것인가?**

2장

누구를 예배하는가?
WHO DO YOU WORSHIP?

2005년 12월 2일, 새크라멘토 카운티 교도소에서 내 모든 것이 변하기 시작했다. 나는 잘못하면 연방 교도소에서 추가로 10년을 더 복역해야 한다는 이야기를 듣고 암울한 현실과 엄격한 수감 생활의 압박으로 지독한 절망감에 빠졌다. 마침 나는 그때 필로폰과 알코올 중독을 끊는 해독 과정이었기 때문에 극심한 금단 증상의 고통에 시달렸다. 나는 지독한 외로움으로 철저히 산산조각이 난 후에야 다시 예수님을 찾았다. 정말 미련하게도 감옥에 와서야 주님을 거부한 내 선택이 주님의 마음을 얼마나 아프게 했는지 깨달았다. 나는 지금도 감옥 안에서 주님과 멀어진 후 내 모든 어리석은 선택과 그 결과를 직면하면서 느낀 고통을 똑똑히 기억한다. 내 모든 잘못 중에 예수님을 거부한 것은 연방 교도소 복역으로도 해결할 수 없을 만큼 제일 큰 잘못이었다.

감옥에 있는 동안 나를 가장 괴롭힌 것은 감옥에 오기 전 수년간 배웠던 "하나님이 내 죄를 반드시 벌하신다"라는 엄격한 가르침에서 오는 처참한 죄책감이었다. 내가 하나님을 거부하면 하나님도 나를 거절하신다는 생각이 내 안에 깊이 박혀 있었으며, 하나님이 나를 용납하시는 이유는 온전히 내 행위 때문이라는 생각이 나를 시도 때도 없이 짓눌렀다. 나는 하나님이 내가 착하면 사랑하시고 내가 악하면 사랑하지 않으신다는 흑백 논리에 빠져 있었다. 어쩌면 당신도 이런 흑백 논리가 익숙할지 모른다. 나는 종교적이고 엄격한 분위기에서 하나님을 떠나면 구원을 잃는다는 교리를 주입 당했고 이 교리가 성경적이라고 생각했다.

하지만 이런 부정적인 교리는 감옥에 있는 나에게 아무 도움도 주지 못했다. 밤마다 내가 배운 무서운 하나님을 향한 두려움이 쉴 새 없이 내 마음을 짓누르며 양심이 나를 정죄할 때 내가 할 수 있는 것은 그저 감옥의 지저분한 침대에 누워 슬피 우는 것뿐이었다. 이때 나는 감옥이든 사회이든 어디든지 하나님의 은혜 없이 사는 것은 정말 잔인하고 괴로운 일이라고 생각했다. 나는 이틀을 내리 울고 또 울면서 쉬지 않고 하나님께 죄송하다고 고백했다. 나는 그 이틀 동안 나를 향한 하나님의 슬픔을 깨달았다. 나는 감옥에서 울부짖으며 다시 한번 삶을 주님께 드렸다.

"하나님, 감옥에서 10년이 아니라 25년을 더 살아도 상관없습니다. 저는 당신 없이 하루도 더 살고 싶지 않습니다. 어떤 것도 주님과 바꿀 수 없습니다. 오직 주님만 원합니다. 하나님, 죄송해요, 죄송해요!" 아마 여러분은 하나님이 내 간절한 기도에 즉시 음성으로 대답하시는 극적인 순간을 기대했을 것이다. 하지만 안타깝게도 그런 일은 없었다. 그런데 다음 날 갑자기 할머니가 면회를 오셔서 전날 밤 내 꿈을 꿨다고 말씀하셨다. 나는 할머니의 확신에 찬 복음 증거를 듣는 순간 성령님이 주시는 기쁨으로 넘쳤으며 할

머니가 주님을 증거할 때마다 내 마음이 회복되는 것을 느꼈다.

할머니가 가시고 얼마 후 교도소 담당 목사님이 나를 찾아오셔서 성경책 한 권을 주고 가셨다. 나는 깨어 있을 때마다 성경을 읽고 또 읽었다. 하나님을 외면했던 내 마음 깊은 곳에 하나님을 향한 진실한 갈망이 샘솟았으며 온 힘을 다해 하나님을 찾았다. 나는 하나님이 내 기도를 들으시고 하나님의 임재를 향한 새로운 갈망을 주신 것을 깨달았으며 내 전부를 걸고 하나님을 추구하는 새로운 열정으로 내 삶에 활기를 되찾았다.

나는 이 경험에서 배운 아주 중요한 진리를 다음 두 장에 걸쳐 나누려고 한다. 참된 예배는 예배의 목적이신 하나님을 직접적으로 체험할 때 가능하다. 수년 동안 내가 가진 하나님과의 관계는 다른 사람을 통해 듣고 배운 부분적 깨달음에 기반을 두었으며, 가끔 하나님의 은혜를 경험할 때도 있었지만 나는 여전히 타인을 통해 배운 부분적이고 때로는 왜곡된 성경 지식을 바탕으로 예배했다. 예수님은 우물가의 여인에게 이렇게 말씀하셨다.

22 너희는 너희가 알지 못하는 것을 예배하고 우리는 우리가 아는 분을 예배한다. 구원은 유대 사람들에게서 나기 때문이다. 23 참되게 예배를 드리는 사람들이 영과 진리로 아버지께 예배를 드릴 때가 온다. 지금이 바로 그 때이다. 아버지께서는 이렇게 예배를 드리는 사람들을 찾으신다. 24 하나님은 영이시다. 그러므로 하나님께 예배를 드리는 사람은 영과 진리로 예배를 드려야 한다. (요 4:22~24, 새번역)

이것이 우리가 반드시 알아야 할 진리이다. 현대의 많은 신자처럼 과거의 사마리아 사람들도 자신이 만난 하나님이 아닌 아브라함과 이삭과 야곱의 하나님을 예배하려 애썼다. 예수님은 우물가의 여인에게 사마리아 사람들이 정작 자신이 무엇을 예배하는지도 모르면서 예배한다는 진실을 알려주셨다.

우상 숭배

사도 바울은 사도행전 17장에서 아테네 사람들에게 이 진리를 선포했다. 아네테 사람들은 알지 못하는 우상을 숭배했다. 바울은 도시 전체가 우상에 넘어간 것을 알고 이렇게 말했다.

22 바울이 아레오바고 법정 가운데 서서 이렇게 말하였다. "아테네 시민 여러분 내가 보기에 여러분은 모든 면에서 종교심이 많습니다. 23 내가 다니면서 여러분이 예배하는 대상들을 살펴보는 가운데 '알지 못하는 신에게'라고 새긴 제단도 보았습니다. 그러므로 나는 여러분이 알지 못하고 예배하는 그 대상을 여러분에게 알려 드리겠습니다. 24 우주와 그 안에 있는 모든 것을 창조하신 하나님께서는 하늘과 땅의 주님이시므로 사람의 손으로 지은 신전에 거하지 않으십니다. 25 또 하나님께서는 무슨 부족한 것이라도 있어서 사람의 손으로 섬김을 받으시는 것이 아닙니다. 그분은 모든 사람에게 생명과 호흡과 모든 것을 주시는 분이십니다. 26 그분은 인류의 모든 족속을 한 혈통으로 만드셔서 온 땅 위에 살게 하셨으며 그들이 살 시기와 거주할 지역의 경계

를 정해 놓으셨습니다. 27 이렇게 하신 것은 사람으로 하여금 하나님을 찾게 하시려는 것입니다. 사람이 하나님을 더듬어 찾기만 하면 만날 수 있을 것입니다. 사실, 하나님은 우리 각 사람에게서 멀리 떨어져 계시지 않습니다. 28 여러분의 시인 가운데 어떤 이들도 '우리도 하나님의 자녀이다' 하고 말한 바와 같이, 우리는 하나님 안에서 살고 움직이고 존재하고 있습니다. 29 그러므로 하나님의 자녀인 우리는 신을 사람의 기술과 고안으로 금이나 은이나 돌에다가 새겨서 만든 것과 같다고 생각해서는 안 됩니다. 30 하나님께서는 무지했던 시대에는 눈감아 주셨지만 이제는 어디에서나 모든 사람에게 회개하라고 명하십니다. 31 그것은 하나님께서 세계를 정의로 심판하실 날을 정해 놓으셨기 때문입니다. 하나님께서는 자기가 정하신 사람을 내세워서 심판하실 터인데 그를 죽은 사람들 가운데서 살리심으로 모든 사람에게 확신을 주셨습니다. (행 17:22~31, 새번역)

많은 신자가 이해하지 못하는 불편한 사실이 있다. 하나님께 예배할 때 성경을 기반으로 예배하지 않으면 사람의 미련한 생각으로 만든 우상에게 예배하는 것과 똑같다는 점이다. 출애굽기 20장에 나오는 하나님이 주신 십계명의 첫 두 계명은 이러하다.

2 나는 너희를 이집트 땅 종살이하던 집에서 이끌어 낸 주 너희의 하나님이다. 3 너희는 내 앞에서 다른 신들을 섬기지 못한다. 4 너희는 너희가 섬기려고 위로 하늘에 있는 것이나 아래로 땅에

있는 것이나 땅 아래 물 속에 있는 어떤 것이든지 그 모양을 본
떠서 우상을 만들지 못한다. 5 너희는 그것들에게 절하거나 그것
들을 섬기지 못한다. 나, 주 너희의 하나님은 질투하는 하나님이
다. 나를 미워하는 사람에게는 그 죄값으로, 본인뿐만 아니라 삼
사 대 자손에게까지 벌을 내린다. (출 20:2~5, 새번역)

십계명의 첫 두 계명은 우리 예배의 대상이신 하나님을 바르
게 알라고 도전한다. 예배의 목적이요 대상이신 하나님을 사람의
생각으로 만들어낸 우상과 바꾸면 안 된다. 우리가 원하는 "하나
님"의 모습만 모아 놓은 이상한 하나님은 존재하지 않으며, 이것
이 바로 성경이 말하는 "우상"이다. 창조의 형상을 잃어버린 세상
사람들은 다른 종교를 통해 자기 힘과 선행으로 참 하나님을 예배
하려 시도한다. 또 세상 사람뿐만 아니라 신자들도 아주 쉽게 자
기 생활방식이나 문화에 맞는 하나님을 만들어 모든 소원을 이루
어 주는 "정령"쯤으로 깎아내린다.

그리스도의 십자가와 성령님의 기름부음을 잃은 몇몇 신자는
죄로 오염된 삶으로 하나님을 예배하려는 위험천만한 시도를 한
다. 우리가 사는 지구에 이렇게 많은 종교가 있는 이유는 결국 사
람의 욕심 때문이다. 모든 종교는 자신의 종교사 신을 향해 가는
바른길이라고 주장한다. 어떤 다원주의자들은 모든 종교가 옳으
며 각자의 방법으로 예배해도 하나님은 모두 받아들이신다고 믿
으며 가르친다. 기독교 안에도 자신의 교파가 진짜 바른길이라고
주장하는 수많은 교단이 존재한다.

과연 누가 맞는 것일까? 오늘날 많은 사람이 생각하듯 하나님은 모든 사람이 자기가 원하는 것을 믿도록 놔두시며 결국 모든 것이 평화롭게 해결될 것이라는 개념은 정말 옳은가? 사실 이런 질문은 매우 까다롭고 골치 아프지만 참된 하나님을 찾고 참된 예배자가 되려는 사람은 반드시 통과해야 하는 매우 중요한 질문이다. 과연 우리는 누구를, 무엇을, 어떤 하나님을 예배하는가? 세상에는 진리를 갈망하는 철학자나 종교인이 많지만 아무리 탁월하고 뛰어난 사람도 한계가 있으며 이런 인간적인 한계가 참된 진리를 왜곡하고 잘못된 결론으로 이끌 수 있다는 사실에 주의하자.

특히 태초부터 하나님의 진리를 왜곡하는 거짓의 아비 원수 사탄은 하나님께 속한 예배와 예배자를 어떻게든 빼앗으려 한다. 원수가 주는 불신과 의심이 당신의 믿음을 무너트리도록 허락하지 말라. 신학자마다 약간의 견해차가 있지만, 성경에 의하면 사탄은 원래 하나님의 성산을 거닐었으며 하나님의 광채와 영광 안에 있었고 높은 지위와 기름 부음을 받았다고 본다. 사탄은 하나님의 보좌 앞에서 쉬지 않고 예배하는 예배 인도자였다.

12 웬일이냐, 너 아침의 아들 새벽별아 네가 하늘에서 떨어지다니! 민족들을 짓밟아 맥도 못추게 하던 네가 통나무처럼 찍혀서 땅바닥에 나뒹굴다니! 13 네가 평소에 늘 장담하더니 내가 가장 높은 하늘로 올라가겠다. 하나님의 별들보다 더 높은 곳에 나의 보좌를 두고 저 멀리 북쪽 끝에 있는 산 위에 신들이 모여 있는 그 산 위에 자리잡고 앉겠다. 14 내가 저 구름 위에 올라가서 가장 높으

신 분과 같아지겠다 하더니 15 그렇게 말하던 네가 스올로 땅 밑 구덩이에서도 맨 밑바닥으로 떨어졌구나. (사 14:12~15, 새번역)

루시퍼는 자기 마음에 하나님을 향한 시기와 질투가 틈타도록 허용했다. 비록 루시퍼는 천국의 가장 완벽한 장소인 하나님의 임재 안에 있었지만 하나님께 드려지는 끊임없는 예배를 질투해서 루시퍼의 마음에 죄가 뿌리 내려 감히 지극히 높은 분과 같아지려 했다. 사탄이 하나님께 속한 예배와 예배자들을 빼앗기를 원한다는 점을 보면 사탄의 마음은 지금도 변하지 않았다. 내가 이 글을 쓰는 목적은 사탄을 높이거나 사탄에게 이목을 집중하는 것이 아니다. 사도 바울이 충고하듯 "그렇게 하여 우리가 사탄에게 속아 넘어가지 않으려 하였습니다. 우리는 사탄의 속셈을 모르는 것이 아닙니다"(고후 2:11). 사탄이 원하는 것은 직접 영광 받는 것이기도 하지만 우리가 하나님께 드려야 할 예배를 우상에게 돌리게 만드는 것이다. 중간은 없다. 하나님 나라의 자녀가 되거나 어둠의 권세에 속한 노예가 되거나 둘 중 하나가 될 뿐이다.

우리는 성경을 통해 사람이 예배를 위해 창조되었다는 사실을 확인했다. 모든 사람의 영혼은 예배로 창조주와 친밀함을 나누고 싶은 열망이 있어서 하나님을 만나지 못하면 대상이 무엇이든 결국 예배하게 되는데, 하나님 아닌 다른 것을 흠모하면 그것이 바로 우상이 된다. 우리가 단지 돌을 깎아 만든 우상에 절하지 않았다고 마음에 "우상"이 없다는 의미가 아니다. 모든 사람의 마음에는 사랑받고 사랑을 주려는 깊은 열망이 있다.

사랑받고 사랑하는 열망은 사람의 인생을 이끌어가는 원동력이다. 그러나 그 원동력의 본질은 하나님께 있다. 모든 사람이 가진 사랑의 갈망은 우리를 창조하신 하나님 아버지와의 인격적인 교제로만 충족된다. 무엇이든 우리 마음속에 하나님 아닌 다른 것을 품으면 그것이 바로 우상숭배이다. 예배는 오직 하나님께만 속한 것이다. 나는 이 중요한 예배와 우상, 사랑과 우상의 진리를 어떤 극단적인 사람들이 아주 율법적인 생활 방식으로 만들어서 "너는 인생에 하나님 외에 그 어떤 것도 사랑하거나 즐기면 안 돼!"라고 말하는 것을 보았다. 안타깝지만 수많은 사람이 이런 왜곡된 종교적 생활방식을 서로 강요하며 지옥의 구덩이에서 흘러나오는 죄책감과 우울함에 속박되어 있다! 이런 종교적 생활방식은 결코 진리의 하나님으로부터 온 것이 아니다.

하나님은 우리가 주님의 뜻 안에서 모든 것을 누리도록 창조하셨기 때문에 하나님이 주신 각각의 존재 의미에 맞는 삶을 누려야 한다. 우리가 거듭난 후 계속 온 마음으로 하나님을 추구해야 하는 중요한 이유는 사탄이 끊임없이 진리를 왜곡하면서 우리를 유혹하기 때문이다. 우리가 하나님을 향해 불타는 마음으로 살아갈 때 우리 마음에 다른 연인(우상)이 은밀하게 들어올 기회를 차단한다. 하나님과 바른 관계를 맺으면 마음 깊은 곳에 의무감 때문이 아니라 하나님을 더 사랑하고 예배하기 원하는 열정이 마음 깊은 곳에서 자발적으로 흘러넘친다. 하나님을 불타는 마음으로 사랑하는 것이 우리를 온전히 사랑하시는 주님과의 인격적인 관계가 변질하지 않도록 막는 가장 강력한 무기이다. 하나님만 뜨겁게 사랑하라!

동산에 "두 나무"가 있었다

믿음은 우리가 하나님을 인식한 결과다. 만일 우리가 하나님을 부정적으로 인식하면 우리의 믿음도 부정적이고 우리 삶의 열매도 부정적이며 반대로 하나님을 긍정적으로 인식하면 우리의 믿음도 긍정적이고 삶의 열매도 긍정적이다. 그래서 사탄은 끊임없이 우리 안에 하나님을 아는 지식을 왜곡하고 하나님의 성품을 오해하도록 미혹한다. 우리는 올바른 예배가 시작되는 지점인 우리 마음을 위해 싸워야 한다. 사도 바울은 고린도후서 10:4~5에서 이렇게 말한다.

> 4 싸움에 쓰는 우리의 무기는 육체의 무기가 아니라 하나님 앞에서 견고한 요새라도 무너뜨리는 강력한 무기입니다. 우리는 궤변을 무찌르고 5 하나님을 아는 지식을 가로막는 모든 교만을 쳐부수고 모든 생각을 사로잡아서 그리스도께 복종시킵니다.
> (고후 10:4~5, 새번역)

에덴동산에서 하와를 속여 하나님의 성품을 오해하게 한 사탄의 전략은 지금까지 하나도 바뀌지 않았으며 여전히 똑같다. 우리가 사탄의 고대 전략에 속지 않으려면 우리 하나님은 잔인하고 가혹한 폭군이 아니라 현명하고 사랑이 많으신 아버지이시며, 하나님의 모든 말씀은 깊은 사랑에서 나온다는 것을 체험하고 믿어야 한다. 하나님의 말씀은 우리를 규칙으로 옭아매지 않으시고 사랑의 관계 안에 바른 경계를 세우기 위해 주어진다.

16 주 하나님이 사람에게 명하셨다. "동산에 있는 모든 나무의 열매는 네가 먹고 싶은 대로 먹어라. 17 그러나 선과 악을 알게 하는 나무의 열매만은 먹어서는 안 된다. 그것을 먹는 날에는 너는 반드시 죽는다." (창 2:16~17, 새번역)

하나님은 아담과 하와가 에덴동산의 모든 것을 마음껏 누리도록 허락하시면서 지켜야 할 "명령"도 주셨다. 이 명령은 우리가 좋은 것을 누리지 못하도록 제한하는 것이 아니라 오히려 보호하기 위한 것이다. 예배자의 마음에 깊이 새겨야 할 가장 중요한 진리는 "하나님이 선하시다"라는 진리이다. 하나님의 모든 것이 사랑에서 나온다. 우리의 믿음과 신뢰는 우리가 믿는 하나님이 사랑의 하나님, 선하신 하나님이라는 반석 위에 세워야 한다. 우리가 선하신 하나님의 사랑 위에 서지 않으면 하와가 사탄의 거짓에 넘어가 죄지은 것처럼 우리도 사탄의 공격에 상처받아 추락하고 말 것이다. 창세기 3:1에 사탄이 하와에게 하는 말을 보자.

뱀은 주 하나님이 만드신 모든 들짐승 가운데서 가장 간교하였다. 뱀이 여자에게 물었다. "하나님이 정말로 너희에게 동산 안에 있는 모든 나무의 열매를 먹지 말라고 말씀하셨느냐?" (새번역)

사탄이 입을 여는 순간 하와가 알았던 하나님의 모습이 흔들렸다. 사탄은 하나님의 말씀을 비틀어서 하나님의 사랑 가득한 말씀이 하와에게 마치 강압적인 제한처럼 보이게 만들었다. 만일 하와가 하나님을 향한 사랑과 친밀한 교제 안에 견고하게 뿌리 내렸다면 사탄의 불같은 시험에도 하나님의 선하심을 기억함으로 그 믿음이 흔들리지 않았을지도 모른다. 뱀의 미혹을 향한 하와의 반응은 어땠는가? 한편으로 하나님의 말씀을 확신하려고 노력하는 것처럼 보이지만 이미 그 마음이 흔들리는 것이 보인다.

하나님이 어떤 분인지 제대로 알지 못한 상태에서 사탄의 공격을 받으면 마치 독사의 독이 혈관을 타고 온몸에 퍼지듯 정신이 혼미해진다. 하와의 다음 대답을 보자. "그러나 하나님은, 동산 한가운데 있는 나무의 열매는 먹지도 말고 **만지지도 말라고** 하셨다. 어기면 우리가 죽는다고 하셨다"(창 3:3, 새번역). 우선 사람들이 대부분 알듯이 하나님은 선악과를 "만지지 말라고" 말씀하신 적이 없다. 어떤 사람들은 아마도 하와가 하나님께 직접 들은 것이 아니라 아담에게 들은 것을 전한 것이 아닐까 추측한다. 나도 그랬을 가능성이 있다고 생각하지만 사탄은 어떻게든 하나님의 말씀을 왜곡하려고 시도했을 것이다.

신약의 세례요한을 보자. 세례요한은 분명히 예수님을 "하나님의 어린 양"이라고 담대하게 선포했다. 요단강에서 예수님께 세례를 준 세례요한은 예수님이 누구인지 정확하게 알았다. 이후 헤롯 때문에 감옥에 갇혀 시련을 겪을 때 세례요한은 제자들을 예수님께 보내어 오실 그분이 맞는지 질문한다. 예수님은 세례 요한의 제자들에게 그들이 본 모든 것을 요한에게 알려주라고 하신 후 이렇게 말씀하신다, "나에게 걸려 넘어지지 않는 사람은 복이 있다"(마 11:6, 새번역). 세례요한은 가장 약할 때 마음이 흔들렸다.

인생에서 종종 모든 것이 한순간에 무너질 것 같은 때가 있다. 이때 원수가 하는 첫 번째 일은 우리 마음에 의심을 심는 것이다. "하나님은 상관하지 않으셔. 만일 너를 돌보신다면 왜 이런 일이 일어나지?" 이 선택의 갈림길에서 최악의 상황은 사탄의 거짓말을 믿고 하나님을 원망하는 것이다. 어려울 때 우리가 알던 하나님의 모든 것에 의문이 들지만 오히려 욥처럼 한순간에 모든 재산과 자녀를 잃었지만 하나님을 올바로 정의할 기회를 얻는 것이다.

> 20 이 때에 욥은 일어나 슬퍼하며 겉옷을 찢고 머리털을 민 다음에, 머리를 땅에 대고 엎드려 경배하면서 21 이렇게 말하였다. "모태에서 빈 손으로 태어났으니 죽을 때도 빈 손으로 돌아갈 것입니다. 주신 분도 주님이시요 가져 가신 분도 주님이시니 주님의 이름을 찬양할 뿐입니다." 22 이렇게 욥은 이 모든 어려움을 당하고서도 죄를 짓지 않았으며 어리석게 하나님을 원망하지도 않았다. (욥 1:20~22, 새번역)

사실 욥의 말은 신학적으로 오류가 있다. 욥에게 재앙을 내린 것은 하나님이 아니라 사탄이다. 욥의 고백은 하나님이 재앙을 내린 것은 아니지만 만일 그렇다 할지라도 하나님의 선하심을 믿고 혼란의 중심에서 하나님을 예배하겠다고 선포하는 것이다. 얼마나 놀라운 고백인가? 욥은 하나님을 어떻게 받아들일지 선택의 갈림길에서 사탄의 길로 가지 않고 바른길로 갔다. 과연 우리에게 욥과 같은 시련과 재난이 닥쳤을 때, 과연 무엇을 선택할 것인가?

이제 다시 하와 이야기로 돌아가자. 이 사건이 세상에 죄가 들어오기 직전에 일어난 일이다. 이 사건은 죄가 세상에 들어와 오늘날까지 아담과 하와의 자손 모두를 지배하는 문을 여는 큰 사건이었다. 사탄이 하와가 알던 하나님의 모든 것을 흔들었지만 그래도 욥처럼 사탄의 미혹을 분별하고 하나님의 선하심을 굳게 붙들어 시험을 이길 수 있었을지도 모른다. 하지만 안타깝게도 그런 일은 일어나지 않았다. 우리가 이 사건을 집중해 보면 동산에 선악을 알게 하는 나무만 있는 것이 아니라 생명 나무도 있었다(창 2:9)는 것을 알게 된다. 사탄이 하와를 속여 선악과를 먹게 하는 과정 내내 동산 한쪽에는 분명히 생명 나무가 있었다. 하와는 얼마든지 선악을 알게 하는 나무의 열매를 먹지 않을 수 있었다.

우리 삶도 마찬가지다. 언제나 우리 앞에 두 나무가 있다. 하나님은 우리가 선택의 결과를 따라 살게 하신다. 당신은 어떤 나무를 선택할 것인가? 나는 이 이야기를 읽을 때, 마치 주님께서 내 마음의 눈을 여시는 것처럼 선악을 알게 하는 나무 한편에 줄곧 서 있던 생명 나무가 보였다. 마치 주님께서 하와에게 외치시는 음성이 들리는 것 같았다. "하와야, 선악을 알게 하는 나무가 아니라 생명 나무 열매를 선택해라!" 그러나 사탄은 하와에게 하나님의 성품을 왜곡해서 마치 하나님이 좋은 것을 숨겨두신 것처럼 속였다. 하와가 사탄의 미혹을 받은 이야기는 곧 우리의 이야기이다. 우리 마음도 수시로 자기 유익만 구하며 하나님과 씨름한다. 사실 우리는 하나님께 떼를 쓰고 투정 부리며 하나님의 뜻을 거역하는 것이 잘못인 줄 알지만 애써 외면하고 "하나님이 진짜 사랑의 하나님이라면 내가 행복하게 만들어 달라고" 고집을 피운다. 다음 성경 말씀을 주의 깊게 보자.

> 여자가 그 나무의 열매를 보니 먹음직도 하고 보암직도 하였다. 그뿐만 아니라 사람을 슬기롭게 할 만큼 탐스럽기도 한 나무였다. 여자가 그 열매를 따서 먹고 함께 있는 남편에게도 주니 그도 그것을 먹었다. (창 3:6, 새번역)

하와는 선악과 옆에 있던 생명 나무는 보지 못했다. 나는 하와의 눈을 가린 것이 오늘날에도 많은 이의 눈을 가린 것과 같다고 생각한다. 하와와 우리의 눈을 가린 것은 바로 "욕망"이다.

> 세상에 있는 모든 것 곧 육체의 욕망과 눈의 욕망과 세상 살림에 대한 자랑은 모두 하늘 아버지에게서 온 것이 아니라 세상에서 온 것이기 때문입니다. (요일 2:16, 새번역)

모든 문제의 시작은 하와가 하나님께 초점을 두지 않고 자기의 생각과 관점에 빠졌기 때문이다. 교만이라는 죄의 뿌리는 항상 하나님의 뜻이 아닌 자기 뜻에 초점을 맞춘다. 교만이 사탄의 먹이이며 사탄이 하늘 보좌에서 제거된 이유이다. 예수님은 우리를 교만에서 구하기 위해 십자가를 지셨다. 아담과 하와는 하나님의 완전하고 조건 없는 사랑 안에 살았지만, 사탄이 그사이에 끼어들어 하와가 하나님 아닌 자기 자신에게 빠지도록 유혹했다.

4 뱀이 여자에게 말하였다. "**너희**는 절대로 죽지 않는다. 5 하나님은 **너희**가 그 나무 열매를 먹으면 **너희**의 눈이 밝아지고 하나님처럼 되어서 선과 악을 알게 된다는 것을 아시고 그렇게 말씀하신 것이다." (창 3:4~5, 새번역)

나는 여러분이 사탄의 전략을 파악하도록 의도적으로 사탄이 "**너희**"라고 말한 부분을 진하게 강조했다. 우리 마음이 주님을 향한 온전한 헌신과 친밀함 안에 있지 않으면 쉽게 원수의 먹이가 된다. 사탄은 언제나 우리의 욕망을 채우는데 하나님 아는 지식을 이용하도록 유혹한다. 사탄은 하와가 직접적으로 하나님께 반항하는 방법으로 죄짓게 만들지 않았다. 현대의 상황을 예로 들면, 사탄은 하와를 술집에 데려가서 인사불성이 되도록 술을 먹이거나 대낮에 범죄를 저지르는 방식으로 타락시킨 것이 아니다. 사탄은 정상적인 그리스도인이라면 선악을 알게 하는 나무의 드러난 "악한" 유혹에 쉽게 넘어가지 않는다는 것을 잘 안다.

그러나 우리는 대놓고 하나님을 대적하는 죄악이 아니라 오히려 은밀하게 하나님의 뜻을 거스르는 "일상적인 것"이나 "좋아 보이는 것"에 쉽게 속는다. 사탄은 우리 일상에 필요한 평범한 것이 때로는 가장 강력한 우상이 된다는 사실을 아주 잘 알기 때문에, 겉으로 전혀 문제없어 보이는 일상의 필요를 이용해서 우리 마음이 하나님의 말씀에 대적하게 만들거나 하나님께 실망하고 멀어지게 만든다. 아무리 악한 죄가 아닌 평범한 것이라도 하나님을 향한 사랑과 순종에 기초하지 않으면 순식간에 믿음의 걸림돌이 되어 우리와 그리스도의 관계를 멀어지게 한다. 사탄이 하와 앞에 둔 미끼를 보면 이것을 아주 명확하게 알 수 있다.

사탄은 하와에게 이렇게 말했다. "하나님은 너희가 그 나무 열매를 먹으면 너희 눈이 밝아지고 하나님처럼 되어서 선과 악을 알게 된다는 것을 아시고 그렇게 말씀하신 것이다." 사탄의 말은 곧 아담과 하와가 지금 눈이 밝지 못한 상태이므로 하나님과 같지 않기 때문에 하나님께 실망하게 만드는 거짓말이다. 하지만 우리는 하나님이 아담과 하와를 창조하실 때 자신의 형상을 따라 지으셨다는 것을 안다. 그래서 사탄의 말은 명백한 거짓이다.

오히려 하나님의 뜻은 하나님의 형상대로 지음 받은 아담과 하와가 그 내면까지 하나님을 닮는 것이었다! 우리는 하나님이 이미 우리에게 약속하신 것을 추구한다는 핑계로 하나님의 말씀과 성령님의 인도를 교묘하게 불순종하면서 자기 뜻대로 살면 안 된다. 아담과 하와가 하나님과 친밀한 교제를 누리며 생명 나무 열매를 먹었다면 계속해서 하나님의 형상을 닮아 성장했을 것이다. 우리는 우리를 향한 하나님의 선하심과 사랑의 마음이 영원히 변함없이 한결같으신 것을 확실히 믿어야 한다!

17 온갖 좋은 선물과 모든 완전한 은사는 위에서 곧 빛들을 지으신 아버지께로부터 내려옵니다. 아버지께는 이러저러한 변함이나 회전하는 그림자가 없으십니다. 18 그는 뜻을 정하셔서 진리의 말씀으로 우리를 낳아주셨습니다. 그리하여 그는 우리를 피조물 가운데 첫 열매가 되게 하셨습니다. (약 1:17~18, 새번역)

성경은 탐욕이 우상숭배라고 말한다(골 3:5 참조). 하나님은 이미 모든 것을 값없이 주셨지만 아무리 하나님의 약속이라도 우리가 하나님의 순리를 벗어나 탐욕스러운 마음으로 추구하면 그것은 영락없이 우상이며 죄이다. 오늘날 많은 신자가 깨닫지 못한 사이에 아내나 남편, 사역, 집, 가족, 취미, 유흥, 경력 같은 것을 추구하느라 하나님의 뜨거운 첫사랑을 잃어버렸으면서 자신은 의도적으로 하나님을 외면하지 않았기 때문에 죄가 아니라고 합리화하지만 결과적으로 삶에 하나님보다 더 중요한 무언가가 생겼다면 그것이 바로 죄요 우상숭배이다.

진짜 하나님을 추구하라

우리는 이번 장에서 "누구를 예배하는가"라는 주제로 은밀한 우상 숭배 문제를 집중적으로 살펴보았다. 매우 슬프지만 나는 많은 신실한 사람이 은밀한 우상숭배라는 걸림돌의 희생양이 된 것을 보았다. 현재 전 세계적으로 영적 각성이 일어나면서 많은 사람이 세상의 쾌락에 한계를 느끼고 세상이 줄 수 없는 하나님의 사랑을 갈망하며 영적인 해답을 찾고 있다. 그런데 문제는 사탄도 이 사실을 잘 알고 있다는 점이다. 그래서 사탄은 갈급하고 굶주린 영혼들이 참된 복음이 아니라 자기가 믿고 싶은 것을 적당히 믿고 적당히 예배하면서 적당히 세상도 즐기며 영적인 자유를 얻었다고 착각하게 만드는 "거짓 속박"에 가두려고 수단과 방법을 가리지 않고 날뛰고 있다. 그 결과 세상에 진짜 복음과 진짜 하나님을 잃어버린 연약한 신자가 점점 늘어간다.

하지만 나는 이전에 없었던 가장 큰 영혼의 추수가 이 세대에 일어날 것이라고 믿는다. 유일하신 참 하나님과 친밀하고 뜨거운 관계를 추구하며, 십자가에 자신의 삶을 모두 드린 예배자 군대가 성령님의 권세와 능력으로 영적 전쟁의 최전선에서 거침없이 전진하면서 영혼의 대추수를 주도할 것이다. 예배자 군대는 우상숭배의 제단을 허물고 거룩한 주님의 제단을 다시 세우며, 하나님은 예배자들이 다시 세운 거룩한 예배의 제단에 친히 강력한 불로 응답하실 것이다. 이 예배자들의 군대는 예배받으실 하나님의 올바른 성품과 진리를 이 땅에 증거할 것이다. 계속해서 우리의 예배를 받으시기 합당하신 하나님이 어떤 분인지 더 깊이 알아보자.

3장

우리 사랑의 대상
THE OBJECT OF OUR AFFECTION

12 그들은 큰 소리로 "죽임을 당하신 어린 양은 권세와 부와 지혜와 힘과 존귀와 영광과 찬양을 받으시기에 합당하십니다" 하고 외치고 있었습니다. 13 나는 또 하늘과 땅 위와 땅 아래와 바다에 있는 모든 피조물과 또 그들 가운데 있는 만물이 이런 말로 외치는 소리를 들었습니다. "보좌에 앉으신 분과 어린 양께서는 찬양과 존귀와 영광과 권능을 영원무궁 하도록 받으십시오." 14 그러자 네 생물은 "아멘!" 하고 장로들은 엎드려서 경배하였습니다. (계 5:12~14, 새번역)

내가 하나님의 은혜를 경험하면서 발견한 진리 중에 가장 좋아하는 것은 "하나님은 우리의 이해를 초월하신다"라는 점이다. 하나님은 사람의 지식을 초월한 영원하신 분이다. 우리가 하나님이 어떤 분인지 스스로 안다고 생각할 때, 하나님은 새롭고 영광스러운 계시로 우리의 얕은 생각을 산산조각 내셔서 경외함으로 하나님 앞에 순복하게 하신다. 모든 참된 예배는 사람의 생각과 이해를 뛰어넘는 하나님이 계시될 때 시작된다.

하나님이 어떤 분인지 깨달을 때 우리는 하나님을 향한 선입견을 내려놓고 모든 예배와 사랑의 참된 대상이신 하나님 앞에 두려움과 떨림으로 나아간다. 하나님은 사모하는 모든 사람에게 자신의 비밀을 계시하기 원하신다. 예배의 대상이신 하나님을 이해하려고 노력하기 전에 먼저 "경외함"이 무엇인지 알아보자.

> 여호와의 친밀하심이 그를 경외하는 자들에게 있음이여 그의 언약을 그들에게 보이시리로다 (시 25:14, 개정)

주님을 경외하다

오늘날 교회에는 주님을 진실한 마음으로 "건강하게" 경외하는 믿음이 매우 필요하다. 나는 주님을 경외하는 의미를 신학적으로 잘 이해하는 학문가가 되자고 주장하는 것이 아니다. 살아계신 하나님을 향한 모든 참된 예배는 주님을 경외하는 마음에서 나오는 표현이다. 잠언 1:7은 "주님을 경외하는 것이 **지식의 근본**이어늘"이라고 말하며 잠언 9:10에서 "주님을 경외하는 것이 **지혜의 근본**이요 거룩하신 이를 아는 것이 슬기의 근본이다."라고 한다. 우리는 이 두 구절을 통해 주님을 경외하는 것이 지혜를 얻는 열쇠이며 지식도 거룩하신 하나님을 아는 데 달려 있기 때문에 지혜와 지식은 주님을 경외하는 사람들에게 임한다는 것을 알 수 있다. 히브리어로 "근본"은 "레쉬트 RESHIYTH"로 "시공간, 순서나 지위의 첫 번째, 주된, 처음, 원칙"[3]을 의미한다. 예배의 참된 대상을 탐

---

3. James Strong, Strong's Exhaustive Concordance, (Thomas Nelson Publishing 1990) p. 106.

구하려면 하나님의 말씀이 가르치는 지점에서 시작해야 한다. 그 지점은 이것이다. **"주님을 경외함으로"**

주님을 경외하는 것은 현대 교회에서 잘 다루지 않는 성경 원칙이다. 왜 현대 교회와 신자는 "경외함"이라는 성경 원칙을 멀리하게 됐을까? 나는 과거에 많은 목회자와 성경 교사가 경외함을 심각하게 오용했기 때문이라고 생각한다. 실제로 어떤 이들은 경외함이라는 주제가 성경의 권위를 오해한 지도자들이 회중을 통제하려고 사용한 위협 전술이었다고 말한다. 또 실망스럽게도 많은 교회 지도자가 일상에서 경외함과 거리가 먼 삶을 사는 것처럼 보이는 것도 사실이다. 하지만 우리가 참된 예배자가 되려면 주님을 경외하는 것이 무슨 의미인지 알아야 한다.

주님을 "경외"하는 것은 무엇인가? 하나님을 두려워하는 것인가? 나는 모든 피조물을 초월하시는 하나님이 자신을 낮추어 죄로 가득한 사람에게 자신을 드러내실 때, 사람의 유일한 반응은 두려움과 떨림이라는 데 동의한다. 우리는 이런 모습을 성경에서 에스겔, 다니엘, 밧모섬의 요한을 통해 본다. 에스겔은 들림 받아 "하나님의 환상"을 보았다. 성경은 하나님이 계시를 마친 후 에스겔이 칠 일 동안 그발 강가에서 두려워 떨며 지냈다고 말한다 (겔 1~3장 참조). 다니엘은 미래를 아는 예언적 통찰력을 받았다. 하나님의 환상을 받은 다니엘은 "그 때에 나 다니엘은 몹시 지쳐서, 여러 날 동안을 앓았다... 내가 본 그 환상 때문에 나는 몹시 놀랐고, 그 뜻을 이해하지 못하였다"(단 8:27)라고 말했다. 마지막으로 요한계시록에서 또 다른 영광스러운 만남을 본다.

사도 요한은 부활하신 그리스도께서 자기 등 뒤에서 말씀하는 것을 들었다. 요한이 몸을 돌리자 얼굴이 해처럼 빛나고 눈은 불꽃 같으며 입에서는 좌우에 날 선 검이 나오는 주님의 모습을 본 후 이렇게 말한다. "그를 뵐 때에, 내가 그의 발 앞에 엎어져서 죽은 사람과 같이 되니"(계 1:17). 성경에 기록된 사람과 하나님의 영광스러운 만남은 우리 생각처럼 그렇게 달콤하고 푹신한 구름 같지 않다. 사실 성경에 기록된 하나님과의 대면은 두려운 사건이었다. 우리는 에덴동산의 아담과 하와에게서 성경에 처음 등장한 두려움을 볼 수 있다.

> 8 그 남자와 그 아내는 날이 저물고 바람이 서늘할 때에 주 하나님이 동산을 거니시는 소리를 들었다. 남자와 그 아내는 주 하나님의 낯을 피하여서 동산 나무 사이에 숨었다. 9 주 하나님이 그 남자를 부르시며 물으셨다. "네가 어디에 있느냐?" 10 그가 대답하였다. "하나님이 동산을 거니시는 소리를 제가 들었습니다. 저는 벗은 몸인 것이 두려워서 숨었습니다." (창 3:8~10, 새번역)

범죄한 아담과 하와가 하나님의 임재에 보이는 첫 반응은 두려워 숨는 것이었다. 우리가 육체에 거하는 한 하나님의 임재를 향한 우리의 첫 반응은 두려움이다. 다시 한번 질문을 떠올려 보자. "주님을 경외하는 것은 하나님을 두려워하는 것인가?" 나는 하나님을 두려워하는 것과 주님을 경외하는 것 사이에 아주 가느다란 선이 있다고 생각한다. "두려워"하는 것은 죄성에 뿌리를 둔 인간적인 감정이며 주님을 경외하는 것은 인간적인 두려움을 몰아내는 하나님의 완전한 사랑에 뿌리를 둔다. 주님을 향한 건강한 두려움은 하나님이 누구신지 아는 강력한 계시에서 시작한다. 주님의 임재 앞에 숨길 것이 있는 사람은 하나님을 두려워하고 주님을 경외하는 사람은 엎드려 예배할 것이다. 주님을 경외하는 것은 영광스러운 임재를 향한 자연스러운 반응이다. 우리 마음의 상태가 하나님을 예배할지 아니면 두려워할지를 결정한다.

언제나 하나님의 임재는 우리 마음의 참된 동기를 드러낸다. 에덴동산의 아담과 하와는 주님의 임재를 피해 숨었다. 아담과 하와는 사탄에게 미혹되어 하나님을 향한 경외심을 저버리고 하나님을 피해 숨었다. 얼마나 비극적인가? 선악을 알게 하는 나무의 열매를 먹은 결과는 하나님을 피해 숨는 것이었다. 하나님을 피해 숨는 것은 예배의 참된 대상이신 주님을 저버리고 우상에게 자신의 "경외심"을 줘버린 사람들에게 흔히 일어나는 일이다.

현대 교회는 종종 주님을 "경외하는 것"을 "공경하는 것REVERENCE"과 동일시한다. 이것도 나쁘지 않지만 주님을 향한 경외함은 있는 그대로 지키는 것이 중요하다. 사람을 불편하게 하지 않으려고 십자가, 그리스도의 보혈, 회개, 지옥 같은 핵심적인 성경 원칙을 타협할 수 없는 것처럼 주님을 경외함도 단순한 공경심으로 희석해서는 안 된다. 하나님을 경외하는 것은 신자의 의무다. 우리 인생에 경외심을 불러일으키는 것이 많다. 대표적으로 하나님이 지으신 창조물의 아름다움이 경외심을 불러일으킨다. 종종 거대한 자연에 압도될 때, 마치 경외심과 비슷한 감정을 경험하기도 한다.

성경은 우리에게 피조물을 예배하지 말라고 경고한다. 또 탁월한 지도자들을 볼 때 존경을 넘어 경외심이 들 때도 있지만 성경은 지도자들에게 합당한 존경심을 가지는 것은 옳지만(성경은 하나님의 말씀을 가르치는 이들은 배나 존경하라고 명령한다.) 선을 넘지 말라고 경고한다. "오직 하나님만 예배하라." 또 이런 옛말이 있다. "당신이 두려워하는 것을 섬길 것이다." 그러나 나는 더 나아가 이렇게 표현하고 싶다 "당신이 두려워하는 것이 당신이 예배할 대상이다." 주님을 경외하는 삶에서 하나님 외에 우리의 예배를 받을 것은 아무것도 없다. 종종 죄악 된 세상에서 전능하신 하나님이 다른 "신들"과 경쟁하는 것처럼 보일 때가 있다. 하지만 "자칭 신"은 진짜 신이 아니며 오직 유일하신 하나님만이 말씀으로 우주 만물을 지으신 참된 하나님이시다. 하나님은 세상을 향해 자신이 하나님이라고 설명할 필요가 없다. 왜냐하면 피조물들은 창조주 하나님이 누구인지 본능적으로 알기 때문이다. 하나님은 그 존재에 있어서 자신감이 없는 소심한 분이 아니다.

3 그런데 그들 가운데서 얼마가 신실하지 못했다고 해서 무슨 일이라도 일어납니까? 그들이 신실하지 못했다고 해서 하나님의 신실하심이 없어지겠습니까? 4 그럴 수 없습니다. 사람은 다 거짓말쟁이이지만 하나님은 참되십니다. 성경에 기록한 바 "주님께서는 말씀하실 때에 의로우시다 인정을 받으시고 재판을 받으실 때에 주님께서 이기시려는 것입니다" 한 것과 같습니다.

(롬 3:3~4, 새번역)

우리가 하나님을 믿는 것이 하나님을 영화롭게 하지 않는다! 하나님은 이미 시작한 날도 없고 생명의 끝도 없는 전능하고 영원하신 하나님이시다(히 7:3). 내가 막 신앙생활을 시작했을 때 요한계시록 10장을 읽었다. 사도 요한은 하늘에서 거대한 천사가 내려오는 환상을 보았다. 천사의 얼굴은 해 같이 빛나고 다리는 불기둥 같았으며 한 발은 바다 위에 다른 발은 땅 위에 디뎠다. 나는 이 부분을 읽으며, "와 예수님의 품에 머리를 기댔던 사도 요한도 하늘에서 내려온 이 거대한 천사가 놀라워 보였구나, 혹시 요한이 천사를 경외한 건 아니겠지?"라고 생각했다. 성경은 이렇게 말한다.

> "하늘과 그 안에 있는 것들과 땅과 그 안에 있는 것들과 바다와 그 안에 있는 것들을 창조하시고 영원무궁 하도록 살아 계시는 분을 두고 이렇게 맹세하였습니다. "때가 얼마 남지 않았다.""
>
> (계 10:6, 새번역)

이 순간 나는 깨달았다! 사도 요한과 영광스러운 천사가 예배한 하나님과 우리가 예배하는 하나님은 같은 분이다. 온 만물을 지으신 하나님은 만물이 엎드려 예배할 수밖에 없는 거룩한 경외감을 불러일으키시는 분이다. 이후 요한계시록 22장을 보면 요한은 한 천사에게 엎드려 절하는데, 오히려 천사는 요한을 꾸짖으며 오직 하나님만 예배하라고 권면한다. 이 세상은 한 사람의 평생이라는 시간을 모두 투자해도 다 이해하기 어려운 신비로 가득하다. 나는 어렸을 때 "영원"이라는 개념을 이해하려고 애썼던 기억이 어렴풋이 난다. 부모님은 나에게 하나님은 언제나 계시기 때문에 시작과 끝이 없다고 말씀하셨는데, 나는 이 말이 정말 이해하기 어려웠지만 이해하려고 나름대로 안간힘을 썼다. 또 우주는 끝이 없다는 개념은 어떤가! 한낱 백 년도 다 살지 못하는 유한한 사람이 하나님이 창조하신 우주의 아름다움과 경이로움처럼 계시가 아니면 이해할 수 없는 대답을 얻고자 애쓴다니, 역사상 아무리 뛰어난 학자가 발견한 지식이라도 살아계신 하나님의 계시와 비교하면 바닷가의 모래알과도 비교할 수 없을 만큼 미약하다는 것이 진실이다.

태양보다 크고 아름다운 성운과 광대한 항성처럼 우주망원경으로 관측한 모든 숨 막히는 찬란한 우주의 모습도 주님께서 다시 오실 때 드러날 영광과 비교할 수 없다. 어떻게 다시 오실 영광의 주님을 생각하면서 흥분하지 않을 수 있을까? 나는 하나님을 생각할수록 장엄하신 하나님을 향한 뜨거운 경외심이 타올라 더 깊은 열정으로 하나님의 얼굴을 구한다! "하늘은 하나님의 영광을 드러내고, 창공은 그의 솜씨를 알려 준다"(시 19:1). 하나님이 지으신 모든 피조물이 하나님의 영광을 증거한다. 그래서 학자들이 천문학적인 돈을 들여 우주의 광대함을 탐구할수록 답을 얻기보다 질문만 늘어난다. 이 세상 모든 질문의 답은 오직 하나다. **"하나님을 친밀히 아는 것!"** 말씀으로 온 우주를 창조하신 오직 한 분, 손 한 뼘으로 우주를 측량하시는 전능하신 하나님! 하나님은 주님을 경외하는 모든 사람에게 깜짝 놀랄 영광스러운 은혜와 감춰진 모든 신비의 문을 여신다.

"주님께서는 주님을 경외하는 사람과 의논하시며 그들에게서 주님의 언약이 진실함을 확인해 주신다." (시 25:14, 새번역)

주님을 경외하는 사람은 살아계신 하나님을 만나는 경험을 통해 가장 유명한 신학교와 성경학교에서 오랜 시간 배운 것보다 훨씬 더 많은 영적인 지식을 배울 수 있다. 잠깐, 내 말을 오해하지 않았으면 좋겠다. 나는 좋은 신학 교육을 반대하지 않으며 오히려 권장한다. 하지만 하나님을 경외하지 않는 지식은 신자에게 유익을 주기보다 교만에 빠트릴 위험이 있어서 주의해야 한다고 생각한다. 모든 신자가 신학교에 갈 수는 없지만 날마다 주님과 동행하면서 하나님과 더 깊은 관계로 들어가 풍성한 하나님의 은혜를 누릴 수 있다. 하나님은 사랑하는 자녀에게 자신을 계시하는 것을 기뻐하신다. 성령님으로 거듭난 사람은 주님을 경외하면서 하나님의 놀라운 은총 안에 사는 은혜를 누린다.

어느 날 저녁, 나는 침대에 누워서 책을 읽고 아내는 옆에서 잠을 자고 있었다. 그런데 갑자기 문자 그대로 주님께서 나를 영계로 들어 올려 하나님의 놀라운 영광을 체험하게 하셨다. 나는 무려 세 시간 동안 하나님의 영광에 완전히 사로잡혀 놀라운 위대하심을 경험했다. 하지만 마음 한편으로는 두려운 마음이 들면서 내 안의 무언가가 소리쳤다, "너무 많이 봤어! 너무 많이 봤어!" 나를 붙드신 주님이 그 손을 놓으면 즉시 죽을 것 같은 깊고 거룩한 두려움이 밀려왔다. 그때 성령님은 내가 결코 잊지 못할 말씀을 하셨다. "많이 받은 사람에게 많은 것을 요구한다."

나는 주님께서 나에게 보여주신 것을 신기한 개인적 체험으로 놔두기보다는 내가 보고 들은 것에 책임감을 느끼고 다른 사람에게 전달해야 한다고 생각했다. 하나님을 경외하는 사람은 하나님의 마음을 이해하기 때문에 하나님이 원하시는 삶을 산다. 주님이 우리에게 놀라운 경험과 하늘의 지식을 계시하는 이유는 우리가 편히 앉아 신기한 체험으로 하나님의 영광을 누리는 "놀이"를 하라는 것이 아니다. 하나님이 우리에게 주시는 영적인 체험은 우리가 하나님을 만나는 은혜를 통해 변화되어 주님을 닮아 이 땅에 하나님의 마음과 뜻을 전달하라고 주시는 것이다.

종종 주님을 경외하는 마음이 없거나 약한 사람은 신비한 체험 후에 교만해질 수 있기 때문에 주의해야 한다. 사도 바울은 고린도후서 12장에서 셋째 하늘로 이끌려간 그리스도 안의 한 남자 이야기를 한다. 신학자들과 성경 교사들은 대부분 이 이야기가 바울 자신의 이야기라고 해석한다.

6 내가 자랑하려 하더라도 진실을 말할 터이므로 어리석은 사람이 되지는 않을 것입니다. 그러나 자랑은 삼가겠습니다. 그것은 사람들이 내게서 보거나 들은 것 이상으로 나를 평가하지 않게 하려는 것입니다. 7 내가 받은 엄청난 계시들 때문에 사람들이 나를 과대평가 할는지도 모릅니다. 그러므로 내가 교만하게 되지 못하도록 하나님이 내 몸에 가시를 주셨습니다. 그것은 사탄의 하수인이라고 할 수 있는데 그것으로 나를 쳐서서 나로 하여금 교만해지지 못하게 하시려는 것이었습니다. (고후 12:6~7, 새번역)

바울은 사도행전에 나온 것처럼 하나님을 많이 만났다(행 9장, 16장, 23:27 참조). 특히 바울이 교회를 핍박하기 위해 다메섹으로 가는 길에 해처럼 밝게 빛나는 하나님의 방문을 받았을 때 바울은 두려워 떨며 하나님께 질문했다. "제가 무슨 일을 하길 원하십니까?" 그날 이후 바울은 남은 생애를 주님을 경외하며 "하늘로부터 받은 환상을 거역하지 않고" 살았다(행 26:19 참조). 주님을 경외함은 우리 안에 순종하는 태도를 낳는다. 하나님을 경외하는 사람은 주님의 길을 간다. 주님을 경외함은 지식과 지혜의 시작이다. 하나님을 경외하는 마음은 우리가 하나님의 진리를 붙들게 할 뿐 아니라 하나님의 임재를 떠나 죄짓지 않도록 보호한다. 주님을 경외하는 것은 사람의 마음에서 나오는 인간적인 두려움이 아니라 거룩하신 하나님을 만날 때 나오는 거룩한 두려움이다.

한 가지 더, 참된 예배는 주님을 경외하는 마음에서만 나오기 때문에 하나님을 향한 불타는 사랑이 없으면 참된 예배를 드릴 수 없다. 그래서 우리는 더욱더 주님께 가까이 가야 한다. 진실로 하나님을 경외하는 마음은 하나님을 정말 사랑하기 때문에 하나님 없이 사는 것을 두려워한다. 하나님을 기쁘게 해드리기 원하는 불타는 사랑 없이 경외하는 마음만 있으면 사랑 없는 종교적인 사람이 될 수 있다. 반대로 하나님을 경외하지 않고 사랑만 있으면 하나님의 율법을 무시하는 무법 지대를 만든다. 우리 삶의 선택과 결과를 향한 거룩한 두려움이 없으면 하나님의 즐거움이 아닌 사람의 즐거움을 구하는 세속적인 삶을 살 가능성이 매우 크다. 주님을 경외함이 참된 예배를 낳으며 참된 예배의 결과는 하나님을 향한 더욱더 깊은 사랑이다.

모든 것을 소멸하는 불

우리 하나님은 소멸하는 불이시다(신 4:24, 히 12:29). 하나님의 임재는 꺼지지 않는 뜨거움을 발산한다. 이사야 6장의 스랍 천사들을 보라! 문자 그대로 "불타는 존재" 혹은 "갈망하는 존재"로 번역되는 이 천사들은 하나님의 임재 가까이 있었기 때문에 하늘의 모든 천군 천사가 스랍 천사들이 불타오르는 것을 지켜봤다. 이십사 장로와 천군 천사를 비롯하여 하늘의 모든 무리가 하나님의 보좌 앞에서 밤낮 예배드리지만, 오직 이 천사들만 "갈망하는 존재"라는 이름이 있다! 우리 중에 소멸하는 불이신 하나님께 가까이 가서 불타버릴지라도 하나님의 임재를 향해 더 다가갈 용기를 가진 사람들이 얼마나 있을까? 이제 우리의 전부를 보좌 앞 제단에 산제물로 드려 하나님의 임재의 불이 우리를 통해 타오르게 하자!

하나님의 소멸하는 불은 주님을 경외하지 않는 모든 사람에게 공포와 두려움을 불러일으킨다. 마치 시내 산에서 이스라엘의 모습처럼 말이다. 이스라엘은 산이 진동하며 불타오르는 것을 지켜보았다. 출애굽기 19:18에 "그 때에 시내 산에는 주님께서 불 가운데서 그곳으로 내려오셨으므로 온통 연기가 자욱했는데 마치 가마에서 나오는 것처럼 연기가 솟아오르고 온 산이 크게 진동하였다."라고 나온다. 영광의 주님께서 이스라엘에게 자신을 나타내기로 선택하시고 불 가운데 임하셨다! 성경이 말하듯 이스라엘에게 그 장면은 정말 두려운 것이었다.

18 온 백성이 천둥소리와 번개와 나팔 소리를 듣고 산의 연기를 보았다. 백성은 그것을 보고 두려워 떨며 멀찍이 물러섰다. 19 그들은 모세에게 말하였다. "어른께서 우리에게 말씀하십시오. 우리가 듣겠습니다. 하나님이 직접 우리에게 말씀하시면 우리는 죽습니다." (출 20:18~19, 새번역)

산 위에 맹렬하게 타오르는 주님의 불을 보고 이스라엘은 두려워 멀찌감치 떨어져 모세에게 죽지 않게 해달라고 애원했다. 소멸하는 불은 하나님의 속성이며 하나님 임재는 거룩한 불로 타오른다. 하나님의 임재를 사랑하는 사람들은 이스라엘처럼 소멸하는 불 앞에 두려워 뒷걸음치지 않고 모세처럼 더 가까이 나아간다!

나는 하나님의 임재의 불이 하나님의 감정과 연관이 있다고 생각한다. 신명기 4:24은 "주 당신들의 하나님은 삼키는 불이시며 질투하는 하나님이십니다"라고 한다. 하나님은 불타는 열정으로 우리를 원하신다. 우리에게 감정이 있는 이유는 우리를 자기 형상대로 지으신 창조주께 감정이 있기 때문이다. 하나님의 불은 우리를 향한 하나님의 타오르는 열정과 질투 가득한 사랑을 동반한다.

또 하나님의 소멸하는 불은 거룩과 연관이 있다. 스랍 천사들이 하나님의 임재 안에서 타오를 때 그들의 입에서 나오는 유일한 말은 "거룩 거룩 거룩"이었다. 하나님의 거룩한 불이 스랍 천사를 끊임없이 태우며 마음껏 하나님을 예배하는 뜨거운 열정으로 가득 채운다. 하나님의 보좌 주변의 스랍들은 우리의 주일 아침 예배처럼 무미건조하게 노래하지 않고 자신의 전 존재를 태우는 거룩한 불에 반응하며 노래한다. 스랍은 하나님의 영광스러운 불의 임재 안에서 "거룩"이라고 소리치는 것 외에는 할 수 있는 것이 없었다. 오, 하나님의 천사들이 보는 것을 우리도 보게 하시고 거룩한 불로 우리를 태우소서!

하나님의 영광스러운 불의 임재안에 들어갈 때 혁명적인 변화가 일어난다. 소멸하는 불, 질투하시는 하나님은 우리가 우상이라는 다른 연인에게 한눈파는 것을 허락하지 않으신다. 야고보는 우리가 세상과 친구 되면 하나님의 원수가 되는 것이라고 경고한다. 더 나아가 이런 사람을 "간음한 사람들"이라고 부른다.

> 4 간음한 여인들아 세상과 벗된 것이 하나님과 원수 됨을 알지 못하느냐 그런즉 누구든지 세상과 벗이 되고자 하는 자는 스스로 하나님과 원수 되는 것이니라. 5 너희는 하나님이 우리 속에 거하게 하신 성령이 시기하기까지 사모한다 하신 말씀을 헛된 줄로 생각하느냐 (약 4:4~5, 개정)

모든 믿는 사람 안에 거하시는 하나님의 영은 우리 안에 참된 첫사랑이신 하나님께 돌이키도록 질투의 불을 부으신다. 하나님의 불타는 사랑과 열정에 붙잡힌 사람은 하나님을 보지 못하게 하는 모든 유혹을 내려놓고 거룩한 소멸의 불을 견딘다. 하나님의 거룩한 불은 오직 하나님을 향한 열정만 남기고 다른 모든 것을 태워버린다! 손으로 불을 만지면 데일 수밖에 없는 것처럼 하나님의 거룩한 불에 가까이 가면 뜨거운 마음을 받을 수밖에 없다.

하나님을 향한 사랑으로 불타는 마음을 받으면 어떤 대가를 치르든 소멸하는 불에 더욱 가까이 가게 된다. **결국 하나님의 사랑이 전부다.** 불타는 열정으로 우리의 마음을 사로잡으신 하나님을 알아가는 경험을 하면 다른 모든 것은 하찮아질 수밖에 없다.

> 7 [그러나] 나는 내게 이로웠던 것은 무엇이든지 그리스도 때문에 해로운 것으로 여기게 되었습니다. 8 그뿐만 아니라 내 주 예수 그리스도를 아는 지식이 가장 고귀하므로 나는 그 밖의 모든 것을 해로 여깁니다. 나는 그리스도 때문에 모든 것을 잃었고 그모든 것을 오물로 여깁니다. 나는 그리스도를 얻고 9 그리스도 안에 있는 사람으로 인정받으려고 합니다. 나는 율법에서 생기는 나 스스로의 의가 아니라 그리스도를 믿는 믿음으로 말미암아 오는 의 곧 믿음에 근거하여 하나님에게서 오는 의를 얻으려고 합니다. (빌 3:7~9, 새번역)

예수님은 모든 율법을 두 가지 위대한 명령, 우리의 모든 것으로 하나님을 사랑하고 이웃을 내 몸처럼 사랑하는 것으로 요약하셨다. 하나님의 율법을 완수하는데 필요한 유일한 열쇠는 하나님의 사랑에 이끌려 영광스러운 임재의 불을 만질 때 받는 불타는 마음이다. 그리스도께서 십자가에서 이루신 모든 것의 초점은 에덴동산에서 잃어버린 하나님과 피조물의 불타는 사랑의 관계를 회복하는 것에 있다. 하나님의 영광스러운 임재의 불은 우리가 거룩하신 하나님께 가까이 가지 못하도록 방해하는 모든 불순물을 문자 그대로 태워 버린다. 우리가 불타는 하나님의 사랑에 붙잡히면 하나님의 거룩한 불에 타버릴 세상 것은 굳이 붙잡을 가치가 없다는 것을 깨닫게 된다. 육신을 가진 우리가 한때 삶에서 소중히 여긴 것을 내려놓기는 매우 힘들지만, 주님의 아름다운 얼굴을 바라보는 영광스러운 보상이 어떤 대가도 견디게 하며 마치 불 속에서 순금이 되듯 우리 마음의 모든 동기를 하나님의 불 속에서 정화한다. 우리가 예배하는 하나님의 불꽃 같은 눈앞에 아무것도 감출 수 없으며 모든 동기가 낱낱이 드러난다(히 4:12).

우리는 하나님을 향한 순수한 헌신과 사랑으로 예배하는가 아니면 복을 받으려고 예배하는가? 지옥에 가지 않으려고 믿는가? 아니면 왕의 자녀가 되는 유익을 누리려고 믿는가? 결국 하나님의 영광스러운 임재의 불이 모든 것을 드러낼 것이다! 거룩하신 하나님 앞에 마음이 정결한 사람은 단 한 명도 없다. 우리가 삶에서 내리는 모든 선택과 실천의 이면에는 수많은 동기가 있으며 결론적으로 하나님을 향한 불타는 사랑이 아닌 다른 것에 이끌린 일들은 아무 열매도 남지 않는다. 우리는 각자 내면에 다뤄야 할 불순한 동기가 아직도 많다. 조금만 마음을 놓고 있으면 죄가 몰래 살금살금 기어 와서 우리를 유혹한다. 심지어는 주님을 섬기는 동기 이면에 죄가 틈타기도 한다. 모든 신자는 한때 자신의 삶을 지배했던 모든 죄악 된 성향을 하나님의 영광스러운 임재의 불 앞에 내려놓아야 한다. 그리스의 십자가가 우리를 영광에서 영광으로 변화시키는 주님의 임재의 불 앞에 나아가게 한다. 성경은 이 과정을 "성화"라고 부르며 성화는 "거룩해지는 과정"이다.

현대 교회의 인기 있는 가르침은 "타협"이다. 하지만 성경은 우리에게 이렇게 살라고 말한다 "모든 사람과 더불어 화평하게 지내고 거룩하게 살기를 힘쓰십시오. 거룩해지지 않고서는 아무도 주님을 뵙지 못할 것입니다"(히 12:14). 주님의 불같은 사랑으로 지옥의 손아귀에서 건져진 우리는 하나님의 임재의 불안으로 들어가 완전히 태워지기로 선택해야 한다! 하나님의 임재 안에서 모든 것이 변한다. 우리가 이 세상에서 가장 뜨거운 불보다 일곱 배나 뜨거운 임재의 불로 들어갈 때 우리의 모든 선입견과 견고한 진이 사라지고 죽음과 지옥과 무덤보다 더 강력한 하나님을 향한 불타는 사랑을 얻는다. 모든 것을 소멸하는 불이신 하나님께 나아가 당신의 모든 불순한 동기를 태우고 오직 주님을 향한 불타는 사랑만 남을 준비가 되었는가? 이제 내가 주님의 불 속에서 어떻게 태워졌는지 나누려고 한다.

불을 만나다

2008년, 나는 목사가 되려고 성경 대학에 입학했다. 살아계신 하나님의 만지심을 받았을 때처럼 내 마음의 열정을 공유하고 싶은 열정이 불타올랐다. 신학 교육을 받으면서도 하나님의 얼굴을 구하는 일을 결코 소홀히 하지 않았다. 하나님은 학교 과정을 통해 내가 주님을 안다고 생각한 모든 것을 무너트리셨다. 내 뜨거워진 마음에 바른 성경 기초를 적용하자 더 큰 열정이 불타기 시작했다. 불이 타려면 반드시 태울 거리가 필요하며 태울 거리가 없으면 불은 꺼진다. 하나님의 불이 계속 타기 위한 유일한 연료는 기록된 진리의 성경 말씀이다. 우리가 성실하고 꾸준하게 성경을 연구하지 않으면 아무리 뜨거운 마음이라도 결국 식는다. 뜨거운 마음과 성경은 항상 함께해야 하며 이 완벽한 연합이 오순절 역사가 일어나게 했다. 120명의 제자 위에 하늘의 불이 내려 전 세계로 폭풍처럼 번질 올바른 터는 제자들이 삼 년 반 동안 살아계신 말씀이신 예수님과 함께 있었기 때문이다.

나는 하나님의 음성에 순종하여 성경 대학에 다니면서 불같은 시험을 통과했다. 하나님의 임재가 마음속 가장 깊이 숨어 있던 동기를 모두 드러냈다. 성령님은 나에게 높은 지위와 좋은 신분과 사람들에게 인정받는 것에 빠져서 오직 하나님의 얼굴만 바라보는 불타는 열정을 잃어버렸다고 지적하시면서 정확히 이렇게 말씀하셨다. "너는 교회와 사람들에게 영향력 있는 사람이 되느라 나를 위한 불타는 마음을 잃어버렸다. 네가 정녕 내 나라를 위한다면, 동료들 사이에서 유명해지고 싶은 마음을 내려놓아라."

내가 어떻게 느끼는지 상관없이 하나님의 말씀은 언제나 진리이기 때문에 주님 앞에 두려워 떨었다. 나는 주님 앞에 벌거벗은 것처럼 수치감을 느꼈다. 이 시기에 주님은 기도 시간마다 나의 "이기적인 야망"을 부드럽게 지적하셨다. 나는 하나님 앞에서 울고 또 울면서 마침내 완전히 부서졌고, 하나님의 말씀을 인정하며 나에게 도움이 필요하다고 고백했다. 아무리 울고 또 울어도 스스로 나를 바꿀 수 없으며 내 안의 죄악 된 것은 오직 주님의 은혜로만 해결할 수 있음을 깨달았다. 나는 그때 하나님의 거룩한 불이 철저한 회개를 통해 내 삶에 역사했다고 믿는다.

거룩하신 하나님은 우리의 겉모습만 변하는 것이 아닌 내면의 진정한 변화를 원하신다. 내면의 성품을 바꾸지 않고 바르게 살려는 모든 시도는 결국 구원받기 전 우리를 사로잡았던 좌절과 수치와 죄악의 패턴으로 다시 우리를 이끌 뿐이다. 우리 안에 거하시는 성령님이 우리의 죄를 깨닫게 하신다(요 16:8 참조). 성령님을 통해 죄를 깨달을 때 우리가 할 일은 자백밖에 없다. 거룩하신 하나님은 성령님을 통해 말씀에 어긋나는 것은 무엇이든 깨닫게 하신다. 이러한 주님의 "교정하시는 은혜"의 목적은 우리를 정죄하는 것이 아니라 하나님의 거룩함에 참여하게 하시는 것이다(히 12:5~13). 유감스럽게도 우리 마음을 주님의 십자가에 단단히 묶지 않으면 때때로 하나님의 교정이 버거울 때도 있다.

내가 그랬다. 하나님이 내 성품의 문제를 드러내시자 나는 내 힘으로 나 자신을 변화시키는 것이 불가능한 것을 깨닫고 낙심에 빠졌다. 내 "옛사람"은 하나님의 정직한 교정의 손길이 임할 때마다 마음이 상해서 벌떡 일어나 소리 높여 하나님께 불평하려 했다. 마음 한편에서 정죄의 음성이 내 귀에 거짓말을 속삭였다. "네가 아무리 노력해도 소용없어. 넌 제대로 할 수 있는 게 없는 걸. 넌 결코 하나님이 만족할 만큼 착해지지 않을 거야. 그냥 포기하고 세상으로 돌아가." 여러분도 이 소리가 익숙하지 않은가? 내가 하나님을 알아 가면서 배운 한 가지는 하나님은 절대로 우리의 죄악 된 방식에 맞춰 거룩의 기준을 낮추지 않으시지만 우리에게 은혜를 주셔서 겸손한 태도로 믿음과 순종 가운데 주님의 거룩한 기준을 충족하게 하신다는 것을 깨달았다!

그러나 주님께서는 내게 이렇게 말씀하셨습니다. 내 은혜가 네게 족하다. 내 능력은 약한 데서 완전하게 된다. 그러므로 그리스도의 능력이 내게 머무르게 하기 위하여 나는 더욱더 기쁜 마음으로 내 약점들을 자랑하려고 합니다. (고후 12:9, 새번역)

하나님이 우리에게 은혜를 주신다고 해서 얼마든지 세상을 즐기며 위태하게 살아도 된다는 의미가 아니다. 오히려 은혜는 우리에게 하나님을 향한 열정을 준다. 내 연약하고 죄악 된 마음을 드러내는 하나님의 말씀 앞에 내가 할 일은 그저 임재로 더 깊이 들어가는 것뿐이었다. 나는 하나님 앞에 드릴 것이 뜨거운 마음밖에 없었다. 나는 유일한 만족이신 하나님을 찾는 완전히 "부서진 사람"이었다. 이것이 나를 오직 주님의 얼굴만 구하는 간절한 예배자로 변화시킨 시작이었으며 정말 소중한 시간이었다.

나는 얼마 지나지 않아 캘리포니아주 엘크 그로브에 있는 고향 교회의 예배에서 처음으로 하나님의 불을 눈으로 보았다. 뉴올리언스에서 온 외부 강사가 "하나님의 불"을 설교하자 폭발적인 역사가 나타났다. 하나님의 영으로 충만한 강사가 나를 강단으로 이끌었고 내 삶을 향한 하나님의 말씀을 선포한 후 입김을 불며 기도했다. **"푸에고! 푸에고! 푸에고**^{FUEGO}**!"**(스페인어로 "불"이라는 뜻). 강사가 나를 향해 불을 선포할 때 내 눈앞에 모든 것이 붉어졌고 불꽃처럼 생긴 두 개의 거대한 눈물방울이 내 앞에 있었으며 불이 나를 관통하는 느낌이 들었다. 나는 곧바로 바닥에 쓰러져서 큰 소리로 울기 시작했다. 나는 이 불을 감당할 수 없었다.

몇 주가 지나고 또 다른 강력한 임재를 경험했다. 예배 중에 하나님의 영광이 강력하게 임하는 것을 느끼고 고개를 들어보니 다시 한번 모든 것이 붉어졌다. 나는 거대한 불덩이들이 하늘에서 예배당 곳곳으로 우박처럼 떨어지는 것을 보았다. 여기저기에서 불이 너무 맹렬하게 타올라서 걱정스러울 정도였다. 만국기로 장식된 우리 교회의 벽면의 깃발이 내 눈앞에서 불길로 바뀌는 환상을 보면서 나는 벌벌 떨었다. 하나님의 임재의 불은 나를 완전히 에워싸서 마치 예배실 벽이 나를 포위하는 것 같았다. 바로 그때 내 눈에 예수님이 예배실로 문자 그대로 걸어오시는 모습이 보였다. 나는 다급히 주변을 둘러봤지만 다른 사람들은 예배실이 불타는 것과 예수님이 오시는 것을 전혀 모르는 것 같았다.

나는 바닥에서 "예수님, 예수님!"을 외치며 통곡하다 간신히 고개를 들어 하늘을 봤을 때, 다시 한번 이전에 봤던 두 개의 거대한 눈물방울 같은 불길을 보았다. 그 순간 나는 그것이 주님의 불꽃 같은 눈이라는 것을 깨달았다. 주님의 눈은 내 내면을 꿰뚫고 마음의 어두운 곳을 환하게 비추셨다. 이 글을 쓰는 지금도 그때 주님을 향해 성령의 뜨거운 불로 나를 더 태워 달라고 울부짖은 기억이 난다. 내 육신으로는 감당하지 못할 지경이었지만 소멸하는 불이신 하나님으로 말미암아 영혼의 자유를 느꼈기 때문에 더욱 울부짖었다. 주님의 불은 내 안에서 오직 주님만 하실 수 있는 일을 하셨다. 나는 성령의 불이 하나님과 더 깊은 친밀함을 방해하는 내 안의 모든 죄를 드러내시고 태워 없애는 것을 느꼈다. 주님의 불이 뜨거울수록, 주님을 향한 내 열정도 뜨거워졌다.

나는 모든 성도가 나처럼 하나님의 불을 경험해야 한다고 생각하지 않는다. 하지만 모든 성도가 어떤 모양이든 다양한 방법으로 반드시 주님의 임재의 불을 경험해야 한다고 믿는다. 하나님은 우리 각자에게 맞는 다양한 방식으로 주님의 불을 주셔서 우리 안에 왜곡된 편견을 태워 없애고 하나님의 마음과 생각을 나누어 주실 것이다. 하나님은 재 대신 화관을 주신다는 것을 믿어라.

교회는 다시 불을 회복해야 한다. 하나님은 지금 하나님의 불 같은 임재와 사랑에 빠져 뜨거운 열정으로 불타오르는 믿음의 세대를 일으키신다. 곳곳에서 하나님의 불타는 임재 안에 머물기로 선택한 예배자 세대가 일어나고 있다! 불은 산소가 없으면 꺼진다. 성령님이 오순절 날 급하고 강한 바람처럼 제자들 한 사람 한 사람에게 임하셨다. 성령님의 바람이 없으면 불은 곧 꺼진다. 성령님의 바람이 이 땅을 태우는 맹렬한 폭풍 같은 불을 붙인다. 예수님은 누가복음에서 이렇게 말씀하셨다.

49 내가 불을 땅에 던지러 왔노니 이 불이 이미 붙었으면 내가 무엇을 원하리요 50 나는 받을 세례가 있으니 그것이 이루어지기까지 나의 답답함이 어떠하겠느냐. (눅 12:49~50, 개정)

예수님은 우리에게 불로 세례 주시길 원하신다. 이제 남은 질문은 이것이다. **당신은 불을 받을 준비가 되었는가?**

4장

광야의 예배
WORSHIP IN THE WILDERNESS

내게 불을 주신 하나님께 진심으로 감사드린다. 내 간절한 소원은 미국 교회에 부흥이 일어나는 것을 두 눈으로 보는 것이다. 만일 하나님의 불이 없었다면 나는 부흥을 위해 헌신하지 못했을 것이다. 나는 이제 교회가 다시 한번 깊은 잠에서 깨어나 하나님의 임재를 향한 불타는 열정으로 이 땅에서 자신의 정체성을 깨닫고 하나님의 부르심을 성취하기 원한다. 내 간절한 소원은 오직 하나님만 구하는 세대를 일으키는 것이다!

할렐루야! 예수님은 불가능이 없으시다. 나는 이 땅에 하나님 나라를 확장시켜 지옥의 문과 어둠의 세력을 무너뜨리는데 필요한 것은 오직 주님의 임재뿐이라고 믿는다. 나는 한 세대 전체가 거룩한 불을 받아 예배 안에서 뜨거운 사랑으로 불타오르는 하나님의 눈을 바라보며 이전보다 더 깊이 사랑에 빠지는 모습을 정말 보고 싶다. 우리가 아름다우신 예수님의 눈 속에 담긴 사랑을 발견하고 그 사랑에 빠지면 다른 어떤 인간적인 사랑도 우리 마음을 빼앗을 수 없다는 것을 깨달을 것이다. 주님의 사랑이 우리를 사로잡으면 우리가 하는 모든 것에 주님의 열정이 공급된다.

나는 지난 장에서 현대 교회가 얼마나 하나님의 불이 필요한지 설명했다. 우리는 하나님의 불이 필요하다. 하나님이 엘리야 시대에 불을 내리신 것처럼 현대의 부흥도 하나님의 불을 통해 시작될 것이다. 엘리야 시대 때 이스라엘 전체가 우상숭배에 빠져 선조가 섬긴 하나님을 외면하자 엘리야가 일어나서 우상숭배에 도전하고 하나님의 제단을 다시 세웠다. 하나님은 엘리야의 간절한 기도의 응답으로 하늘에서 불을 내려 제단의 제물을 태우셨다. 엘리야가 세운 제단에 하늘의 불이 내리는 모습을 본 이스라엘은 하나님께 엎드려 예배하며 불로 응답하신 하나님이 자신들의 하나님이라고 선포하며 하나님께 돌아왔다.

나는 부흥사 찰스 피니의 말을 좋아한다, "당신의 교회나 도시에 부흥이 임하기 원한다면, 당신을 기준으로 둥근 원을 그리고 먼저 그곳에서부터 불이 일어나게 하라." 나는 교회를 향한 불만과 불평을 멈추고 기도하며 하나님의 임재의 불로 내 마음을 채우기로 결단한 후 삶의 모든 것이 변하였으며 하나님과 타인을 향한 내 태도와 기도와 삶의 많은 영역에 완전히 새로운 빛이 비추었다. 내 삶에 일어난 개인적 부흥을 통해 나는 하나님의 불이 부흥의 시작이라는 것을 깨달았다.

불은 시작일 뿐이다

"네 하나님 여호와는 소멸하는 불이시오"(신 4:24, 개정). 성경은 사람들에게 자신을 드러내기로 작정하신 하나님의 모습을 불과 같다고 표현한다. 우리는 특히 성경의 출애굽기에서 불로 임하시는 하나님의 모습을 발견한다. "주님께서 불 가운데서 그곳으로 내려오셨으므로"(출 19:18). 주님이 산에 강림하신 목적은 사람들에게 자신을 나타내는 것이었으며 지금도 불로 자신을 나타내신다. 하나님이 임하실 때 나타나는 불은 하나님과 우리의 지속적인 만남의 시작이다. 하나님은 모든 죄악을 태우는 소멸하는 불이시다. 우리가 불같은 하나님의 모습을 이해하면 하나님의 임재에 뒤따르는 천둥소리가 두려움의 대상이 아님을 이해할 수 있다.

하나님은 이스라엘 민족에게 자신을 나타내기 원하셨지만, 오히려 이스라엘은 하나님의 초청을 거부하고 멀리 서서 거리를 두었다. 이스라엘은 주님의 모든 놀라운 기적을 보고 기뻐했지만 하나님이 친히 임하셔서 친밀한 관계를 원하실 때는 멀리 서 있었다. 하지만 모세는 이스라엘 사람들과 달리 주님께 가까이 다가갔다(출 20:18~21 참조). 하나님의 불은 우리가 이전보다 더 깊이, 더 높이, 더 가까이 하나님께 나오라는 거룩한 초청이다! 불은 하나님을 갈망하는 사람들을 위한 시작점이다. 밧모섬에서 사도 요한은 뒤에서 나팔 소리 같은 예수님의 음성을 들었다. 요한은 자신이 본 것을 이렇게 묘사했다.

> 14 머리와 머리털은 흰 양털과 같이 또 눈과 같이 희고 눈은 불꽃과 같고 15 발은 풀무불에 달구어 낸 놋쇠와 같고 음성은 큰 물소리와 같았습니다. 16 또 오른손에는 일곱 별을 쥐고 입에서는 날카로운 양날 칼이 나오고 얼굴은 해가 강렬하게 비치는 것과 같았습니다. (계 1:14~16, 새번역)

요한은 부활하신 주님의 위엄과 불같은 눈을 바라본 후 자신에게 일어난 일을 기록한다. "그를 뵐 때에 내가 그의 발 앞에 엎어져서 죽은 사람과 같이 되니"(계 1:17) 요한이 주님의 불같은 눈을 바라볼 때 아시아 일곱 교회를 향한 말씀을 선포하신다.

> 그 뒤에 내가 보니, 하늘에 문이 하나 열려 있었습니다. 그리고
> 전에 내가 들은 그 음성, 곧 나팔 소리와 같이 나에게 들린 그 음
> 성이 "이리로 올라오너라. 이 뒤에 일어나야 할 일들을 너에게
> 보여 주겠다" 하고 말하였습니다. (계 4:1, 새번역)

하나님의 불은 부흥의 시작이며, 기꺼이 하나님의 불 안에 있기로 결단한 사람들의 삶은 결코 이전 같지 않다. 우리는 출애굽기 3장과 4장에 나오는 모세와 주님의 첫 만남에서 이 사실을 발견한다. 먼저 여호와의 천사가 모세에게 "불꽃"으로 나타났다. 항상 그렇지는 않지만, 종종 하나님이 사람들에게 자신을 처음 나타내실 때 불로 임하시는 것은 지극히 성경적인 일이다. 환하게 불타는 떨기나무가 모세의 관심을 사로잡았을 때, 모세의 진짜 관심은 불 속에서도 타지 않고 멀쩡한 나무가 아니었을까?

나는 불의 임재가 모세뿐 아니라 우리 모두를 향한 주님의 초청이라고 생각한다. 하나님은 잃어버린 영혼과 죽어가는 세상을 향해 이렇게 외치신다! "소멸하는 불, 타오르지만 죽지 않는 불로 나오라!" 성경은 계속해서 기록하길 "모세가 그것을 보려고 오는 것을 보시고 하나님이 떨기 가운데서 "모세야, 모세야!" 하고 그를

부르셨다. 모세가 대답하였다. "예, 제가 여기에 있습니다"(출 3:4). 여기 중요한 사실이 있다. 하나님이 먼저 우리를 찾으시고 부르지만 하나님과의 친밀한 관계의 깊이를 결정하는 것은 우리의 반응이라는 점이다. 성령님은 우리가 하나님께 가까이 다가가는 만큼 인도하신다. 하나님이 먼저 우리를 사랑하셨기 때문에 우리도 하나님을 사랑하지만(요일 4:19) 우리가 주님께 더 가까이 나아갈 때, 주님이 우리에게 더 가까이 오신다(약 4:8).

아가서에 하나님의 아름다운 초대가 나온다. 신랑은 끊임없이 신부를 찾는다. 신부가 침상에 혼자 있을 때 신랑이 와서 문을 두드리자 신부는 뒤늦게 일어나 신랑의 부름에 응답하고 연인이 없는 것을 발견한다(아 2장). 하나님은 자신의 신부에게 다른 사랑을 용납하지 않으시는 질투 어린 사랑을 품고 우리가 주님과 함께 있도록 끊임없이 부르신다. 우리가 하나님의 친밀함을 갈망한다면 그 음성에 즉시 반응하는 법을 배워야 한다. 좋으신 하나님은 우리가 삶의 분주함으로 주님의 부르심에 응답하지 못할 때도 우리를 거절하지 않으시고 계속해서 우리의 마음을 두드리신다.

그래서 출애굽기의 불타는 떨기나무는 참으로 놀랍다. 모세가 양을 돌보느라 바쁠 때도 주님은 모세를 주목하셨다. 하나님은 모세가 돌이키는 것을 보시고 그를 부르셨다. "하나님이 떨기 가운데서 "모세야, 모세야!" 하고 그를 부르셨다. 모세가 대답하였다. "예, 제가 여기에 있습니다"(출 3:4). 모세가 하나님의 부름에 응답했을 때 거룩한 만남이 시작되었다. 사실 모세는 응답하지 않거나 그냥 스쳐 가면서 주님과 만날 기회를 놓칠 수도 있었다.

사무엘 3장을 보면 어린 사무엘도 모세와 비슷한 경험을 했다. 어린 사무엘이 엘리 대제사장을 섬길 때 하나님이 어린 사무엘에게 자신을 나타내기로 작정하시고 사무엘의 이름을 불렀지만 사무엘은 주님의 음성을 알아듣지 못하고 엘리가 부른 줄 알았다. 하나님이 세 번이나 사무엘을 부르시자 엘리는 직감적으로 하나님의 역사를 눈치채고 사무엘에게 어떻게 응답할지 조언한다. 하나님이 다시 사무엘을 부르자 사무엘은 엘리의 조언을 따라 응답했다. "말씀하십시오. 주님의 종이 듣고 있습니다." 우리가 믿음으로 주님께 반응하고 응답하는 것은 주님을 섬기는 절대적인 진리이다. "믿음이 없이는 하나님을 기쁘게 해드릴 수 없습니다"(히 11:6). 하나님께 적절하게 응답하라!

모세가 하나님의 부르심에 반응하여 불타는 떨기나무에 가까이 다가간 후 일어난 일은 오늘날 하나님의 부르심에 응답하는 모든 사람에게 일어나는 일이다. 주님이 말씀하신다. "하나님이 말씀하셨다. "이리로 가까이 오지 말아라. 네가 서 있는 곳은 거룩한 땅이니, 너는 신을 벗어라"(출 3:5). 하나님의 불은 거룩하다. 앞서 언급한 것처럼 하나님의 거룩은 우리의 변화를 요구한다! 하나님이 모세에게 가까이 오지 말라고 하신 것은 모세를 거부하는 것이 아니라 거룩하지 않은 모세가 심판받아 죽지 않게 하려는 은혜의 경고였다. 하나님의 불 앞에서 우리는 옛 삶과 옛 방식을 버리고 우리의 관심을 사로잡으신 하나님을 따라 닮아가도록 예수님의 십자가 앞에 순복해야 한다. 하지만 안타깝게도 많은 사람이 실패하는 지점이 주님을 따라 닮아가는 "성화"의 과정이다.

하나님 앞에서 옛 삶을 버린 사람들은 모세에게 일어난 언약의 과정을 경험한다. "하나님이 또 말씀하셨다. "나는 너의 조상의 하나님 곧 아브라함의 하나님, 이삭의 하나님, 야곱의 하나님이다"(출 3:6). 불 가운데 계신 하나님이 나타나시는 곳에 계시가 임한다! "주님께서는 주님을 경외하는 사람과 의논하시며, 그들에게서 주님의 언약이 진실함을 확인해 주신다"(시 25:14).

하나님은 주님을 경외함으로 거룩한 불 앞에 더 가까이 나아오는 사람들에게 언약으로 자신을 계시하신다. 결혼이라는 약속으로 남편과 아내 사이에 친밀함이 생기는 것처럼 하나님은 세상에 마음을 주지 않으며 일관되게 하나님과 친밀함으로 언약을 맺는 사람들을 위해 은밀한 비밀을 남겨 두셨다. 안타깝지만 미국 교회는 주님을 경외함과 거룩한 결혼 언약의 중요성을 잃어버렸다. 세계 평균을 뛰어넘는 미국 교회 안의 이혼율은 하나님과 우리의 언약을 향한 존중이 얼마나 부족한지 그대로 보여준다.

하나님의 계시가 임하고 언약이 맺어진 곳에서 참된 예배가 시작된다. 모세는 하나님을 보기 두려워 얼굴을 가렸다(출 3:6). 하나님의 계시를 받은 모세의 유일한 반응은 주님 앞에 엎드려 경배하며 얼굴을 가리는 것이었다. 우리가 전능하신 하나님과 친밀한 교제로 들어갈 때, 하나님은 사랑하는 자녀들에게 자신의 놀라운 아름다움을 드러내신다. 하지만 불행히도 많은 사람이 계시와 언약과 주님을 친밀하게 경험하는 예배를 경험하지 못하는 이유는 우리가 하나님의 불 앞에 용감하게 나서지 않으며 성화의 과정에서 우리의 신을 벗지 않기 때문이다.

많은 사람이 율법과 율법주의 아래에서 해야 할 것과 하지 말아야 할 것을 지키면서 하나님을 섬기려고 노력하지만, 율법 아래에서는 결코 하나님과 친밀한 관계로 들어갈 수 없다. 거짓의 아비 사탄의 전략은 마치 하나님이 우리에게 좋은 것을 주기 싫어 감추시는 분이라고 믿게 만드는 것이지만, 우리의 하나님은 진실로 좋으신 분이시다! 하나님이 우리를 세상과 분리하는 것처럼 보이는 이유는 우리를 외롭게 고립시키려는 것이 아니라 더 깊은 친밀함으로 이끄시기 위함이다. 하나님은 우리 안에 이 세상에 뿌리를 둔 죽음의 열매를 제거하시고 부활의 생명, 영생을 주신다.

모든 사람이여 하나님 아버지께 오라! 많은 사람이 주님을 온전히 바라보지 못하는 이유가 자신이 세상의 열매(죄, 죽음, 육신의 즐거움)를 포기하지 못하고 미련을 두기 때문이라는 것을 외면하려 한다. 좋으신 하나님은 죄로 멸망하지 않을 탈출구인 "복음"을 주셨다. 우리는 하나님의 마음을 깨닫는 계시의 장소, 하나님의 불 속에서 언약의 친밀한 비밀을 깨닫는다. 그래서 주님의 거룩한 불로 과감히 들어가서 정결케 하는 과정에 순복한 사람들에게 불의 역사는 시작이다. 출애굽기 24:17은 이렇게 말한다. "이스라엘 자손의 눈에는 주님의 영광이 마치 산꼭대기에서 타오르는 불처럼 보였다." 이스라엘은 멀리 서서 거룩한 산의 타오르는 불을 봤지만 모세는 직접 거룩한 산에 올라 사십일을 보내면서 앞으로 지을 성막의 청사진을 받았다. 모세의 성막은 하나님이 이스라엘 민족 사이에 거하실 처소였다. 예언적인 눈으로 보면 모세의 성막은 이 땅에 오셔서 사람과 함께 하신 예수 그리스도의 계시였다(요 1:14 참조).

예수님은 모세의 성막과 그 안에 있던 모든 기물에 담긴 예언적 비유의 성취이시다. 바깥뜰에서 지성소까지 예수님은 길과 진리와 생명이시며 언약궤이자 속죄소이시다. 예수님은 속죄소 위에 나타난 쉐카이나 영광이시며 모든 영광중에 계신 하나님 아버지와 하나이시다. 예수님은 진설병, 생명의 빵이시다. 예수님은 등잔대, 세상의 빛이시다. 모세의 성막 안의 모든 기물이 하나님의 성육신, 사람이 되신 예수 그리스도의 예언적 그림이었다. 모세는 거룩한 산에 올라 하나님의 불 속에서 이 거룩한 그리스도의 예표를 보았다. 하나님의 불에 다가가는 것은 용기가 필요하지만 그 결과는 비교할 수 없이 값지므로 주저할 필요가 없다.

우리가 하나님의 불 안으로 들어갈 때 놀라운 계시를 받는다는 것을 확증하는 또 다른 성경의 예로 용감하게 우상 숭배를 거절한 다니엘과 세 친구를 들 수 있다. 바빌론 왕 느부갓네살은 이스라엘 포로 시대에 자신의 거대한 동상을 세우고 정한 시간에 정한 소리에 맞춰 바빌론의 모든 사람이 절하도록 명령했다. 이 명령에 순종하지 않는 사람은 반역자가 되어 불타는 용광로에 던져졌다. 이 모습은 현대의 세상 문화와 매우 비슷하다. 현대 음악이 온 세대를 이 세상 신에게 무릎 꿇게 하고 있다!

5 너희는 나팔과 피리와 수금과 삼현금과 양금과 생황과 및 모든 악기 소리를 들을 때에 엎드리어 느부갓네살 왕이 세운 금 신상에게 절하라 6 누구든지 엎드려 절하지 아니하는 자는 즉시 맹렬히 타는 풀무불에 던져 넣으리라 하였더라 (단 3:5~6, 개정)

다니엘의 세 친구는 십계명에 순종하기로 결단하고 우상 숭배를 거부했다. 하지만 세 친구가 하나님의 말씀에 순종한 결과는 불타는 용광로였다. 세 친구가 느부갓네살 왕 앞에서 담대히 여호와 하나님을 향한 믿음을 선포했을 때, 왕은 몹시 분노하여 극한의 고통을 선사하기 위해 제작한 용광로의 불을 일곱 배나 더 뜨겁게 하도록 명령했지만 놀라운 일이 일어났다!

24 그 때에 느부갓네살 왕이 놀라서 급히 일어나 모사들에게 물었다. "우리가 묶어서 화덕 불 속에 던진 사람은 셋이 아니더냐?" 그들이 왕에게 대답하였다. "그렇습니다 임금님." 25 왕이 말을 이었다. "보아라 내가 보기에는 네 사람이다. 모두 결박이 풀린 채로 화덕 안에서 걷고 있고 그들에게 아무런 상처도 없다! 더욱이 넷째 사람의 모습은 신의 아들과 같다!" (단 3:24~25, 새번역)

정말 놀랍다! 용광로의 극렬한 불 속에 있던 세 친구에게 예수님이 함께하셨다. 놀랍게도 이때는 예수님이 동정녀를 통해 이 세상에 태어나시기 약 550년에서 570년 전이었다. 모세가 산 위의 불 속에서 장막의 예언적 청사진으로 예수님을 본 것처럼, 여기 세 명의 히브리 소년이 불 속에서 예수님과 함께했다. 불은 시작이다! 하나님의 불은 우리가 하나님을 바르게 이해하지 못하게 막는 삶의 모든 죄와 불순물을 태우는 정화의 도구이다. 세 친구의 예화에서 목숨을 위협했던 불이 오히려 세 친구를 결박한 묶임을 끊고 자유를 주었다! 하나님의 불은 우리에게 자유를 준다.

참된 예배는 하나님을 바르게 이해할 때 시작된다. 신자의 삶에 회개하지 않은 죄가 있으면 믿음이 오염되어 심각한 미혹으로 발전한다. 이것은 명백한 현실이다. 야고보서 1:22은 이렇게 말한다. "말씀을 행하는 사람이 되십시오. 그저 듣기만 하여 자신을 속이는 사람이 되지 마십시오." 나는 성령님의 책망을 받아들일 수 있을 만큼 성숙한 신자들에게 권면한다. 성령님이 친히 회개하도록 깨우치시고 이끄실 때 회개하고 합당한 열매를 맺으라. 그렇지 않으면 그 결과는 사망이다.

"사망이 쏘는 것은 죄요 죄의 권능은 율법이라"(고전 15:56, 개정)

성령님이 사람의 마음에 죄의 자각(찔림)을 주실 때 항상 은혜도 같이 주셔서 죄를 이기게 하신다. 하나님은 결코 우리를 소망 없이 내버려 두지 않으신다. "그러나 죄가 많은 곳에 은혜가 더욱 넘치게 되었습니다"(롬 5:20). 하나님의 은혜의 권능은 항상 죄보다 강력하다. 하지만 많은 사람이 놀라운 하나님의 은혜와 회개의 기회를 거절한다. 신자가 하나님의 은혜를 거절하는 순간 자유를 위해 주신 율법 안에서 죄가 힘을 얻는다. 하나님의 세미한 음성 듣기를 거부하고 하나님의 인도를 고의로 불순종할 때 자유는 사라지고 율법이 역사하며 죄는 점점 더 강해진다.

기억하자. 불 속으로 들어가는 것은 중요하지만 시작일 뿐이다. 불에 들어가서 우리 삶을 십자가 앞에 굴복시킬 때, 하나님은 말씀으로 자기의 기쁘신 뜻을 알려주신다. 하나님의 말씀이 우리 마음의 어두움을 비추는 참된 빛이다. 우리가 하나님 앞에 마음을 열면 하나님의 말씀이 우리 내면의 가장 깊은 곳까지 비추어 참된 변화를 일으킨다. 그러므로 모든 사람은 구원받은 것에서 멈추지 말고 매일 하나님의 말씀으로 마음을 새롭게 해야 한다. 새롭게 하시는 성령님의 은혜가 우리의 마음에 예수님의 말씀을 더 많이 계시할 때 우리는 갈수록 그리스도를 닮아간다.

앞장에서 나누었듯이 많은 신실한 신자가 자기도 모르는 하나님을 예배한다. 우리는 하나님을 있는 모습 그대로 알지 못한다는 사실을 솔직하고 겸손하게 인정해야 한다. "하나님께서는 교만한 자들을 물리치시고 겸손한 사람들에게 은혜를 주신다"(약 4:6). 우리가 교만함을 내려놓고 겸손한 마음으로 주님의 제단 앞에 나와 엎드릴 때 주님이 원하시는 예배를 드릴 수 있다. 사랑하는 하나님 앞에 우리가 진심으로 회개할 때 하나님은 우리를 품에 안으시고 새로운 은혜와 자비를 베푸신다는 것을 믿어라!

나는 너를 바로에게 보낼 것이다

다시 모세와 하나님의 첫 만남으로 돌아가자. 하나님의 천사가 떨기나무 불길 속에서 모세에게 나타났을 때, 이 놀라운 광경을 자세히 보려고 모세가 가까이 다가가자 하나님은 모세에게 신을 벗으라고 명령하신다. 모세는 주님의 음성에 순종해서 신을 벗었고 하나님은 모세에게 자신을 아브라함과 이삭과 야곱의 하나님이라고 계시하신다. 그리고 모세는 하나님 앞에서 얼굴을 숨긴다. 이제 그다음 무슨 일이 일어났는지 보자.

7 주님께서 다시 말씀하셨다. "나는 이집트에 있는 나의 백성이 고통받는 것을 똑똑히 보았고 또 억압 때문에 괴로워서 부르짖는 소리를 들었다. 그러므로 나는 그들의 고난을 분명히 안다. 8 이제 내가 내려가서 이집트 사람의 손아귀에서 그들을 구하여 이 땅으로부터 저 아름답고 넓은 땅, 젖과 꿀이 흐르는 땅, 곧 가나안 사람과 헷 사람과 아모리 사람과 브리스 사람과 히위 사람과 여부스 사람이 사는 곳으로 데려 가려고 한다. 10 이제 나는 너를 바로에게 보내어 나의 백성 이스라엘 자손을 이집트에서 이끌어 내게 하겠다." (출 3:7,8,10, 새번역)

하나님은 모세에게 비밀을 알려주신다! 노예가 된 하나님의 사람들이 자유롭게 하나님을 예배하도록 모세를 사용하신다.

주님께서 모세에게 말씀하셨다. "너는 바로에게로 가서 '나 주가 이렇게 말한다' 하고 그에게 이르기를 '나의 백성을 보내라. 그들이 나를 예배할 수 있게 하여라.' (출 8:1, 새번역)

모세를 부르셨을 때와 현대를 비교하면 하나님의 뜻은 달라진 것이 없다. 이 시대를 향한 하나님의 목적은 하나님과 영광스러운 만남을 가진 사람들을 성령으로 무장 시켜 세상으로 보내어 흑암의 세력에 포로 된 사람들을 자유케 하는 것이다. 우리는 언젠가 주님의 보좌 앞에서 주님과 얼굴을 마주하는 영광스러운 예배에 참여하겠지만 아직 한 번도 복음을 듣지 못하고 죽어가는 수많은 영혼이 있다는 것을 깨달아야 한다. 누가 이들을 위해 갈 것인가? 하나님의 임재 안에서 깊이 예배하는 사람들은 죽어가는 세상을 향한 하나님 아버지의 마음을 품는다. 만일 우리의 예배가 주님을 모르는 사람들을 향한 하나님의 눈물 어린 사랑의 계시를 품지 못한다면 그것은 참된 예배가 아니다! 우리가 참된 예배로 들어가면 이 땅에서 우리의 생명은 우리를 위한 것이 아니라 오직 주님을 위한 것이라는 진리를 깨닫는다. 그렇다! 우리는 예배를 위해 창조되었다. 다른 어떤 것보다 먼저 예배자가 되어야 한다! 하지만 주 하나님과 참된 예배자들의 친밀한 교제의 결과는 예배자들에게 세상을 향한 하나님의 마음과 복음의 열정이 부어지는 것이다. 우리는 모세와 하나님의 첫 만남에서 이것을 확인한다.

하지만 모세는 하나님이 이스라엘 민족의 자유를 위해 자신을 부르셨다는 사실을 받아들이지 못하고 하나님과 다섯 번이나 논쟁을 벌인다. 성경에서 5라는 숫자는 은혜와 사역을 나타낸다. 누구도 자기의 힘으로 자신을 구할 수 없다. "누가 '나는 마음이 깨끗하다. 나는 죄를 말끔히 씻었다' 하고 말할 수 있겠느냐?"(잠 20:9). 우리는 하나님의 은혜가 없으면 하나님 나라를 위해 아무것도 할 수 없다. 그렇기 때문에 은혜의 하나님은 모세가 하나님의 뜻을 성취하도록 능력을 주신다. 죄와 사망의 율법이 우리에게 "넌 할 수 없어"라고 말할 때 하나님의 은혜는 우리의 연약함을 채우시고 우리 믿음의 헌신에 하나님의 거룩한 숨결을 불어 넣으셔서 불가능을 가능으로 바꾸신다! 하나님은 모세에게 변치 않는 임재와 언약을 확신하도록 권능을 보여 주신다.

나에게 능력을 주시는 분 안에서 나는 모든 것을 할 수 있습니다.

(빌 4:13, 새번역)

모세는 자기의 힘으로 하나님이 명령하신 일을 할 수 없다는 사실을 정확히 알았다. 하나님은 자기 힘으로 혼자 할 수 있다고 생각하는 사람은 선택하지 않으신다. 하나님은 모세를 능력이나 인성이나 실력 때문에 선택한 것이 아니다. 사도 바울이 하나님의 전적인 선택을 잘 설명한다.

> 26 형제자매 여러분 여러분이 부르심을 받을 때에 그 처지가 어떠하였는지 생각하여 보십시오. 육신의 기준으로 보아서 지혜 있는 사람이 많지 않고 권력 있는 사람이 많지 않고 가문이 훌륭한 사람이 많지 않았습니다. 27 그런데 하나님께서는 지혜 있는 자들을 부끄럽게 하시려고 세상의 어리석은 것들을 택하셨으며 강한 것들을 부끄럽게 하시려고 세상의 약한 것들을 택하셨습니다. 29 이리하여 아무도 하나님 앞에서는 자랑하지 못하게 하시려는 것입니다. (고전 1:26~27,29, 새번역)

하나님은 사람처럼 겉을 보지 않으시고 마음을 보신다(삼상 16:7). 현대에는 은사와 재능 있는 사역자가 많지만, 이들 중 다수가 안타깝게도 현재 위치에 자기 힘으로 올라왔으며 많은 사람이 하나님의 소멸하는 불 안에서 정화되는 과정을 거치지 않고 하나님보다 앞서가고 있다. 이 사람들은 스스로 자신이 충분히 준비되었기 때문에 자기 재능과 사역으로 세상을 섬길 수 있다고 생각한다. 그러나 지금이라도 자신의 재능을 신뢰하는 교만을 멈추지 않으면 하나님 나라를 위해 아무것도 할 수 없게 될 것이다. 기억하자, 하나님은 우리의 것이 단 하나도 필요하지 않으시다.

모세가 40세였을 때 하나님을 의지하지 않고 자기 힘으로 문제를 해결하려 했다. 어느 날 모세는 동족 히브리 노예를 때리는 애굽 사람을 보고 살해한다. 스데반은 사도행전에서 "모세는 자기 동족들이 하나님께서 자기를 사용하여 그들을 구원해 주신다는 것을 깨달을 것이라고 생각했습니다. 하지만 그들은 깨닫지 못했습니다"(행 7:25, 쉬운성경)라고 한다. 그리고 하나님은 모세가 광야에서 양을 치며 40년을 더 보낸 후 80세가 되자 다시 찾아오신다. 우리는 이것을 이해해야 한다. 모세는 바로의 집에서 왕족으로 자라면서 애굽의 모든 지혜를 배웠지만(행 7:22) 하나님은 세상 지식으로 가득 찬 40세의 모세를 사용하지 않으셨다. 단언컨대 사탄은 우리가 벽에 걸어두는 학위 증서나 지위를 두려워하지 않는다! 더 솔직히 말하면, 하나님을 섬기기 위해 취득한 학위와 학벌을 의지하는 교만이 오히려 원수가 들어오는 문을 열 수 있다. 사탄은 우리가 얼마나 많은 일을 했는지와 우리가 얼마나 똑똑한지에 위축되지 않으며 오직 예수 이름에 복종할 뿐이다. 오직 예수님을 향한 믿음만이 천국을 움직인다!

모세가 광야에서 보낸 40년의 세월이 모세의 자기 의존성을 산산 조각냈다. 모세가 얼마나 낮아졌는지 하나님이 모세를 다시 애굽으로 보내기 위해 5번이나 논쟁하셔야 했다. 80세의 모세는 예전처럼 동포를 구하려는 기세등등한 영웅이 아니었다. 마찬가지로 우리도 각자의 삶에서 하나님께 순종하며 날마다 십자가 앞에 교만과 자기 의존성을 내려놓아야 한다.

내가 경험한 광야

나는 19살에 구원받았다. 그때 내 마음은 문자 그대로 활활 타올라서 잠을 잘 때는 천국이 나오는 꿈을 꾸곤 했다. 구원받은 후 1년이 넘도록 하나님이 반복해서 주시는 환상이 있었는데, 거대한 푸른 계곡 양쪽에 높은 산이 있으며 중앙에는 넓게 펼쳐진 광야에 군중이 가득한 모습이었다. 나는 환상에서 이 군중을 향해 강력한 기름 부음속에 복음이 선포되는 것을 들었다. 그 복음의 말씀이 나에게 완전히 새로운 계시였기 때문에 나는 그 복음이 주님의 말씀이라는 것을 알았다. 신기하게도 이 복음을 선포하는 목소리가 매우 익숙했는데 그 이유는 바로 내 목소리였기 때문이다. 나는 마치 내가 실제로 훌륭한 복음 전도 운동의 선두에 선 것같았다. 환상 속에서 내 입을 통해 나오는 말씀은 천국에서 바로 온 것처럼 신선했다. 정말 놀라운 경험이었다!

이 시기에 하나님은 나에게 꿈과 환상을 통해 말씀을 주셨다. 나는 매일 밤 주님의 말씀을 들었다. "또 이르시되 너희는 온 천하에 다니며 만민에게 복음을 전파하라"(막 16:15, 개정). 이 꿈과 환상을 통해 나는 자연스럽게 하나님이 나를 복음 전도자로 부르시는 것을 깨닫고 기꺼이 주님을 위해 세상에 복음을 전파할 준비가 되었다고 확신했다. 나는 내 뜨거운 마음이 하나님의 부르심의 확증이라고 생각했으며 가는 곳마다 만나는 사람에게 예수님을 증거하고 나를 설교자라고 소개했다. 물론 실제로 설교단에 발을 디딘 적도 없었지만 이미 믿음으로는 나는 설교자였다. 이 무렵, 목사님은 나에게 오레곤주 포틀랜드로 가서 사역의 방편으로 벽돌 제조와 석공업 사업을 시작하라고 제안하셨고 나는 매우 기쁘게 그 제안을 수락했다. 내 마음 한편에 숨어있던 교만은 목사님의 제안이 나를 설교자로 승진시키는 하나님의 방법이라고 생각했다. 내 설교자의 부르심에 딱 어울리는 과정이었다.

21살의 나이에 자동차를 짐으로 꽉 채우고 어린 시절을 보낸 부모님 집을 떠난 날이 기억난다. 내가 차에 타자 어머니는 현관에서 손을 흔드셨다. 나는 새크라멘토를 빠져나가면서 가슴이 벅차올랐으며 하나님이 나를 얼마나 빨리 설교자로 세우실지 꿈꾸며 12시간 동안 운전하면서 계속 방언으로 크게 기도했다. 하지만 앞으로 펼쳐질 8년이 내 인생에서 가장 힘든 시간이 될 줄은 꿈에도 몰랐다. 극한의 시간이 나를 기다렸다.

하나님은 결코 자기 힘을 신뢰하는 사람을 사용하지 않으신다! 나는 당장 무슨 일이든 할 수 있을 정도로 예수님을 향해 뜨겁게 타올랐지만 하나님은 나를 황무지 같은 광야로 인도하셔서 임재의 불 속에서 천천히 다듬으셨다. 나는 8년 동안 내가 대단한 복음 전도자요 설교자라는 꿈이 단지 상상이었다는 것을 깨달았고 설교자는커녕 정말 구원받은 게 맞는지 헷갈릴 정도로 영적인 침체와 불안함과 싸워야 했다. 한때 내 안에 타올랐던 뜨거운 확신은 8년이라는 시험의 시간 동안 완전히 사라진 것 같았다.

나는 8년간 광야에서 하나님 앞에 엎드려 울부짖는 법을 배웠다. 이 시기에 내가 할 수 있는 것은 그저 말씀과 기도였다. 그나마 하나님과 가깝다고 느끼는 유일한 시간이 예배와 기도, 말씀을 읽는 시간뿐이었고 그 외의 시간에는 거의 항상 불안정한 상태여서 내가 말을 하면 주변 사람들이 나에게 정말 괜찮은 거냐고 묻곤 했다. 나는 깊은 신앙적 의심과 우울증으로 괴로웠다.

나는 이 모든 괴로움이 절정에 달했을 때를 기억한다. 내가 인생에서 시도한 모든 것이 실패한 것처럼 느껴졌고 성경을 읽을 때조차 절망과 패배감에 사로잡혔으며 주님을 떠나는 길밖에 없다는 생각이 들었다. 그러던 어느 날, 성경책을 펴서 요한복음 6장을 읽기 시작했는데 예수님의 살을 먹고 그분의 피를 마시는 성찬의 가르침을 이해하지 못한 제자들이 상한 마음으로 예수님을 떠난 이야기가 나왔다. 예수님은 열두제자에게 말씀하셨다.

> 67 예수께서 열두 제자에게 물으셨다. "너희까지도 떠나가려 하느냐?" 68 시몬 베드로가 대답하였다. "주님, 우리가 누구에게로 가겠습니까? 선생님께는 영생의 말씀이 있습니다. 69 우리는 선생님이 하나님의 거룩한 분이심을 믿고 또 알았습니다."
> (요 6:67~69, 새번역)

나는 이 말씀을 보고 상한 마음으로 베드로처럼 울부짖었다. "주님, 제가 어딜 가겠습니까? 주님 없이 살 수 없습니다. 제발 도와주세요, 주님!" 나는 완전히 고갈된 상태로 하나님을 위해 불태울 열정 없는 모습으로 살고 싶지 않았다. 나는 고통스러운 시기를 지나며 하나님의 주권을 그저 지식으로만 알았던 마음 한편에 언제든지 하나님을 떠날 준비를 한 반항적인 마음을 품었고 동시에 이렇게 이중적인 마음으로 사는 것도 정말 싫었다.

계속해서 성경에 예수님이 제자들에게 말씀하시는 부분을 읽었다. "예수께서 그들에게 대답하셨다. "내가 너희 열둘을 택하지 않았느냐? 그러나 너희 가운데서 하나는 악마이다"(요 6:70). 이 말씀을 읽는 순간, 마치 예수님이 나를 말씀하시는 것 같아서 마음에 완전한 절망감이 몰려와서 즉시 주님께 엎드려 부르짖어 기도했다. 그러자 마음에 원수가 나를 대적할 때 너무 쉽게 포기했다는 깨달음이 들었다. 하지만 원수는 내 목에 올가미가 그려진 모습을 보여주며 부추겼다. "하나님은 너를 절대 사용하지 않으실 거야. 하나님은 유다를 택했지만 그가 실패자인 것도 알았지. 그러니 유다가 그랬던 것처럼 너도 너의 인생을 끝내. 그러면 더이상 너 때문에 하나님 나라가 욕먹는 일은 없을 거야. 넌 이미 손쓸 수 없을 만큼 망가졌기 때문에 더 버티는 건 시간 낭비일 뿐이야." 원수의 악한 말이 내 마음에 꽂혔다.

나는 당장이라도 모든 것을 끝낼 마음이 있었지만 갑자기 마음에 이렇게 끝내면 지옥에 갈 것이라는 생각과 마귀는 거짓의 아비라는 깨달음이 임했다! 나는 하나님을 힘입어 마귀를 꾸짖고 원수의 악한 거짓말을 거부하면서 다섯 시간을 기도하며 싸웠다. 결국 사탄은 떠났고 나는 하나님의 진리의 말씀을 의지하며 다시 일어났다! 나는 이 과정을 통해 예수님이 우리를 구원하셨지만 우리도 예수님을 확실하게 믿어야 함을 깨달았다. 자기 재능이나 자신이 얼마나 훌륭한지가 아닌, 오직 예수님을 향한 믿음으로 은혜의 하나님께 나아갈 수 있다(롬 5:1~2). 나는 예수님이 40일간 금식하며 광야에서 기도하실 때 기록된 성경으로 마귀를 대적하신 것을 다시 한번 깨달았다. 하나님을 의지하지 않은 내 교만함과 자기 의존성이 마귀가 나를 참소할 근거를 주었다.

나는 그날 이후 불같은 시험에서만 오는 겸손한 마음으로 살기 시작했고 하나님께 쓰임 받기 위해 노력하는 것을 멈추고 그저 하나님을 더 알고 사랑하는 것에서 오는 진정한 만족을 찾았다. 나는 여전히 치열한 영적 전쟁의 한 복판에 서 있었지만 예수님을 사랑하는 것이 가장 강력한 무기임을 깨닫고 완전히 새로운 싸움을 시작했다. 전에는 내가 유명한 사람이 되면 신앙에 도움이 될 것이라고 생각했지만 완전히 틀린 생각이었다. 내가 대단한 사람이 되지 않아도 하나님의 사랑을 받는 것으로 충분했으며 하나님은 그저 내가 하나님의 사랑으로 충만하기를 원하셨다. 하나님의 사랑을 받고 하나님을 사랑하는 것이 예배자의 마음의 기초였다.

돌이켜보면 이 사건은 내 인생에 일어날 수 있는 가장 큰 일이었다. 나는 구원 받고 바로 성경 대학에 들어가서 학위를 취득할 수도 있었고 위대한 하나님의 종들을 섬기면서 마음 한편으로 그들 명예를 질투하며 성공이라는 사다리에 올라 마침내 그 자리를 차지할 수도 있었다. 하지만 하나님은 나를 8년간 광야로 이끄셔서 내 안에 잘못된 것을 제거하시고 하나님을 경외하는 성품을 개발하셨다. 은사는 성령님께서 값없이 주지만 성품은 오직 불 속에서만 단련된다. 누구든 겉으로는 엄청난 카리스마로 위장하고 대중 앞에 설 수 있으나 하나님의 보좌 앞에는 오직 깨끗한 마음을 가진 겸손한 예배자만 설 수 있다.

어떻게 시험을 견딜 것인가?

요즘 교회나 사역 현장을 보면 탁월한 재능 있는 사람은 많지만 경건한 성품을 가진 사람은 보석처럼 드물다. 누구든지 아무런 갈등이나 어려움이 없을 때는 다 좋아 보인다. 하지만 포도주 즙 짜듯이 쥐어짜는 상황과 대비할 수 없이 발생하는 사건 사고 앞에서 나오는 반응이 진짜 우리의 성품이다. 광야의 시련과 시험은 하나님이 우리 내면을 드러내어 고치시는 도구이다.

> 3 다만 이뿐 아니라 우리가 환난 중에도 즐거워하나니 이는 환난은 인내를, 4 인내는 연단을, 연단은 소망을 이루는 줄 앎이로다. 5 소망이 우리를 부끄럽게 하지 아니함은 우리에게 주신 성령으로 말미암아 하나님의 사랑이 우리 마음에 부은 바 됨이니.
>
> (롬 5:3~5, 개정)

삶의 고통이 진짜 성품을 낱낱이 드러낸다. 누구나 모든 일이 잘되고 즐거울 때는 기쁘게 춤추지만 시련 속에서 하나님께 영광 돌리는 사람은 극히 드물다. 그래서 고난 중에 반응이 진짜 성품의 증거다. 이 시대는 온 마음과 영혼과 힘을 다해 하나님을 사랑하는 사람이 하나님께 참된 찬양과 예배를 드릴 수 있다.

하나님은 뜻은 우리 삶에 우리 사역을 세우는 것이 아니라 하나님의 성품을 세우는 것이다. 하나님의 성품은 성령님의 열매를 맺는다(갈 5:22~23). 예수님은 요한복음 15:8에서 이렇게 말씀하셨다. "너희가 열매를 많이 맺어서 내 제자가 되면 이것으로 내 아버지께서 영광을 받으실 것이다." 하나님은 시련 속에서 성령의 열매를 맺지 못하는 사역에는 관심이 없으시다. 하나님 나라의 성공 기준은 우리의 설교를 들으려고 얼마나 많이 사람이 참석했는지, 얼마나 많은 사람이 성령 안에서 쓰러졌는지, 얼마나 많은 헌금이 걷혔는지로 측정할 수 없다. 하나님은 자녀들이 주님의 성품으로 일어나 어둠에 맞서 선한 싸움을 싸울 때 영광 받으신다!

하나님은 우리가 유명한 사역자가 되라고 죄에서 구원하지 않으셨다. 예수님은 우리가 멋진 목사나 복음 전도자가 되라고 십자가를 지지 않으셨다. 하나님의 "높은 부르심^{HIGH CALL}"은 우리가 강력한 기름 부음 받은 사역자가 되는 것이 아니다. 우리의 가장 높은 부르심은 하나님의 사랑과 예수 그리스도의 부활의 능력을 아는 것이다(빌 3:7~14). 모든 그리스도인의 삶의 가장 우선적이고 중요한 부르심은 참된 예배자가 되어 삶의 모든 장소와 모든 관계에서 하나님을 위해 사는 것이다. 우리가 예수님의 참된 제자라는 것을 세상에 증거하는 기준은 사역의 성공과 큰 건물이 아니라 하나님을 사랑하고 이웃을 내 몸처럼 사랑하는 것이다.

나는 영적인 자녀들에게 자주 우리가 하나님을 위해 "무엇"을 하는가가 중요한 것이 아니라 "어떻게" 하는가가 중요하다고 이야기 한다. 나는 세월이 흘러 하나님 앞에 설 때 우리가 하나님을 위해 얼마나 많은 것을 했는가로 판단받지 않는다고 믿는다. 우리가 이 땅에서 하나님을 위해 한 모든 일은 결국 하나님의 보좌 앞에 내려놓을 면류관일 뿐이다(계 4:10). 우리가 성취한 어떤 것이든 우리 힘과 능력으로 된 것은 없으며 오직 예수님의 은혜로 이루어졌기 때문에 사실 우리의 업적은 없는 것이나 마찬가지다.

그래서 마지막 날 우리는 업적이 아닌 성품으로 심판받을 것이다. 하나님은 모든 것을 아신다. 강단 위의 조명과 카메라가 꺼지고 아무도 보는 이 없을 때 당신은 누구인가? 성경은 이렇게 말한다. "숨겨 둔 것은 드러나고 감추어 둔 것은 알려져서 환히 나타나기 마련이다"(눅 8:17). 하나님은 우리의 일보다 우리가 어떤 사람인지 더 관심이 있으시다. 우리 삶에 임한 성령님의 은사는 예수님을 더 닮고 주님의 몸 된 교회를 세우라고 주신 것이다. 경건한 성품은 광야의 시험을 이겨내는 힘이다. 우리가 인생에서 통과하는 모든 것이 우리 안에 주님의 성품을 세워 그리스도를 닮게 한다.

모세가 전능하신 하나님의 임재 앞에 섰을 때 애굽에서 받았던 최고의 교육과 지식은 아무 의미가 없었다. 하나님은 모세가 애굽에서 도망친 후 불타는 떨기나무로 부르시기까지 40년간 모세가 의지할 모든 것을 무너트리셨다. 하나님이 우리 내면에 육적인 것을 제거하는 과정이 힘들고 어렵지만 분명한 것은 결국 육신의 열매는 제거되고 영원히 썩지 않을 하나님의 성품으로 변화할 것이다. 하나님은 광야에서 한 세대를 보내며 이제야 일할 준비가 된 모세를 불타는 떨기나무 앞에 부르시어 애굽에 속박에 묶인 이스라엘을 이끌도록 맡기신다.

출애굽 한 이스라엘 민족은 40년간 모세의 인도 아래 광야를 통과하며 위대하고 놀라운 기적을 경험했지만 동시에 큰 고난도 겪었다. 그러나 이스라엘 전체가 흔들릴 만큼 큰 시련이 다가올 때마다 모세는 하나님의 임재를 추구했으며 하나님의 임재는 모세가 계속해서 이스라엘 백성을 인도할 힘을 주었다. 하지만 안타깝게도 하나님 놀라운 광야의 기적에도 이스라엘 민족은 인생의 시련을 이겨낼 굳건한 성품을 만들지는 못했다. 오늘날 우리도 마찬가지다. 모든 사람이 인생에서 거치는 시험의 시간을 견디게 하는 것은 우리를 위한 하나님의 놀라운 기적이 아니라 하나님의 성품에서 나오는 열매라는 것을 잊으면 안 된다. 하나님의 성품이 담긴 성령의 열매 안에 모든 시험을 이기는 생명력이 있다. 오직 성령의 열매만이 영원한 결실이다!

예배의 참된 대상

지난 두 장에서 예배의 참된 대상을 살펴보면서 우리가 하나님이라고 부르는 전능하신 주님이 어떤 분인지 바른 이해가 생겼기를 바란다. 우리가 믿고 섬기는 하나님을 성경을 통해 바르게 이해하지 않으면 예배뿐만 아니라 우리 신앙의 모든 것이 잘못 흘러갈 수 있다. 또 인생의 관점을 이 땅의 삶에만 맞추고 마지막 날 하나님의 보좌 앞에 서는 영원의 관점을 생각하지 않으면 하나님을 닮도록 성품을 만지시는 하나님의 손길에 순종하기 어려워진다. 우리가 믿음의 경주를 끝까지 완주하려면 주님의 뜻을 알고 주님의 방법을 배우며 주님의 마음을 닮아야 한다.

우리가 예배의 참된 대상이신 하나님을 바르게 알수록 이 땅에서 우리 부르심인 예배자의 명확한 비전을 얻는다. 지금 하나님은 마지막 때 예배자 군대를 일으키신다. 주님이 다시 오실 때 하나님 나라가 새 하늘과 새 땅으로 임하며 영원히 하나님을 예배하겠지만, 우리는 지금 예배를 통해 이 땅에 물이 바다 덮음 같이 여호와의 영광으로 덮을 예배의 향기를 풀어놓아야 한다(합 2:14). 예배자들이여 일어나 임재의 향기를 발하라!

5장

달콤한 향기
SWEET SMELLING FRAGRANCE

14 그러나 그리스도의 개선 행렬에 언제나 우리를 참가시키시고, 그리스도를 아는 지식의 향기를 어디에서나 우리를 통하여 풍기게 하시는 하나님께 감사를 드립니다. 15 우리는 구원을 얻는 사람들 가운데서나 멸망을 당하는 사람들 가운데서나 하나님께 바치는 그리스도의 향기입니다. (고후 2:14~15, 새번역)

나는 24-7 기도 운동에 참여하면서 하나님의 영광스러운 임재가 역사하는 수많은 집회에 참석했다. 집회마다 하나님이 다양한 방식으로 사람들의 마음을 만지시며 역사하는 것을 볼 때마다 놀란다. 같은 집회에서 어떤 사람은 주님 앞에 엎드리고 다른 사람은 목청이 터지도록 울부짖으며 또 다른 사람은 눈물로 범벅이 되어 주님 앞에 잠잠히 머물고, 또 어떤 사람들은 주님 앞에 기뻐 춤춘다. 이렇게 다양한 표현을 놓고 오랜 시간 주님의 몸 된 교회 안에 "하나님을 기쁘시게 하는 특별한 표현이나 예배 형식이 있을까?"라는 질문이 있었다. 사실 이 질문은 수 세기 동안 교회 분열의 원인을 제공한 이유 중의 하나였다.

나는 교회 분열이 일어나는 주된 이유가 하나님을 위한 예배를 우리를 위한 것으로 만들었기 때문이라고 생각한다. 특히 현대에 은사주의/오순절 교회에서 예배는 하나님을 위한 것이라는 진리를 잊고 회중이 "기분 좋을 때까지" 예배할 때도 있다. 잊지 말라, 예배는 하나님을 위한 것이다. 사탄의 계획은 하나님을 위한 것을 우리를 위한 것으로 바꾸는 것이다. 사탄이 바라는 것은 마치 우리가 즐겁기 위해 하나님을 예배하는 것이라고 믿게 만드는 것이다. 하나님보다 자신을 사랑하는 것이 교만과 죄의 뿌리이며 자기 높임SELF-EXALTATION은 사탄에게서 나온다.

> 14 너는 기름 부음을 받고 지키는 그룹임이여 내가 너를 세우매 네가 하나님의 성산에 있어서 불타는 돌들 사이에 왕래하였도다. 15 네가 지음을 받던 날로부터 네 모든 길에 완전하더니 마침내 네게서 불의가 드러났도다. 17 네가 아름다우므로 마음이 교만하였으며 네가 영화로우므로 네 지혜를 더럽혔음이여 내가 너를 땅에 던져 왕들 앞에 두어 그들의 구경 거리가 되게 하였도다. (겔 28:14~15,17 개정)

우리 안에 있는 죄의 본성(사실은 사탄의 본성)은 끊임없이 우리 자신을 위해 무언가를 만든다. 우리는 자기중심적인 유혹을 거부하고 예수님만 바라보는 법을 배워 매일 주님의 사랑을 전달하는 그릇이 되어야 한다. 우리는 앞장에서 사탄의 첫 책략이 무엇인지 보았다. 하나님은 아담과 하와에게 동산에 있는 모든 나무의 열매는 먹어도 되지만 선악을 알게 하는 나무의 열매는 먹지 말라는 경계와 책임 있는 권리를 주셨다. 그러나 사탄은 하와가 하나님의 선하심과 자비로운 속성을 보지 못하도록 하나님의 명령을 왜곡시켰다. 사탄은 아담과 하와에게 그들이 지금 누리는 것보다 더 좋은 것이 하나님께 있지만 주지 않으신다고 거짓말했다. 결국, 하와는 뱀의 꼬임에 넘어가 금단의 열매를 먹고 아담에게 주었고 단 한 번의 불순종으로 아담과 하와는 동산에서 쫓겨났다.

예배자의 삶의 비결은 삶의 중심에 하나님의 보좌를 두고 최우선 순위로 삼아 지키는 것이며 이것이 믿음의 선한 싸움에서 이기는 열쇠이다. 우주에서 일어나는 모든 일은 하늘의 보좌에서 시작하기 때문에 우리는 하나님의 보좌로 다가가 우리 삶을 향기로운 제물로 드리는 법을 배워야 한다.

향이 올라가다

아내와 내가 섬기는 BURN 24-7 기도 운동의 중심 말씀은 말라기 1:11이다. BURN 24-7의 지도자인 션 포이트는 말라기 말씀이 24-7 공동체를 향한 하나님의 명령이자 사명이라고 말했다.

> 해가 뜨는 곳으로부터 해가 지는 곳까지 내 이름이 이방 민족들 가운데서 높임을 받을 것이다. 곳곳마다 사람들이 내 이름으로 분향하며 깨끗한 제물을 바칠 것이다. 내 이름이 이방 민족들 가운데서 높임을 받을 것이기 때문이다. 나 만군의 주가 말한다.
>
> (말 1:11, 새번역)

"My name will be great among the nations, from the rising to the setting of the sun. In every place incense and pure offerings will be brought to my name, because my name will be great among the nations," says the LORD Almighty. (Mal 1:11, NIV)

선은 세상에서 영적으로 가장 어두운 장소를 찾아다니면서 예배하며 하나님을 향한 뜨거운 사랑의 향기를 올려드렸다. 우리가 계속해서 하나님 앞에 찬양을 올려 드릴 때 주님은 보좌로 올라오는 불타는 사랑의 향기에 이끌리신다. 이 향이 주님의 보좌로 올라갈 때 사람들은 하나님의 임재로 모였으며 그 결과 각 나라의 예배의 제단에 밤낮으로 드리는 뜨거운 예배의 용광로가 타올랐다. 예배자들이 모여 예수님을 향한 급진적인 사랑으로 불붙은 뜨거운 마음으로 하나님께 찬양할 때 보이지 않는 하늘의 영역으로 향기가 올라간다. 이 향기는 신랑이신 왕의 지대한 관심을 이끈다.

나는 아가서의 말씀을 사랑한다. "왕이 침상에 앉았을 때에 내 나도 기름이 향기를 뿜어냈구나"(아 1:12 개정). 우리가 하나님께 드리는 예배의 향기가 주님과 함께하려는 불타는 갈망으로 이어질 때 신랑이신 왕의 마음이 우리에게 이끌린다. 시편 22:3은 하나님이 "이스라엘의 찬송 중에" 계신다고 말한다. 마지막 때에 예수님께서 신부를 위해 재림하시도록 "오시옵소서!"라고 외치는 존재는 상사병이 난 신부와 성령님이다. 예배의 향기가 이 땅에서 예수님의 천 년 통치를 안내하는 수단이 될 것이다(계 22:17). 요한계시록 8장은 마지막 때 성도의 기도가 하나님의 보좌 앞에 향처럼 올라갈 때 어떤 놀라운 일이 일어나는지 설명한다.

1 그 어린 양이 일곱째 봉인을 뗄 때에 하늘은 약 반 시간 동안 고요하였습니다. 2 그리고 나는 하나님 앞에 서 있는 일곱 천사를 보았습니다. 그들은 나팔을 하나씩 받아 가지고 있었습니다. 3 또 다른 천사가 와서 금향로를 들고 제단에 섰습니다. **그는 모든 성도의 기도에 향을 더해서 보좌 앞 금제단에 드리려고 많은 향을 받았습니다. 4 그래서 향의 연기가 성도들의 기도와 함께 천사의 손으로부터 하나님 앞으로 올라갔습니다.** 5 그 뒤에 그 천사가 향로를 가져다가 거기에 제단 불을 가득 채워서 땅에 던지니 천둥과 요란한 소리와 번개와 지진이 일어났습니다. (계 8:1~5, 새번역)

하나님의 보좌 앞에 향연처럼 올라가는 예배와 기도의 능력이 얼마나 놀랍고 영광스러운가! 태초부터 천군 천사들의 끊임없는 예배의 소리로 가득한 하늘 보좌에 앉으신 하나님이 성도들의 기도 소리를 듣기 위해 천사들의 예배를 잠시 멈추게 하시자 하늘이 고요해졌다! 하늘 제단의 불이 우리가 드리는 기도의 향과 연결되자 이 땅에 요란한 천둥과 번개와 지진과 흔들림이 일어난다. 이 흔들림은 그리스도가 만유의 주로 좌정하시기 위한 의로운 최종 심판의 마지막 준비를 의미한다. 이 땅에 하나님의 뜻이 이루어지도록 보좌를 향해 중보 기도의 향연을 올려드리자!

구약성경에 하나님은 속죄를 위한 제물을 불로 바치라고 여러 번 말씀하셨다. 성경은 우리에게 불로 드린 제물이 하나님 앞에

"향기로운 냄새"로 올라간다고 말한다(레 1:9; 2:9; 3:5; 6:21). 놀랍다! 이것은 오늘날 우리에게 "찬양의 제사"로 적용된다(히 13:15). 우리 안에서 흘러나온 어떤 것이든 하나님의 보좌 앞에 올라가서 하나님을 기쁘시게 할 수도 있고 불쾌하게 할 수도 있다. 집회에 가서 아무 문제 없는 것처럼 손을 들고 예배할 수 있지만 하나님은 우리의 중심을 보신다. 이제 우리 내면의 깊은 곳에서 하나님을 향해 예배뿐만 아니라 향기로운 기도를 올려드리자. 주님은 이사야 1장에서 이스라엘을 향해 이렇게 말씀하셨다.

> 11 주님께서 말씀하신다. "무엇하러 나에게 이 많은 제물을 바치느냐? 나는 이제 숫양의 번제물과 살진 짐승의 기름기가 지겹고 나는 이제 수송아지와 어린 양과 숫염소의 피도 싫다. 13 다시는 헛된 제물을 가져 오지 말아라. 다 쓸모 없는 것들이다. 분향하는 것도 나에게는 역겹고 초하루와 안식일과 대회로 모이는 것도 참을 수 없으며 거룩한 집회를 열어 놓고 못된 짓도 함께 하는 것을 내가 더 이상 견딜 수 없다. 16 너희는 씻어라. 스스로 정결하게 하여라. 내가 보는 앞에서 너희의 악한 행실을 버려라. 악한 일을 그치고 17 옳은 일을 하는 것을 배워라. 정의를 찾아라. 억압받는 사람을 도와주어라. 고아의 송사를 변호하여 주고 과부의 송사를 변론하여 주어라." (사 1:11,13,16,17, 새번역)

예수님은 마가복음 7:6~8에서 이사야서의 또 다른 예언을 인용하신다.

6 예수께서 그들에게 대답하셨다. "이사야가 너희 같은 위선자들을 두고 적절히 예언하였다. 이렇게 기록되어 있다. '이 백성은 입술로는 나를 공경해도 마음은 내게서 멀리 떠나 있다.7 그들은 사람의 훈계를 교리로 가르치며 나를 헛되이 예배한다.' 8 너희는 하나님의 계명을 버리고 사람의 전통을 지키고 있다."

(막 7:6~8, 새번역)

우리는 종교 행위라는 외형의 함정에 빠지기 쉽다. 성경책을 읽으면서 동시에 마음으로는 내일 할 일을 계획하거나, 무릎 꿇고 기도하는 자세로 1시간을 앉아 있어도 보좌에 앉으신 하나님과 연결되지 않을 수 있다. 나는 예배자들이 하나님의 뜨거운 사랑의 불이 붙은 마음을 잃지 않기를 바란다. 식어버린 마음은 죽은 종교 행위의 위험 신호다. 바울은 디모데에게 마지막 때의 징조를 경고하며 "하나님보다 쾌락을 더 사랑하며, 겉으로는 경건하게 보이나 경건함의 능력은 부인하는 사람들"(딤후 3:4~5)을 주의하라고 권면한다. 이런 이유로 나는 하나님의 자녀들에게 불이 임하길 간절히 기도한다. 예배와 기도의 제단에 불이 뜨겁게 타오를 때 우리의 예배와 기도가 향처럼 보좌로 올라가 하나님을 기쁘시게 하고 하나님의 마음을 움직인다. 만일 우리에게 하나님의 불이 없다면 제단 위 제물들은 하나님 앞에 올라가지 못하며 하나님께 기쁨이 되지도 못하고 하나님의 마음을 움직일 수도 없다.

얼마 전에 나는 기도하면서 주님께서 주시는 환상을 받았다. 주님은 환상으로 큰 예배실 안에 많은 사람이 모인 모습을 보여주섰다. 큰 예배실 중간에 작은 불꽃으로 깜박거리는 성냥개비 하나가 있었다. 예배실 안의 사람들은 위태롭게 흔들리는 성냥개비 주변에서 열광적으로 춤추며 소리쳤다. 그때 나는 고개를 들었고 "이리로 올라오라! 나는 소멸하는 불이다. 여기로 올라와서 나와 함께 불타자!"라는 주님의 음성을 들었다. 그러나 예배실의 사람들은 시끄럽게 외치는 소리 때문에 아무도 하나님의 음성을 듣지 못했다. 하나님은 내게 말씀하셨다.

> "이것이 오늘날 미국 교회의 모습이다. 나는 자녀들이 더 뜨겁게 타오르도록 나에게 가까이 오라고 부르지만, 그들은 자기들이 만들어 놓은 작은 불꽃 주변에서 춤추는 것을 더 좋아하고 스스로 만족한다. 나는 그들이 드리는 찬양의 제사가 하나도 즐겁지 않다. 그들은 오직 자신의 즐거움을 위해서만 예배한다."

나는 이 환상의 메시지를 받아들이기 힘들었지만, 명백한 사실이며 하나님으로부터 온 것을 확신한다. 우리는 하나님을 위한다는 명분으로 모여 자기를 위로하고 만족하는 예배와 기도에서 벗어나 하나님이 만족하실 예배와 기도를 드려야 한다. 우리가 하나님의 은밀한 처소로 부름받은 이유는 자기만족이 아니라 하나님의 기쁨을 위해서이다. 하나님으로부터 오는 온전하고 성숙한 사랑은 자기 즐거움이 아니라 사랑하는 하나님을 위한 즐거움을 추구한다(고전 13장). 과연 어떻게 하면 하나님이 "기뻐하시는 제사"를 드리며 우리 삶을 주님 앞에 향기롭게 드릴 수 있을까?

성경은 이렇게 말한다. "믿음이 없이는 하나님을 기쁘게 해드릴 수 없습니다"(히 11:6). 하나님께 나아갈 때 믿음으로 나아가는 것이 하나님께 기쁨을 드리는 유일한 방법이며 오직 믿음으로 드리는 찬양의 제사가 하나님께 흡족한 향기가 된다. 안타깝게도 많은 신자가 예배와 기도할 때 마치 자신이 패배자인 것처럼 하나님이 오셔서 구해주시기를 간청하지만, 오히려 성경은 우리에게 하나님의 보좌로 나아갈 때 믿음으로 담대히 나가라고 권면한다. 오직 의인의 간구와 믿음의 기도가 하늘의 보이지 않는 "대접^{BOWL}"을 기울여 이 땅에 주님의 역사를 일으키는 열쇠이다.

하나님의 영은 자녀들의 필요가 아니라 믿음으로 역사하신다. 우리가 확실한 믿음으로 예배하고 기도할 때 이미 보이지 않는 영역에서 하나님의 영이 우리를 위해 역사하신다! 때로는 우리 육신의 눈에 보이지 않지만 우리의 주파수를 믿음에 맞출 때 하나님이 응답하시는 것을 알 수 있다. 어쩌면 아직도 당신은 "믿음이란 무엇인가"라고 질문할지 모른다. 믿음은 지성이나 생각으로 하나님을 위해 살려는 사람에게 가장 복잡하고 어려운 요소다. 주님은 언제나 우리의 생각을 초월하시기 때문에(롬 11:33) 우리의 생각과 지혜로 하나님의 뜻을 다 알 수 없다. 하지만 어린아이처럼 단순하고 순수한 믿음을 가진 사람들에게 하나님은 자기의 기쁘신 뜻을 알리신다(고전 1:27~28). 자기 지식을 자랑하는 교만한 사람들은 이런 사실이 불쾌하겠지만 믿음은 마음이 겸손한 사람들의 예배를 위한 연료다. 우리가 어린아이처럼 단순하고 순수한 믿음으로 하나님 앞에 나갈 때 하나님은 우리 예배에 불을 보내신다.

앞서 말한 것처럼 "자아를 사랑하는 것이 교만과 죄의 근원"이다. 우리 내면에 있는 죄의 속성(KJV 성경은 "육신"이라고 번역함)은 "옛 사람"을 태우는 성령님을 거부하며 해서든지 우리 마음에 하나님의 제단을 제거하려고 한다. 그래서 우리는 그리스도께서 우리를 죄에서 구하기 위해 죽으신 십자가를 지고 매일 죽어야 한다! 이것이 이 시대 미국 교회에 거의 사라져버린 진리의 십자가 복음이다. 십자가 설교는 자신을 위해 살기로 선택한 사람들에게 매우 불쾌하다. 유감스럽게도 오늘날 교회는 십자가의 진리를 외면하면서 우리의 이기적인 목적을 위해 세상과 타협한 삶을 인정하시는 하나님이라는 잘못된 복음에 길을 열어주었다.

참된 그리스도인의 삶은 교회 건물 안에서만 기도하다 시간이 흘러 죽으면 혼자 천국에 가는 것이 아니다. 사실 이 잘못된 인식은 참된 복음을 왜곡하는 사탄의 큰 속임수다. 정말 많은 신자가 교회에 와서 제단 앞에 나가 죄인의 기도를 드리고 들어올 때와 똑같은 상태로 하나님의 집을 나서서 죄인의 삶을 이어간다. 처음부터 삶이 변하길 바라는 마음이 없는 경우도 많다. 하지만 참된 그리스도인의 삶은 우리가 더 이상 하나님의 임재 밖에서 타락한 상태로 살 수 없다는 "참된 좋은 소식"을 반영한다. 복음은 죽어서 천국에 가는 것이 아니라, 순종하는 삶을 통해 우리가 있는 곳에 천국을 가져오는 것이다! 우리는 이미 그리스도 안에서 죽었고 부활의 영이신 성령님으로 거듭났다! 우리가 하나님의 제단 앞에 와서 제단을 떠나지 않고 머물면 예수님을 죽음에서 일으키신 성령께서 보혈의 능력으로 우리를 일으키신다.

하나님의 제단 위에 우리 삶을 향기로운 산 제사로 드리는 방법은 자기 십자가를 지고 매일 죽는 것이다. 이것이 복음이다! 이제 우리는 한때 우리를 하나님의 임재에서 멀어지게 했던 세상 정욕에 복종하는 이기적인 삶이 아니라 하나님을 위해 산다. 성경은 우리가 십자가를 지고 날마다 옛사람을 죽이며 헌신할 때 우리를 통해 다른 사람에게 새로운 생명이 흘러간다고 말한다(고후 4:12; 빌 3:10). 이기적인 세상에서 우리 삶의 산 제사는 불쾌한 죽음의 냄새이지만, 전능하신 하나님의 보좌 앞에서는 생명의 향기가 된다!

믿음은 무엇인가? 히브리서 11:1은 이렇게 말한다. "믿음은 바라는 것들의 확신이요 보이지 않는 것들의 증거입니다." 신약에서 믿음에 해당하는 헬라어는 "피스티스^{PISTIS}"로 "구원을 위해 그리스도를 의지하는 것과 이 고백이 변치 않음을 보여주는 끈질긴 신념과 확신"을 말한다. 신앙은 단순히 기독교를 믿거나 정신적으로 동의하는 것 이상으로 순종하는 삶을 낳는 실제적인 능력이다. 많은 경우 신약 성경에서 "믿음"이나 "확신"이란 단어는 순종과 직접적인 관계가 있다. 참된 그리스도인의 믿음은 항상 순종적인 삶과 연결된다! 이것이 야고보가 "영혼이 없는 몸이 죽은 것과 같이, 행함이 없는 믿음은 죽은 것입니다"(약 2:26)라고 말한 이유다. 믿음의 순종 없이는 하나님을 기쁘시게 할 수 없다.

순종은 하나님의 보좌 앞에 올라가는 향기이다. 우리는 믿음 없이 순종할 수 없으며 자기 방식대로 하나님을 위해 사는 사람은 주님을 기쁘시게 할 수 없다. 성경은 말한다. "그러므로 믿음은 들음에서 생기고, 들음은 그리스도를 전하는 말씀에서 비롯됩니다"(롬 10:17). 하나님이 말씀하실 때 우리 마음에 믿음이 생기고 순종으로 하나님의 말씀을 향한 우리 믿음을 증거한다. 그러므로 하나님은 우리의 순종을 기뻐하신다. 정말 단순하다. 우리가 순종하는 삶을 살도록 힘주시는 하나님의 은혜에 다가가는 방법은 오직 믿음뿐이라는 것이 복음의 단순성이다. 우리의 순종과 삶을 내려놓음으로 우리는 달콤한 향기를 올려드리는 산 제사가 된다.

우리가 복음에 단순하게 순종하고 예수님께 삶을 바칠 때, 우리를 모든 진리로 인도하시는 약속된 성령님을 받는다. 우리 육신에 여전히 하나님 아닌 '자아'를 즐겁게 하려는 욕망이 있어서 지속적으로 내면의 죄와 맞서 싸워야 하겠지만, 우리가 계속해서 주님의 얼굴을 구하면 하나님의 불이 예배의 제단에서 우리를 태워 정결케 하실 것이다. 하나님은 소멸하는 불이시며 우리가 간절한 마음으로 엎드릴 때, 주님의 불이 우리가 온전히 태워져 향기로운 제사가 되지 못하게 방해하는 모든 것을 삼킬 것이다.

십자가를 지고 날마다 죽지 않으면 신자의 삶은 우리에게 엄청난 부담과 고통을 주며 불만과 불평이 늘 수밖에 없지만 우리가 참된 보상이신 예수님을 바라볼 때, 하나님의 보좌 앞에서 밤낮으로 진행되는 천상의 예배에 참여할 수 있으며 이렇게 고백하도록 이끄실 것이다. "현재 우리가 겪는 고난은 장차 우리에게 나타날 영광에 견주면 아무것도 아니라고 나는 생각합니다"(롬 8:18).

사탄이 주는 가장 큰 유혹과 싸움은 우리가 자기 연민에 빠져 십자가의 고난을 거부하고 불평하게 만드는 것이다. 기억하라. 인생은 좋을 때도 있고 힘들 때도 있다. 하나님과 동행하려면 예배의 삶을 놓치면 안 된다. 하나님의 제단 앞에 나아가 자신을 내려놓고 주님을 예배할 때 인생의 모든 시련이 오히려 우리의 옛 사람을 죽이는 하나님의 도구가 되며, 우리의 영혼은 삶의 고통을 이기는 주님의 기쁨으로 충만해진다. 그래서 참된 예배는 하나님과의 동행에 절대적으로 필요한 비결이다.

우리는 믿음으로 죽음의 두려움과 고통에서 벗어나 생명의 영역으로 들어간다. 우리가 예수님의 십자가 공로를 믿을 때 우리 안에 하나님의 뜻이 이루어지며 옛사람을 내려놓고 우리 삶에 주님의 생명이 나타나게 한다. 예수님이 십자가에서 하나님을 향한 순종으로 자신을 내려놓고 죽으신 것처럼 우리도 오직 믿음으로 하나님께 순종할 때 옛사람을 내려놓을 수 있다. 세상이 예수님의 아름다움을 볼 수 있는 방법은 큰 교회 건물이나 거대한 집회가 아니라 우리 삶의 믿음과 순종을 통해서이다. 우리의 믿음과 순종이 하나님 아버지께 기쁨을 드리는 향기가 된다.

은밀한 처소

그래서 하나님은 우리가 믿음의 순종으로 있는 모습 그대로 하나님 앞에 설 때 가장 기뻐하신다. 하나님은 우리의 있는 모습 그대로를 정확히 아시기 때문에 신앙 좋은 척 연기하거나 믿음이 약하면서 강한척할 필요가 없다. 하나님은 우리가 어떤 사람인지 이미 아시며 우리가 연약하지만 사랑하신다. 하나님은 우리가 모태에 생기기 전에 빚으시고 이름을 부르셨다(렘 1:5). 우리를 창조하신 하나님이 우리를 가장 잘 아신다.

13 주님께서 내 장기를 창조하시고 내 모태에서 나를 짜 맞추셨습니다. 14 내가 이렇게 빚어진 것이 오묘하고 주님께서 하신 일이 놀라워 이 모든 일로 내가 주님께 감사를 드립니다. 내 영혼은 이 사실을 너무도 잘 압니다. 15 **은밀한 곳**에서 나를 지으셨고 땅속 깊은 곳 같은 저 모태에서 나를 조립하셨으니 내 **뼈** 하나하나도 주님 앞에서는 숨길 수 없습니다. (시 139:13~15, 새번역)

주님 앞에 올라가는 예배의 향기는 우리의 은밀한 처소에서 나온다. 그 누구도 들어올 수 없는 우리 내면의 은밀한 처소는 오직 주님께만 열려 있다. 우리 하나님이 거하시는 은밀한 처소로 나아가자. 산상수훈에서 예수님은 제자들에게 기도와 금식을 가르치면서 심오한 말씀을 하셨다. "너희는 남에게 보이려고 의로운 일을 사람들 앞에서 하지 않도록 조심하여라. 그렇지 않으면 너희는 하늘에 계신 너희 아버지에게서 상을 받지 못한다"(마 6:1). 그리고 예수님은 구제와 기도와 금식할 때 은밀한 중에 보고 갚으시는 하나님(마 6:4,6,18)께 은밀하게 하라고 말씀하신다. 예수님은 수많은 군중 사이에서 제자들에게 충격적인 말씀을 하신다.

1 그 동안에 수천 명이나 되는 무리가 모여들어서 서로 밟힐 지경에 이르렀다. 예수께서는 먼저 자기 제자들에게 말씀하셨다. "너희는 바리새파 사람의 누룩 곧 위선을 경계하여라. 2 가려 놓은 것이라고 해도 벗겨지지 않을 것이 없고 숨겨 놓은 것이라 해도 알려지지 않을 것이 없다. 3 그러므로 너희가 어두운 데서 말

한 것들을 사람들이 밝은 데서 들을 것이고 너희가 골방에서 귀
에 대고 속삭인 그것을 사람들이 지붕 위에서 선포할 것이다."

(눅 12:1~3, 새번역)

우리가 은밀한 처소에서 하나님과 보낸 시간이 우리의 참된
모습을 만들기 때문에 회중에게 드러난 장소에서 보낸 시간보다
하나님만 보시는 은밀한 처소에서 보낸 시간을 더 중요하게 여
겨야 한다. 예배자들이여, 사람 앞에 서서 좋은 실력과 겉모습으
로 인정받는 것에 속지 말라. 예배자들은 부르심과 역할 때문에
종종 사람 앞에 설 수밖에 없지만 주님만 보시는 "은밀한 처소"에
서 전심으로 주님을 구하는 삶을 추구해야 한다. 우리의 삶과 마
음의 "은밀한 처소"는 하나님이 우리 영혼을 깨우시며 사랑을 넘
치도록 부으시고 거하기 원하시는 장소다. 하나님은 사람의 겉을
보시지 않고 내면의 마음과 은밀한 처소를 보신다.

일반적으로 사람은 다른 사람의 인정을 추구하며 사랑받고 싶
어 하는 갈망을 타고난다. 사실, 이 인정과 애정 욕구는 오직 하나
님으로만 채워질 수 있다. 하지만 많은 신자가 하나님 아버지보
다 타인이나 세상의 인정과 사랑으로 마음을 채우려고 노력한다.
그러나 예배자는 삶과 마음에 하나님 아버지만을 위한 은밀한 처
소를 만드는 데 우선순위를 두고 집중하며 하나님의 인정과 사랑
을 구해야 한다.

하나님은 구약에서 이스라엘 자손이 40년 동안 광야 생활을
할 때 친히 거하실 성막 짓는 법을 모세와 이스라엘에게 알려 주

섰다. 하나님은 성막 지을 사람을 직접 호명하시며 구체적인 방법을 매우 상세하게 지시하셨다. 성막 안은 바깥뜰, 안뜰(성소), 지성소 세 부분으로 이루어져 있었다. 바깥뜰은 사람들이 속죄 제물을 가져오는 곳으로 제사장들이 제물을 받아 놋 제단 위에서 죽이고 사람들은 안뜰에 들어가기 전에 놋대야에서 자신을 씻었다.

안뜰(성소)에는 오직 제사장만 들어갈 수 있었으며 분향단, 떡상(진설병), 황금 촛대가 있었다. 안뜰의 세 가지 물건은 예수 그리스도의 성품을 나타낸다. 향은 보좌 앞에 올라가는 성도의 기도를 의미하며 영원히 사셔서 우리를 위해 중보하시는 그리스도를 의미하기도 한다(히 8:6). 금촛대는 자신을 "세상의 빛"(요 8:12)으로 선포하신 그리스도를 나타낸다. 마지막으로 떡상(진설병)은 하늘의 떡이신 그리스도(요 6:35)를 표현한다.

이제 두꺼운 장막으로 안뜰(성소)과 분리된 지성소로 들어가 보자. 지성소에는 언약궤가 있었으며 1년에 한 번 속죄 일에 대제사장만 자신과 민족의 죄를 가리는 피를 뿌리고 들어갈 수 있었다. 언약궤 위에는 두 그룹 사이에 속죄소가 있었으며 하나님은 속죄소에서 모세와 대제사장들과 만나기로 약속하셨다(출 25:22). 지성소는 하나님의 임재가 항상 충만했으며 구약 시대 동안 대제사장 외에는 완전히 출입금지의 장소였다. 지성소는 정말 거룩해서 만일 대제사장이 옳지 못한 태도로 나오면 그 자리에서 죽었다.

성경은 예수님이 십자가에서 죽으실 때 성소와 지성소를 분리한 휘장이 위에서 아래로 찢어졌다고 기록한다(마 27:51). 휘장이 위에서 아래로 찢어졌다는 것은 하나님이 친히 거룩한 임재와 사람을 나누었던 제한을 거두셨음을 의미한다. 이제 예수님의 이름을 부르는 사람은 예수님의 보혈로 말미암아 약할 때 도우시는 하나님의 자비와 은혜를 얻기 위해 은혜의 보좌 앞에 담대히 나아갈 수 있다(히 4:16). 예수님의 십자가 이전에는 주님의 거룩한 임재가 사람들에게 출입금지의 공간이었지만 예수님의 십자가 이후로 우리는 주님의 보혈을 의지하여 담대히 주님의 임재로 나아간다!

나는 지성소가 하나님 아버지께서 거하시는 은밀한 처소라고 믿는다. 바울은 고린도전서 6:19에서 우리의 몸이 "성령님이 계시는 성전"이라고 말한다. 모세 시대에 사람의 손으로 지은 성막이 세 영역으로 나누어진 것처럼 사람도 영, 혼, 육 세 영역으로 구분한다. 우리는 주님께서 친히 지으신 하나님의 성전이며 우리 안에 하나님의 임재를 모시기 위해 창조되었다. 우리 존재의 가장 깊은 곳에 하나님의 안식처가 있다!

은밀한 처소는 육으로 접근할 수 없는 내면 깊은 곳, 육체의 휘장 너머에 있는 하나님의 안식처이다. 하나님은 영이시니 예배자는 영과 진리로 예배해야 한다. 지극히 높으신 하나님은 은밀한 처소에서 우리의 존재와 가치를 정의하시고 우리를 통해 세상에 주님의 형상을 비추신다. 다시 말하지만, 우리 삶의 최우선 순위는 하나님의 은밀한 처소를 세우는 것이다. 하나님 외에 그 누구도 우리를 은밀한 처소로 인도할 수 없다. 하나님께서 보시는 것은 사역에서 주목받는 우리의 모습이 아니라 은밀한 처소에서의 진실한 모습이다. 하나님이 계시는 은밀한 처소에 거하면서 날마다 하나님과 교제하고 하나님을 닮는데 헌신하라.

우리는 은밀한 곳에서 예배와 기도하는 삶에 헌신해야 한다. 사도행전 6장에 초대교회는 제자들이 폭발적으로 증가하면서 생긴 다양한 문제 앞에 경건하고 신실한 사람 7명을 뽑아 섬기게 하고 사도들은 "오로지 기도하는 일과 말씀 사역"에 힘썼다고 기록한다(행 6:4). 나는 사도들이 은밀한 처소에서 드리는 예배와 기도의 삶이 얼마나 중요한지 알았을 것이라고 생각한다. 사도들은 예수님과 함께 매일 같이 걷고, 먹고, 마시며 이야기를 나누었고 예수님이 행하신 기적을 두 눈으로 직접 보며 이스라엘 사방에서 몰려온 사람들을 예수님께서 어떻게 대하시는지 지켜보았다.

사도들은 사역의 분주함 때문에 먹고 쉴 시간조차 부족한 예수님의 모습도 지켜봤다. 하지만 예수님은 모든 분주함 속에서도 시간을 내어 기도하셨다. 예수님은 몰래 군중에서 빠져나와 아버지와 함께 시간을 보내셨으며 밤이 맞도록 기도하는 습관이 있었다. 제자들은 어느 날 예수님께 질문했다. "주님, 요한이 자기 제자들에게 기도하는 것을 가르쳐 준 것과 같이 우리에게도 그것을 가르쳐 주십시오"(눅 11:1). 제자들은 예수님께 병자를 고치거나 사람들을 모으는 법, 수많은 사람을 먹이는 법을 묻지 않고 **기도하는 법을 가르쳐주십시오!**"라고 질문한다.

예수님이 은밀한 처소에서 몸소 실천하신 헌신적인 기도 생활이 사도들에게 감동을 주었다. 사도들은 예수님이 하나님과 연결된 것처럼 연결되기 원했다. 만일 예수님이 아버지와 나누시는 깊은 교제의 기도 소리를 단 한마디라도 들을 수 있다면 과연 어떤 기분일까? 시간이 흘러 요한복음 17장에 예수님은 타락한 사람들을 구원하기 위해 아버지께 간구하신다. 요 17장은 하나님 아버지와 대화 나누시는 아들 예수님의 이야기이며 주님은 우리가 이 말씀을 통해 "아바 아버지"라고 외치신 예수님의 마음을 깨닫기 원하신다. 예수님이 공적인 사역에서 하신 모든 것이 은밀한 처소에서 아버지와 나눈 거룩한 교제에서 비롯되었다! 그리고 사도들은 직접 본 예수님의 사역을 실천했다. 마지막 때에 하나님 나라의 거룩한 향기가 이 땅을 덮는 이유는 예수님이 하늘 법정에서 우리를 위해 직접 중보하시기 때문이다.

이것이 우리의 간절한 외침이다

매우 바쁜 중에도 시간을 내어 은밀한 처소에서 아버지 하나님과 깊은 교제를 나누신 예수님의 간절한 기도로 이 땅에 하나님 나라가 역사했다. 이것이 이 시간 우리의 간절한 외침이다. 예수님께서 기도하신 것처럼 기도하자! 우리 도시와 나라를 위해 지극히 높으신 하나님의 은밀한 처소에서 싸우자! 아무도 보지 않는 은밀한 처소에서 우리의 기도와 예배를 통해 하나님 아버지께서 이 세상을 변화시키신다는 것을 믿어라. 우리의 은밀한 처소에서 올려드린 기도의 향기가 하늘의 제단으로 올라갈 때, 이 땅을 태우는 부흥의 불이 내려올 것이다!

지금 하나님의 마음과 뜻을 구하는 세대가 일어나고 있다. 우리가 보일러실 혹은 용광로[FURNACES]라고 부르는 기도의 집이 전 세계에서 동시다발적으로 일어나 밤낮으로 하늘 법정을 향해 예배와 기도의 향기를 올리고 있다. 아무도 보는 이 없지만 제단의 불이 꺼지지 않도록 헌신하며 파수하는 신실한 사람들의 밤낮 없는 기도로 전 세계 도시의 복음의 문이 열리고 있다. 나는 신실한 사람들의 지속적인 기도가 예수 그리스도께서 다시 오실 길을 예비한다고 믿는다. 우리의 신랑 되신 왕께서 상사병^{LOVESICK}에 빠진 신부의 마음에서 나오는 달콤한 예배와 기도의 향기 때문에 지체하지 않고 오셔서 그리스도의 영원한 나라를 세우실 것이다!

6장

예배의 열매
THE FRUIT OF WORSHIP

5 나는 포도나무요, 너희는 가지이다. 사람이 내 안에 머물러 있고, 내가 그 안에 머물러 있으면, 그는 많은 열매를 맺는다. 너희는 나를 떠나서는 아무것도 할 수 없다. 8 너희가 열매를 많이 맺어서 내 제자가 되면, 이것으로 내 아버지께서 영광을 받으실 것이다. (요한복음 15:5,8 새번역)

우리는 이 세대GENERATION에 참된 하나님의 역사가 일어나기를 간절히 원한다. 안타깝게도 많은 교회가 본연의 역할을 충실히 감당하지 못했을 뿐만 아니라 그 연약함이 미디어를 통해 낱낱이 폭로되어 수많은 신자의 마음에 실망과 낙심을 주었다. 교회는 겉으로 볼 때 문화적 개방성과 화려한 대형 컨퍼런스, 많은 사람이 참석하는 주일 오전 예배로 승승장구하는 것 같지만 현실은 시대의 어두움 속에 잃어버린 영혼들을 주님의 영광스러운 구원으로 이끄는데 역부족인 것처럼 보인다. 다음 세대가 살아계신 하나님과 깊고 참된 만남을 갖지 못하면 앞으로 5년 후, 10년 후 우리의 사회가 어떻게 변할지 상상하기도 싫다.

다행인 것은 우리가 믿는 하나님이 현재 우리 문화에 침투하는 적그리스도적인 힘에 굴복하거나 위협받는 분이 아니라는 점이다. 우리는 빛이 나타날 때 어둠이 즉시 사라지는 것을 기억해야 한다. 우리 하나님은 이 시대의 어두움에 놀라지 않으신다. 하나님은 하늘 보좌에 앉으셔서 "이런, 저것 좀 봐. 정말 엉망이네. 이제 우리가 어떻게 해야 하지?"라고 소심하게 말씀하지 않으신다. 사실 모든 전쟁의 소문과 그릇된 이념과 주장들, 지진과 기근과 질병은 우리 하나님의 손안에 있다. 사탄이 파멸을 계획할 때 우리 하나님은 원수의 계획을 선으로 바꾸신다. 할렐루야!

성경은 마지막 때를 인류 역사상 가장 어두운 시기라고 예언한다. 예수님은 마태복음 24:22에서 그때에 극심한 고난이 있기 때문에 택하신 사람들을 위해 그날을 감한다고 말씀하신다. 서구 사회의 심각한 문제는 주님께서 인류를 주님과 올바른 관계로 회복시키시기 원하신다는 사실에 집중하기보다 사는 날 동안 얼마나 더 안락할 수 있는가에 신경 쓴다는 점이다. 이 시대에 하나님의 최대 관심사는 아담과 하와의 죄로 동산에서 잃어버린 모든 것을 회복하는 데 있다. 마지막 때가 어두울 것이라는 예언의 말씀은 지극히 사실이다. 그러나 하나님의 말씀은 동시에 마지막 때에 어둠만 있는 것이 아니라 세상이 보지 못한 가장 큰 영혼의 추수가 있을 것이라고 예언한다. 곧 온 세계 위에 사도행전 2장에 나오는 오순절의 역사를 초월하는 강력한 성령님의 부으심이 있을 것이다. 아버지께서 태초 이후 오랫동안 기다리신 귀한 열매가 마지막 때의 부흥과 대추수이다. 부흥이 하나님의 뜻이다!

예수님은 요한복음 15:8에서 내 삶을 변화시킨 강력한 말씀을 선포하셨다.

"너희가 열매를 많이 맺어서 내 제자가 되면 이것으로 내 아버지께서 영광을 받으실 것이다."

나는 믿음이 어렸을 때 하나님을 기쁘시게 하려고 최선을 다했으며 하나님이 나를 사용하시는 것이 나를 향한 하나님의 승인이라는 착각의 함정에 빠졌었다. 우리가 처음 주님 앞에 나아가 불세례를 받을 때, 우리 마음은 하나님께 쓰임 받고 싶은 열망으로 불타오른다. 이때는 조금 무모해서 아무것도 자신을 막을 수 없으며 하나님을 힘입어 지옥에라도 들어가서 사탄의 마수에 걸린 모든 사람을 구원해야겠다고 생각한다. 초신자는 대부분 이때 억압된 자아의 자유를 누리며 하나님의 목적을 위해 구분되는 새롭고 놀라운 시기를 누린다. 주님이 모든 사람에게 주신 은사와 재능이 하나님 나라를 위해 쓰일 때 도시와 열방을 뒤흔든다. 그러나 이 놀라운 진리만큼 우리는 하나님 아버지께서 큰 사역이나 많은 일이 아니라, 우리가 포도나무이신 하나님 안에 온전히 거할 때 맺는 성품의 열매로 영광 받으신다는 것을 알아야 한다.

은사 VS 열매

이제 "성령님의 은사"와 "성령님의 열매"의 차이점을 살펴보자. 나는 많은 사람이 성령님의 열매와 은사를 구분하지 못하고 미혹에 빠진 것을 볼 수 있었다. 이 미혹의 정체는 "하나님이 나를 사용하시는 이유는 곧 내가 성숙한 열매를 맺었기 때문이다."라는 잘못된 믿음이다. 이것은 명백한 오해다. 나는 4장 끝부분에서 이렇게 말했다. **"은사는 값없이 주어지지만 성품은 불 속에서 만들어진다."** 이제 성품을 "열매"로 비유해 보자. 성령님의 열매는 하나님의 성품이며 성령님의 은사는 하나님의 일하심이다. 역사하시는 하나님은 같지만 은사와 열매는 서로 다른 점이 있다.

시편 103:7은 말한다, "그의 행위^{WAYS}를 모세에게, 그의 행사^{DEEDS}를 이스라엘 자손에게 알리셨도다." 이 말씀은 하나님의 행위^{WAYS}를 행사^{DEEDS}와 구분한다. 이스라엘은 하나님의 일하심의 결과인 강력한 기적을 기뻐했지만 하나님의 일하시는 이유를 알려주는 하나님의 마음은 알지 못했다. 그러나 모세는 하나님께 가까이 나아가 하나님의 마음을 배웠다. 우리가 마음을 다해 하나님을 추구하면 하나님의 일하심을 통해 하나님의 길과 방법을 배울 수 있다. 그러나 하나님의 일하심만 알면 하나님의 마음을 깊이 알기 어렵다. 우리가 영광에서 영광으로 변하는 것은 "하나님의 일하심"을 볼 때가 아니라 "하나님"을 바라볼 때 가능하다(고후 3:18).

많은 미성숙한 신자가 하나님을 섬기는 행위가 자신의 정체성이며 자기의 존재 가치라고 생각한다. 그러나 이것은 명백한 착각이다. 우리가 하는 일은 결코 우리가 하나님 안에서 어떤 존재인지 정의하지 못한다. 마치 아기가 걸음마를 연습하면서 많이 넘어지듯, 어리고 미성숙한 신자도 그리스도 안에서 성장하는 동안 자기가 하는 일이 자신을 정의한다는 함정에 빠진다.

하나님의 자녀는 교회에서 열심히 일하고 힘쓰고 애쓴다고 되는 것이 아니다. 누구든지 믿음으로 그리스도를 영접하고 성령으로 충만한 사람들은 거듭난 하나님의 자녀가 된다. 우리의 정체성은 우리가 교회에서 어떤 직분으로 얼마나 열심히 섬기는가가 아니라 우리가 그리스도 안에서 누구인가로 찾는 것이다.

안타깝지만 초대 교회 중 고린도 교회의 성도들이 교회에서 섬기는 일과 역할이 자기 정체성이라는 함정에 빠졌다. 대부분의 신학자는 사도 바울이 고린도 교회에 편지를 보낸 시점이 고린도 교회가 시작한 지 5년에서 7년 정도 되었을 때라고 본다. 고린도 교회는 젊고 특히 성령의 은사가 충만하게 역사했다. 그래서 바울은 편지로 회중 예배에서 성령의 9가지 은사 중에 방언과 예언의 은사를 질서 있게 사용하는 방법을 구체적으로 가르쳤다. 회중 예배에 성령님이 강력하게 운행하실 때 교회가 성령님의 역사를 막지 않으면서 질서 있게 대응하는 방법을 알려주었고 동시에 미숙한 신자들의 드러난 죄와 교회 안에서의 무질서한 행동을 엄하게 꾸짖었다. 고린도 교회가 하나님의 쓰임을 받아 고린도와 아가야(행 18장 참조) 지방에 영향을 끼친 것은 사실이지만 하늘 아버지께 참으로 영광 돌리는 "성품의 열매"는 부족했다.

나는 우리가 마지막 날 주님의 심판대 앞에 설 때 살면서 성취한 모든 것이 주님의 발 앞에 던져질 것이라고 확신한다. 우리가 신실하게 달린 믿음의 경주로 얻은 "의의 면류관"(딤후 4:8)은 결국 하나님의 보좌 앞에 던져지겠지만(계 4:10) 우리가 은밀한 곳에서 행한 모든 일은 사라지지 않고 하나님 앞에 공개될 것이다.

마지막 때에 하나님께 드릴 것은 헌신과 업적이 아니라 은밀한 곳에서 하나님과 나눈 친밀한 교제와 성품이다. 마지막 때에 우리의 모든 행위는 불타 사라지겠지만 우리의 성품이 하늘 법정 앞에서 담대히 서게 할 "열매"가 된다. 마태복음 7:21~23에서 예수님은 감명 깊은 계시로 산상수훈을 마치신다.

21 "나더러 '주님, 주님' 하는 사람이라고 해서 다 하늘 나라에 들어가는 것이 아니다. 하늘에 계신 내 아버지의 뜻을 행하는 사람이라야 들어간다. 22 **그 날**에 많은 사람이 나에게 말하기를 '주님, 주님, 우리가 주님의 이름으로 예언을 하고 주님의 이름으로 귀신을 쫓아내고 또 주님의 이름으로 많은 기적을 행하지 않았습니까?' 할 것이다. 23 그 때에 내가 그들에게 분명히 말할 것이다. '나는 너희를 도무지 알지 못한다. 불법을 행하는 자들아, 내게서 물러가라.'"

본문에 예수님이 말씀하신 "그 날"은 무엇인가? NLT 성경에 의하면 마지막 심판 날 JUDGMENT DAY을 의미한다. 성경에 의하면 심판 날에 생명책이 열리고 우리가 이 땅에 사는 동안 했던 일에 따라 심판받을 것이라고 예언한 날이다. 많은 성도가 스스로 구원받은 그리스도인이기 때문에 재판장이자 심판자이신 예수님 앞에 서지 않고 천국에 갈 것이라고 믿지만 이것은 잘못된 믿음이며 성경적인 가르침이 아니다. 바울은 고린도후서 5:10에서 세상이 아니라 교회를 향해 이렇게 말한다.

우리는 모두 그리스도의 심판대 앞에 나타나야 합니다. 그리하여 각 사람은 선한 일이든지 악한 일이든지 몸으로 행한 모든 일에 따라 마땅한 보응을 받아야 합니다.

산상수훈의 말씀에서 예수님을 "주님"이라고 부른 사람들은 예수님이 주님이신 것을 알았다. 나는 이 말씀을 볼 때마다 내 안에 하나님을 향한 거룩한 경외심을 향한 참된 각성을 느낀다. 우리가 믿고 사랑하는 예수님이 최후의 날에 심판장의 자리에 앉아 예수님을 주님이라고 부른 사람들을 심판하실 것이다. 예수님이 자신을 주님으로 부른 사람들을 심판하는 모습이 상상되는가? 이 무리는 예수님의 이름으로 이룬 많은 업적을 가지고 주님께 나아오겠지만 예수님은 그들을 결코 알지 못한다고 선포하실 것이다. 이 무리는 살면서 하나님 아버지의 뜻을 행한다고 믿었지만 예수님께 거부당했다는 엄청난 충격에 휩싸일 것이다.

우리는 이 이야기를 통해 은사와 능력으로 하나님의 일을 하는 것이 우리가 하나님과 친밀한 교제를 나누는 증거가 아님을 깨달아야 한다. 우리가 주님의 일을 하는 것과 내면에 주님의 열매를 맺는 것은 다르다. 마태복음 7:23에 예수님께서 무리를 "알지 못한다"라고 하실 때 사용한 단어는 "기노스코^{GINOSKO}"이며 연구로 얻는 지식이 아니라 훨씬 깊은 의미에서 "경험으로 얻는 지식"을 의미한다. 이 지식은 친밀한 관계로 얻는 지식을 의미하기 때문에 때로는 성경에서 "성적 친밀함"으로 번역할 때도 있다. 기노스코는 더 깊은 수준의 참된 예배를 표현하는 데 도움을 준다.

참된 성경적 예배의 가장 순수한 형태는 "하나님과의 친밀한 교제"이다. 우리는 하나님과의 친밀한 교제를 통해 성령의 열매를 맺을 수 있다. 갈라디아서 5:22~23에 성령의 열매가 나온다. "성령님께서 맺어주시는 열매는 사랑, 기쁨, 평화, 인내, 친절, 선행, 진실, 온유, 그리고 절제입니다. 이것을 금하는 법은 없습니다." 성령의 열매는 하나님과 친밀한 관계를 맺을 때 맺히며 삶의 불같은 시련으로 온전해진다. 성령의 은사는 타인에게 유익을 주고 교회를 세우기 위해 성령님께서 값없이 주시는 은혜다. 성령의 은사는 값이 없으나 성령의 열매는 우리 삶에 합당한 대가를 치르며 주님과 동행하는 과정을 통해 성숙한다.

예수님은 주님의 이름을 부르며 주님을 위해 일한 사람들이 구원받는 것이 아니라고 말씀하신다. 구약의 광야 위 이스라엘이 거룩한 산에 임하신 주님께 나아가지 않고 거리를 둔 것처럼 신약의 이스라엘도 주님의 마음을 알기 위해 나아가지 않고 거리를 둔 채 자기 열심으로 주님을 섬기려 했다. 하나님은 주님의 성품을 반영하지 못하며 영광 돌리지 못하는 인간적인 열심에는 관심이 없으시다. 그래서 나는 고린도전서에 나오는 영적 은사의 가르침 사이에 "사랑 장(고전 13장)"이 있다고 생각한다. 고린도 교회는 성령의 은사는 충만했지만 성령의 열매와 사랑은 부족했다. 바울은 그 증거로 고린도 교회에 만연한 시기와 다툼을 지적하면서 고린도서 첫 부분부터 고린도 교인들을 교정한다.

고린도 교회는 오늘날 "은사"를 추구하면서 하나님의 "열매"와 "성품"에는 관심이 없는 사람들을 위한 좋은 그림이다. 나는 사역하면서 이런 사람들을 수없이 만났다. 많은 사람이 하나님께 쓰임 받기 원하지만 실상은 높은 명예나 좋은 평판을 위해 강단 위 마이크를 향해 질주하면서 하나님의 완전한 사랑으로만 채워지는 공허한 내면을 명예와 평판이 채워줄 것이라고 착각한다. 성경은 "영적인 것을 사모하되 '사랑을 따라' 구하라"라고 말하기 때문에(고전 14:1) 무조건 은사를 부인하고 거부하는 것은 매우 비성경적인 태도지만, 교회와 타인을 섬기라고 주신 은사와 재능을 자신이 신실하다는 증거로 착각하면 안 된다.

누구든 사역을 섬기다 보면 자기도 모르게 "사랑" 중심이 아닌 "일(은사) 중심"이 될 수 있다. 고린도전서 13장의 핵심은 모든 일의 동기에 사랑이 없으면 아무 유익이 없다는 것이다. 바울은 하나님이 주신 목적을 잃어버린 젊고 뜨거운 고린도 교회를 향해 "내가 사람의 모든 말과 천사의 말을 할 수 있을지라도, 내가 예언하는 능력을 가지고 있을지라도, 또 모든 비밀과 모든 지식을 가지고 있을지라도, 또 산을 옮길 만한 모든 믿음을 가지고 있을지라도 사랑이 없으면 아무것도 아닙니다."라고 말한다. 이 말씀은 결혼식에서 읽는 기분 좋은 말씀 이상의 의미를 담고 있다.

슬프게도 이 세대는 "아버지 없는 세대"라고 불린다. 아버지 없는 세대는 고아의 정신에 사로잡힌 사람들로 가득하다. 영적인 고아들은 평생 하나님 아버지의 사랑을 얻으려 노력하고 또 노력하지만 진짜 자녀 됨의 열매는 맺지 못한다. 친아들과 친딸은 노력 때문에 아버지에게 사랑받는 것이 아니라 자녀이기 때문에 사랑받는다는 것을 안다. 하지만 영적인 고아들은 아버지의 조건 없는 사랑을 받아본 적이 없기 때문에 열심히 노력하고 수고해야 사랑받는다고 생각하며 정작 그토록 원하던 아버지의 사랑을 받아도 그 사랑을 제대로알지 못하고 누리지 못한다.

예배는 영적 친밀함이다. 친밀함이 없으면 씨앗이 심기지 않으며 씨앗이 심기지 않으면 열매를 맺을 수 없고, 열매가 없으면 아버지께 영광 돌릴 수 없다. 참된 예배의 열매는 친밀한 하나님의 아버지 사랑 안에서만 성숙할 수 있다. 예수님은 요한복음 12:23~24에서 이렇게 말씀하신다.

> 23 예수께서 그들에게 대답하셨다. "인자가 영광을 받을 때가 왔다. 24 내가 진정으로 진정으로 너희에게 말한다. 밀알 하나가 땅에 떨어져서 죽지 않으면 한 알 그대로 있고, 죽으면 열매를 많이 맺는다.

예수님은 십자가를 지고 자신의 생명을 버려 많은 자녀를 하나님 나라의 열매로 얻으시는 구원 계획을 말씀하신다. 예수님이 말씀하신 밀알은 자기 자신이다. 예수님이 하늘의 씨앗이다. 예수님의 말씀에서 우리가 배울 원칙이 있다. 우리가 예수님을 따를 때 자기를 부인하며 십자가를 지고 예수님을 따르지 않으면 우리의 수고와 헌신은 종교 행위일 뿐이다. 그러나 우리가 주님과 함께 죽으면 우리도 예수님처럼 많은 열매로 하나님 아버지께 영광 돌리는 부활의 능력을 경험할 것이다. 참된 헌신과 희생이 하나님 아버지께 영광을 돌린다.

성령님의 은사는 우리가 힘쓰고 애써서 받는 것이 아니다. 우리는 아무런 대가 없이 그저 성령님께서 주시는 은사대로 쓰임 받는다. 사실 하나님은 원하시면 당나귀도 사용하신다(민 22~25장 참조). 하나님이 찾으시는 것은 열매다. 우리 삶의 모든 것을 다 드려 하나님이 기뻐하시는 열매를 맺어야 한다. 예수님은 계속해서 말씀하신다.

> 25 자기의 목숨을 사랑하는 사람은 잃을 것이요, 이 세상에서 자기의 목숨을 미워하는 사람은 영생에 이르도록 그 목숨을 보존할 것이다. 26 나를 섬기려고 하는 사람은 누구든지 나를 따라오너라. 내가 있는 곳에는 나를 섬기는 사람도 나와 함께 있을 것이다. 누구든지 나를 섬기면 내 아버지께서 그를 높여주실 것이다.
>
> (요 12:25~26, 새번역)

주님은 나에게 이렇게 말씀하셨다. "죽어야 부활할 수 있다. 이미 내가 죽음을 명한 육신의 영역을 네 안에 계속 살려두면 결코 부활의 능력을 경험하지 못할 것이다." 주님은 이 말씀과 함께 디모데후서 3장의 말씀을 감동으로 주셨다. 마지막 때 많은 사람이 "하나님보다 쾌락을 더 사랑하며 겉으로는 경건하게 보이나 경건함의 능력은 부인"할 것이다. 자기 생명을 하나님보다 더 사랑하는 사람들은 주님과 함께 죽기를 두려워한다. 겉으로는 마태복음 7장의 무리처럼 주님의 이름으로 많은 것을 하겠지만 순전히 자기 즐거움을 위할 뿐이다.

십자가를 지지 않은 사람은 겉으로 많은 성과를 내며 탁월해 보이지만 내면의 성품으로 열매를 맺지 못하기 때문에 결국 심판 날에 하나님의 임재 밖으로 영원히 내던져질 경계선에서 아슬아슬하게 걸쳐 있는 것을 알지 못한다. 이들은 고린도 교회처럼 성령님의 은사로 활약하면서 많은 기적과 표적을 행하지만 내면에 죽지 않은 자아 때문에 하나님을 위한 사랑이 아닌 이기적인 야망으로 사역한다. 여기 좋은 소식이 있다! 예수님을 급진적으로 사랑하는 사람은 마태복음 7장의 무리에 속하지 않을 것이다! 날마다 자기를 부인하며 십자가를 지고 주님을 따르며 주님의 영광스러운 임재를 위해 자신을 온전히 드리는 사람은 그리스도의 부활의 능력을 경험하고 사역뿐만 아니라 삶에서 주님과 누리는 친밀한 시간에 아름다운 하나님의 계시를 경험할 것이다. 예수님과 함께 죽은 사람은 주님과 부활하며 주님께 아무것도 감추지 않은 사람은 하나님의 친밀한 은혜를 경험한다.

말씀이 육신이 되었다

하나님이 성령님의 은사를 주시는 모든 사역에 목적이 있다. 모든 은사와 재능과 모든 사역의 공통된 목적은 예수님을 증거하는 것이다. 성경은 요한계시록 19:10에서 이렇게 말씀하신다. "예수의 증언은 곧 예언의 영이다." 우리 삶에 성령님의 열매가 성숙할 때 비로소 하나님을 위한 동기에 하나님과 자녀들을 향한 사랑이 깃들고, 예수님을 향한 우리 간증이 자기 자랑으로 오염되지 않는다. 그러므로 참된 예언 사역은 완전한 사랑으로 이루어진다. 하나님은 우리가 국제적인 사역자가 되어 대형 교회를 목회하라고 이 세상에 아들 예수님을 보내시지 않았다.

> 5 그러므로 주께서 세상에 임하실 때에 이르시되 하나님이 **제사와 예물**을 원하지 아니하시고 **오직 나를 위하여 한 몸을 예비하셨도다** 6 번제와 속죄제는 기뻐하지 아니하시나니 7 이에 내가 말하기를 하나님이여 보시옵소서 두루마리 책에 나를 가리켜 기록된 것과 같이 하나님의 뜻을 행하러 왔나이다 하셨느니라. (히
> 브리서 10:5~7 개정판)

예수님은 우리가 많은 사역(제사와 예물)을 하라고 오신 것이 아니라 우리 안에 거하기 위해 오셨다(오직 나를 위하여 한 몸을 예비하셨도다). 하나님은 자녀들의 마음에 거할 곳을 찾으신다. 주님이 우리 안에 거하시는 것은 태초부터 하나님의 뜻이었다. 창세기 3:15에서 하나님은 뱀(사탄)에게 명하신다. "내가 너로 여자와 원수가 되게 하고 너의 자손을 여자의 자손과 원수가 되게 하겠다. 여자의 자손은 너의 머리를 상하게 하고 너는 여자의 자손의 발꿈치를 상하게 할 것이다." 나는 이 구절이 그리스도께서 십자가에서 성취하실 일을 예언적으로 선포하는 전환점이라고 믿는다. 여자의 "씨앗(KJV의 표현)"이 인자가 되어 사탄의 권세(머리)를 으스러뜨린다.

창세기 3:15에 따르면 구약 성경은 여자의 "씨앗"을 이 땅에 가져오시는 하나님의 계획 전개도이며 예수님은 아담이 동산에서 빼앗긴 것을 되찾도록 부르심 받았고 아담과 하와는 그 안에

천국의 씨앗을 품고 하나님의 자녀가 되도록 창조되었다. 우리는 이 씨앗을 하나님의 DNA라고 부를 수 있다. 아담과 하와 안에 "하나님의 영"이라고 부르는 "생명의 호흡"이 있었지만 불순종으로 하나님의 영이 떠났고 씨앗은 오염되어 타락했다(천국의 씨앗이신 예수님은 언제나 영원하시다). 이때부터 성령님이 역사에 개입하여 여러 사사와 왕, 선지자들에게 임하셔서 예언의 말씀과 예언적 행동과 예언적인 글로 하나님의 계획을 전달했다.

성령님의 사역은 언제나 예수님을 가리킨다. 성령의 감동으로 기록된 구약은 끊임없이 이스라엘의 메시아, 인자 되신 "씨앗"의 성취를 가리킨다. 성경의 역사서(여호수아부터 에스더까지)에 기록된 예언적 행동들도 그리스도의 삶과 죽음과 부활의 예표이다. 우리가 주목할 것은 성령님의 "은사"의 목적이다. 성령님의 은사는 우리를 예수 그리스도의 계시로 인도한다. 여러분 중 다수가 이렇게 말할지도 모른다. "네, 잘 알아요. 성경의 모든 것이 예수님을 가리키죠. 그건 이미 잘 안다고요!" 나는 이렇게 질문하고 싶다. "당신은 정말 예수님이 누구신지 계시로 알고 있는가?"

마태복음 16:13~20에서 예수님은 제자들에게 성경에서 가장 중요한 질문을 하신다. "사람들이 인자를 누구라고 하느냐?" 제자들은 다른 사람의 말을 멋지게 따라 한다. "세례 요한이라고 하는 사람들도 있고, 엘리야라고 하는 사람들도 있고, 예레미야나 예언자들 가운데에 한 분이라고 하는 사람들도 있습니다." 우리도 제자들처럼 부모님이 수년간 말해준 것이나 목사님의 설교를 마치 내 고백인 것처럼 인용할 수 있다.

제자들을 향한 예수님의 다음 질문은 모든 예배자의 평생 질문이다. "그러면 너희는 나를 누구라고 하느냐? : 그래, 그렇구나. 그런데 너는 나를 누구라고 생각하니?" 우리가 이 질문에 분명하게 답할 때 참된 예배를 드릴 수 있다. 그래서 나는 이 질문을 "예배자들의 평생 질문"이라고 부른다. **당신은 예수님을 누구라고 생각하는가!** 다른 사람의 말이 아닌 당신의 대답은 무엇인가?

"시몬 베드로가 대답하였다. 선생님은 살아 계신 하나님의 아들 그리스도십니다. 예수께서 그에게 말씀하셨다. 시몬 바요나야 너는 복이 있다. 너에게 이것을 알려 주신 분은 사람이 아니라 하늘에 계신 나의 아버지시다." 예수 그리스도의 계시는 참된 예배의 유일한 연료이다! 시몬 베드로의 대답은 다른 사람의 말이 아니라 하늘 아버지부터 온 개인적인 계시에서 나왔다. 성령님은 예수님을 계시한다. 오늘날 우리도 마찬가지다. 우리가 성령님으로 충만하지 않으면 예수님을 바르게 알 수 없으며, 예수님의 계시가 없는 예배는 "열매"가 없다. 우리가 성령님을 통해 예수님을 바르게 바라볼 때만 참된 예배로 하늘 아버지께 나아갈 수 있다. 참된 계시는 우리 예배를 통해 성숙한 열매를 맺게 한다. 그러므로 다시 한번 질문한다. 당신은 예수님이 누구라고 생각하는가? 이 신비를 밝히는 가장 위대한 말씀이 요한복음 1장에 있다.

1 태초에 '말씀'이 계셨다. 그 '말씀'은 하나님과 함께 계셨다. 그 '말씀'은 하나님이셨다. 2 그는 태초에 하나님과 함께 계셨다.

(요 1:1~2, 새번역)

요한은 계속해서 인자되신 하나님, 예수 그리스도의 아름다운 소개를 이어간다.

그 말씀은 육신이 되어 우리 가운데 사셨다. 우리는 그의 영광을 보았다. 그것은 아버지께서 주신, 외아들의 영광이었다. 그는 은혜와 진리가 충만하였다. (요 1:14, 새번역)

나는 이 말씀을 정말 사랑한다. 예수 그리스도는 하나님의 말씀이시다. 창세기 1:3에 하나님이 "빛이 있으라!" 하셨을 때 이 빛에서 예수님을 발견한다! 예수님은 하나님 아버지의 말씀이다. 이 말씀은 어둠을 비추는 세상의 빛이며 이 빛이 예수 그리스도다! 수면 위를 운행하신 성령님께서 예수님(말씀)을 따라 하나님 아버지의 뜻이 이루어지도록 돕는다. 우리는 창세기 1장에서 삼위일체 하나님과 아들 그리고 성령님이 창조를 위해 완벽한 조화를 이루시는 모습을 본다. 예수님은 창세기 3:15의 성취로 뱀의 머리를 밟으시고 하나님 나라의 열쇠를 되찾으실 것이라고 예언된 약속의 씨앗이시다. 할렐루야! 우리의 예배는 예수님을 있는 그대로 볼 때 더욱 뜨거워진다. 나는 여러분이 하나님의 말씀이신 예수님과 창세기에 나오는 여인의 씨앗의 연관성을 깨닫기를 바란다.

우리가 성경이라고 부르는 광활한 계시의 바다에 또 다른 신비가 있다. 바로 누가복음 8장의 씨 뿌리는 자의 비유이다. 예수님은 비유로 말씀을 시작하신다. "씨 뿌리는 사람이 씨를 뿌리러 나갔다"(5절). 그리고 예수님은 제자들에게 이 비유의 신비를 알려

주신다. "그 비유의 뜻은 이러하다. 씨는 하나님의 말씀이다"(11
절). 나는 예수님이 하나님의 말씀이심을 강조했다. 누가복음은
하나님의 말씀이 씨앗이라고 한다. 하나님의 말씀의 씨에 하나님
의 DNA가 들어있다. 예수님의 보혈 안에는 하나님 아버지의 완
전한 형상, 하나님의 완벽한 창조의 DNA가 흐른다. 하나님의 말
씀의 씨앗 안에 성령님의 사역, 예언의 은사, 하나님의 영에서 비
롯된 모든 것이 담겨 있으며 그 말씀의 씨앗이 우리 마음 밭에 뿌
려진다. 요한복음 12:24에서 예수님은 밀알의 비유를 통해 땅에
떨어진 씨앗이 죽어서 많은 열매를 맺을 것이라고 말씀하셨다.
예수님은 창세기 3:15의 "여인의 씨앗"이 되어 우리에게 오셨다.

성령님의 영적인 은사는 한 가지 목적, 말씀이 육신 되는 것을
위해 존재한다. 예수님은 십자가를 지시고 많은 형제 중 맏아들
이 되셨으며(롬 8:29) 예수님을 죽음에서 일으킨 부활의 영 성령님
께서 모든 육체에 부어질 것이다. 성령님은 들을 귀 있는 사람들
의 마음 밭에 하늘의 씨, 하나님의 말씀을 뿌리셔서 하나님의 말
씀을 믿는 사람들에게 열매 맺는 은혜를 주실 것이다.

오순절에 임하신 성령님은 오순절 주의나 은사주의 교회를 시
작하기 위해 오신 것이 아니라 오직 예수님을 증거하려고 오셨
다! 모든 예언의 말씀과 방언, 기적과 치유, 은사는 하나님의 말씀
이신 예수님을 인류의 마음 밭에 심는 목적을 가진다. "나의 입에
서 나가는 말도 내가 뜻하는 바를 이루고 나서야 내가 하라고 보
낸 일을 성취하고 나서야 나에게로 돌아올 것이다"(사 55:11). 하나
님의 말씀을 믿음으로 받을 때 우리 안에 실재가 된다. 하나님의

말씀의 씨앗이 마음 밭에 뿌리내릴 때 참된 열매가 맺힌다. 예수님은 이렇게 말씀하셨다.

> 5 그러므로 그리스도께서 세상에 오실 때에 하나님께 이렇게 말씀하셨습니다. "주님은 제사와 예물을 원하지 않으셨습니다. 그래서 나에게 입히실 몸을 마련하셨습니다. 6 주님은 번제와 속죄제를 기뻐하지 않으셨습니다. 7 그래서 내가 말하였습니다. '보십시오, 하나님! 나를 두고 성경에 기록되어 있는 대로 나는 주님의 뜻을 행하러 왔습니다." (히 10:5~7)

하나님의 뜻은 태초부터 말씀이 육신이 된 후 지금까지 한 번도 변함없이 우리 안에 거하시는 것이었다. 우리는 주님을 위한 몸이며 주님께서 거하실 처소다! 하나님의 뜻은 우리가 말씀의 씨를 받아 믿음과 인내로 성품의 열매를 맺는 것이다!

결실을 향하여

나는 이번 장 전체에서 예배의 열매를 맺기 위한 기반을 다지는 데 집중했다. 지금까지 나눈 것을 요약하면서 하나님 아버지께 영광 돌리는 결실을 향해 한발 더 나아가고 싶다. 우리는 성령님의 은사와 열매가 다르다는 것을 배웠다. 은사는 성령님께서 성도들이 서로 세워 삶으로 열매 맺도록 주신다. 하나님 아버지는 우리 삶으로 하나님의 성품을 증거할 때 영광 받으신다. 성령님의 열매와 성품은 우리가 하나님을 섬기고 높이는 방법이다.

은사는 우리가 서로를 섬기게 하고 열매는 우리가 하나님을 섬기게 한다. 마태복음 21장에 이른 아침 예수님께서 허기를 채우기 위해 다가갔지만, 열매가 없던 무화과나무와 다르게 우리는 언제든지 하나님이 원하실 때 드릴 열매가 있어야 한다.

우리 안에 하나님의 계시의 말씀이라는 씨앗을 심어야 열매를 맺는다. 하나님의 말씀의 씨앗을 심지 않으면 결코 열매 맺을 수 없다. 우리가 하나님의 말씀이신 예수님을 바라볼 때 하늘의 씨앗이 우리 마음에 심겨서 영광에서 영광으로 주님의 형상을 닮아간다. 하나님의 말씀이 열매 맺을 때 우리는 하나님의 손으로 쓴 살아있는 편지(고후 3장 참조)가 된다. 시간이 흘러 영원히 남아 하나님 아버지께 영광 올려 드리는 것은 오직 열매뿐이다.

나는 지난 수년간 유명한 사역자들이 타락했다는 슬픈 소식을 들을 때마다 마음이 무너지는 것처럼 아팠다. 인간적인 눈으로 보면 유명한 사역자들의 업적이 하나님 나라를 세운 것 같지만, 안타깝게도 마태복음 7장에 나오는 사람들처럼 그들은 열매 맺기를 멈추고 자신의 은밀한 곳에서 죄를 지었다. 나는 타락한 지도자들이 성령님의 강력한 역사와 번창한 사역 중에도 은밀한 죄 속에 살았다는 것을 처음에는 도저히 이해할 수 없었으며 내가 성령의 열매에 집중하게 된 계기도 유명한 사역자들의 타락이라는 끔찍한 소식 때문이었다. 교회 역사를 통틀어 실패한 모든 위대한 지도자들의 삶과 사역의 시작은 신실했다. 우리도 하나님을 위한 은사와 열매를 구분하지 못하면 언제든지 시작은 신실했지만 결국 실패한 지도자들과 똑같은 원수의 함정에 빠질 수 있다.

마지막으로, 우리는 하나님을 예배하기 위해 창조되었다. 우리가 예배의 자리에서 "하나님의 일하심"이 아니라 "하나님을" 바라볼 때 주님과 같은 형상으로 변화할 것이다. 예수 그리스도의 계시는 모든 예배의 원동력이며 하나님의 보좌 앞에서 쉬지 않고 예배하는 천군 천사들과 장로들의 예배 원동력이기도 하다. 하나님 아버지를 찬양하는 것이 예배의 열매라는 깨달음을 얻지 못하면 결코 이 땅에 사는 동안 열매 맺지 못할 것이며, 언제든 우리도 은혜에서 떨어져 나간 사람들처럼 실패할 수 있다.

이제 다음 장으로 넘어가기 전에 함께 기도하자.

하나님 아버지, 우리 눈이 당신만 보기를 원합니다. 주 예수님, 우리가 주님의 나라를 위해 하는 모든 일에 열매 맺도록 도와주세요. 결코 우리 자신을 기쁘게 하는 삶을 살지 않고, 하늘에 계신 아버지를 기쁘게 하는 열매를 맺도록 주님의 사랑과 주님의 마음을 주세요. 예수님의 이름으로 기도합니다. 아멘.

7장

포도나무 안에 머물다
ABIDING IN THE VINE

5 나는 포도나무요 너희는 가지이다. 사람이 내 안에 머물러 있
고 내가 그 안에 머물러 있으면 그는 많은 열매를 맺는다. 너희
는 나를 떠나서는 아무것도 할 수 없다. 8 너희가 열매를 많이 맺
어서 내 제자가 되면 이것으로 내 아버지께서 영광을 받으실 것
이다. (요 15:5,8, 새번역)

나는 믿음을 가진 초창기에 주일마다 캘리포니아 엘크 그
로브^{ELK GROVE}에 있는 교회에서 하나님께 예배드릴 생각에
한껏 들뜨곤 했다. 가장 기억에 남는 하나님과의 만남은 강단 초
청 시간에 일어났다. 마치 하나님의 임재 안에서 하늘을 나는 것
같은 느낌과 천사의 합창 소리를 들은 것이 아직도 귓가에 생생하
다. 영광의 영역에서 하나님께 사로잡힌 황홀한 경험은 내 영혼
에 큰 인상을 남겼다. 하지만 어떤 주일 예배는 한 주간의 압박으
로 무거운 짐을 진 것 같았다. 나는 강단 앞으로 달려가서 제일 큰
소리로 손뼉을 치면서 한 주간의 모든 잘못된 순간을 향해 큰소리
로 외쳤다.

이런 과장된 모습은 내가 큰소리로 외치면 하나님이 더 잘 들으시고 빨리 응답하실 거라는 잘못된 믿음과 하나님의 관심을 받아 기분 좋아지고 싶은 헛된 노력의 결과였으며, 실상은 내가 큰소리로 외쳤기 때문에 오히려 내 주변에 있던 사람들은 하나님의 임재로 들어가는 것이 어려웠다. 나는 급속히 "주일 중심" 기독교인이 되어 주일 오전 예배를 철저히 지키면서 하나님이 놀라운 임재로 우리를 방문하실 것을 믿고 기도하면서 할 수 있는 모든 것을 다했다. 우리는 세상의 오락 중심 문화의 영향을 받아 모든 것이 즐길만해야 한다는 불건전한 가치에 쉽게 빠져들 수 있다. 심지어는 예배도 세상의 가치로 판단해서 즐길만해야 한다고 생각하기 쉽다. 그러나 주님의 임재 안에 참된 만족과 즐거움이 있다.

요한계시록 5장은 우리에게 천국에서 24시간 내내 큰 예배가 드려진다고 말한다.

> 11 나는 또 그 보좌와 생물들과 장로들을 둘러선 많은 천사를 보고 그들의 음성도 들었습니다. 그들의 수는 수천 수만이었습니다. 14 그러자 네 생물은 "아멘!" 하고, 장로들은 엎드려서 경배하였습니다. (계 5:11,14 새번역)

하나님의 보좌를 둘러선 거대한 천군 천사의 무리가 끊임없이 예배한다. 천국의 천군 천사들은 화려한 조명과 멋진 건물이 주는 즐거움이 필요 없으며 기름 부음 있는 예배 인도자나 탁월한 설교자 때문에 예배하지 않는다. 천군 천사들의 관심을 사로잡는 것은 그저 보좌에 앉으신 하나님의 임재뿐이다! 하나님의 영광에서 나오는 천둥과 번개는 모든 천국 존재의 가장 깊은 곳에서부터 경외심으로 가득한 예배를 일으키며, 빛으로 둘러싸인 주님으로부터 눈을 멀게 할 만큼 강력한 영광이 빛이 나온다. 천국 예배의 대상은 오직 하나님 한 분이시며 하나님의 아름다움을 대면한 모든 하늘의 존재로부터 압도적인 찬양이 울려 퍼진다! 이 예배의 소리가 너무나 커서 하늘의 기둥이 흔들릴 정도다!(사 6장 참조)

나를 자유롭게 만든 가장 중요한 교훈은 이것이다. **"나는 하나님을 위해 연기**^{PERFORMANCE}**할 필요가 없다!"** 하나님을 즐겁게 해드리기 위해 예배를 연기할 필요가 없다. 하나님은 있는 모습 그대로 나아오는 사람들의 예배를 기쁘게 받으시며, 성령님은 기름부음을 사람들의 유흥거리로 주지 않으신다. 싱어와 악기 연주자들, 춤추는 사람들과 예배자가 함께 예배할 때 하나님은 영광으로 임하신다. 우리 예배의 대상이신 유일하신 하나님께 우리 눈을 들어 하나 될 때, 주님은 예배의 열매를 받으신다.

기억해야 할 또 한 가지 중요한 진리가 있다. 우리는 "교회에 가기 위해" 지음 받지 않았다. 우리가 성령님이 거하시는 성전, 교회다. 모든 신자는 "교회"라고 부르는 건물에 가도록 창조된 것이 아니다. 우리는 하나님의 손으로 창조된 주님의 성전으로, 주님께서 우리 안에 거하시고 우리는 주님 안에 거한다. 우리는 예수 그리스도의 교회이다! 정말 안타까운 것은 다음 세대가 오락 중심 문화에 파묻혀서 점점 하나님의 임재에 흠뻑 빠지기 어려워진다는 점이다. 이 세대는 조명과 시끄러운 음악으로 이루어진 현란한 쇼가 없으면 금방 싫증을 느낀다. 빠른 노래를 부르고 춤추며 외치기는 쉽지만 모든 음악과 조명을 멈추고 가만히 있으면 어떤 일이 일어나는지 한번 보라. 어떻게 할지 몰라 안절부절못하는 사람들을 목격할 것이다.

이런 일이 일어나는 가장 큰 이유는 내가 앞서 6장에서 나눈 은사와 열매와 관련이 있다. 우리는 은사 사역을 즐기는 단계를 넘어 스스로 하나님을 찾는 방법을 배워 성숙한 열매로 하나님의 임재에 들어가 예배하는 세대를 일으켜야 한다. 하나님 아버지께 예배의 열매를 드리려면 포도나무이신 하나님 안에 거해야 한다!

최후의 만찬

예수님이 잡히시기 전날 밤, 최후의 만찬을 통해 제자들에게 마지막 가르침을 주셨다. 하나님은 마지막을 위해 최고의 것을 아껴두신다. "먼저 된 자로서 나중 되고 나중 된 자로서 먼저 될 자가 많으니라"(막 10:31). 앞으로 일어날 일을 아신 예수님은 제자들에게 중요한 가르침을 주신다. 예수님은 이 마지막 가르침이 제자들에게 큰 영향을 남기길 바라셨다. 우리는 요한복음 13장에서부터 17장까지 제자들을 향한 예수님의 친밀한 마음을 본다. 유월절이 시작되자 예수님은 마지막 만찬을 위해 다락방을 준비하도록 제자들을 먼저 보내셨다. 요한은 예수님이 "세상에 있는 자기의 사람들을 사랑하시되 끝까지 사랑하셨다"(요 13:1)라고 기록한다. 같은 구절을 확장역에서 이렇게 표현한다. "예수님은 제자들을 마지막까지 가장 높은 수준으로 사랑하셨다."

우리의 신랑이신 왕의 섬기는 마음을 보여주는 가장 위대한 실천으로 예수님은 겸손하게 겉옷을 벗으시고 제자들의 발을 씻기셨다. 아버지 안에서 완벽한 안정감을 누리신 예수님이 제자들 앞에서 자신을 낮추어 그들의 발을 씻기셨다. 이처럼 모든 사역은 아버지 하나님의 완전한 사랑의 기초위에 세워져야 한다. 우리가 아버지 사랑 안에서 안정감을 누리면 더이상 사람의 관심과 용납을 위해 연기할 필요가 없다. 예수님은 가룟 유다가 자기 할 일을 하도록 보내시고 계속해서 제자들에게 성령님의 존재와 사역을 가르치신다. 예수님은 그날 저녁 내내 하나님 안에서 예수님의 역할과 성령님의 역할을 완전히 새로운 방식으로 가르치셨다. "나는 길이요 진리요 생명이다. 나를 거치지 않고서는 아무도 아버지께로 갈 사람이 없다"(요 14:6). 나는 앞서 6장에서 우리에게 예수님을 계시하는 성령님의 역할과 은사와 사역을 설명했다. 요한복음은 우리가 이 진리를 더 깊이 이해하도록 도와준다.

이제 나는 우리가 어떻게 열매 맺을 수 있는지, 왜 우리가 주님의 이름으로 하는 사역보다 열매가 아버지께 영광을 돌리는지 나누고 싶다. 예수님은 사랑하는 제자들과 마지막 밤을 함께하시면서 곧 성령님을 보내 예수님이 하신 모든 말씀을 깨닫게 하실 것이라고 말씀하신다. "내가 진정으로 진정으로 너희에게 말한다. 나를 믿는 사람은 내가 하는 일을 그도 할 것이요, 그보다 더 큰 일도 할 것이다. 그것은 내가 아버지께로 가기 때문이다"(요 14:12).

어떻게 우리가 예수님보다 더 큰 일을 할 수 있을까? 예수님이 아버지 우편에 계시면서 제자들에게 성령의 역사가 나타나도록 중보해 주시면 가능하다. 사도 바울이 고린도 교회에 성령님의 은사를 가르치면서 사랑을 강조한 것처럼 예수님도 성령님의 사역을 설명하시면서 포도나무의 말씀을 함께 나누어 주신다.

> 1 나는 참 포도나무요 내 아버지는 농부이시다. 2 내게 붙어 있으면서도 열매를 맺지 못하는 가지는 아버지께서 다 잘라버리시고 열매를 맺는 가지는 더 많은 열매를 맺게 하시려고 손질하신다. 4 내 안에 머물러 있어라. 그리하면 나도 너희 안에 머물러 있겠다. 가지가 포도나무에 붙어 있지 아니하면 스스로 열매를 맺을 수 없는 것과 같이 너희도 내 안에 머물러 있지 아니하면 열매를 맺을 수 없다. (요 15:1,2,4 새번역)

예수님은 이렇게 말씀을 마치신다, "너희가 열매를 많이 맺어서 내 제자가 되면, 이것으로 내 아버지께서 영광을 받으실 것이다"(요 15:8). 나는 이 말씀을 보고 엄청난 충격을 받았다. 예수님은 표적과 기적으로 이스라엘 전체를 흔드신 후 삼 년 반의 공생애를 마치신다. 예수님의 기적은 이스라엘에게 예수님이 메시아라는 것을 강력하게 증거했다. 하지만 삼 년 반의 시간이 끝나자 예수님은 제자들에게 떠나야 한다고 말씀하신다. 예수님이 제자들을 떠나야 제자들도 성령을 받아 예수님보다 더 위대한 일을 하게 될 것이기 때문이었다. 나는 예수님과 사도들의 시대처럼 지금 우리 시대에도 도시와 거리에 표적과 기적이 일어나는 것을 보고 싶다. 예수님은 믿는 사람들에게 표적이 따를 것이라고 말씀하셨다. 이 말씀에서 예수님은 교회의 사역을 확립하신다. "내가 떠나면 너희들이 세상을 흔들 것이다. 나는 아버지께로 가는 이 시간을 기다려왔다. 성령님이 내 안에 계시듯 너희에게 오셔서 너희 안에 계실 것이다. 그러나 너희가 열매를 맺을 때 내 아버지께서 영광을 받으실 것이다!" 그리고 예수님은 이렇게 말씀하셨다.

> 34 이제 나는 너희에게 새 계명을 준다. 서로 사랑하여라. 내가 너희를 사랑한 것 같이 너희도 서로 사랑하여라. 35 너희가 서로 사랑하면 모든 사람이 그것으로써 너희가 내 제자인 줄을 알게 될 것이다. (요 13:34~35, 새번역)

예수님은 우리를 따르는 표적과 기적이 우리가 예수님의 제자인 것을 세상에 보여주지 않으며 우리의 사랑과 열매가 우리를 증명한다고 말씀하신다. 우리가 맺는 의의 열매와 하나님과 형제자매를 향한 절대적인 사랑이 아버지께 영광을 돌린다.

왜 열매인가?

왜 열매가 중요할까? 왜 열매가 아버지께 영광 돌리는 것일까? 이미 성경에 기록된 장엄한 역사가 주님의 영광을 선포하지 않는가? 왜 예수님은 성령님을 통해 우리가 하는 일과 우리의 정체성을 분명히 구별하셨을까? 나는 이 많은 질문의 답을 이렇게 생각한다. "나는 여호와이니 이는 내 이름이라 나는 내 영광을 다른 자에게 내 찬송을 우상에게 주지 아니하리라"(사 42:8 개정). 우리의 질투하시는 하나님, 소멸하는 불이신 하나님은 자기의 영광을 사람과 나누지 않으신다. 하지만 사랑하는 자녀들에게는 은혜로 영광스러운 임재를 나누어 주신다. 시편 8편은 주님이 우리를 "하나님보다 조금 못하게 하시고" 또 "영화와 존귀로 관"을 씌우셨다고 말한다(5절). 같은 성경에서 어떤 부분은 하나님이 자기의 영광을 다른 이에게 주지 않을 것이라고 하면서 또 다른 부분에서는 하나님이 우리를 영화와 존귀로 관 씌웠다고 한다. 왜 같은 성경 안에 이렇게 다른 구절이 존재할까? 이것을 더 설명해보겠다. 하나님은 사람의 마음에 무엇이 있는지 아신다!

> 23 예수께서 유월절에 예루살렘에 계시는 동안에 많은 사람이 그가 행하시는 표징을 보고 그 이름을 믿었다. 24 그러나 예수께서는 모든 사람을 알고 계시므로 그들에게 몸을 맡기지 않으셨다. 25 그는 사람에 대해서는 어느 누구의 증언도 필요하지 않으셨기 때문이다. 그는 사람의 마음속에 있는 것까지도 알고 계셨던 것이다. (요 2:23~25, 새번역)

예수님의 기적을 본 사람들은 예수님을 왕으로 삼고 싶어 했다. 예수님이 꿰뚫어 보신 사람들의 마음에 무엇이 있었을까? 답은 아주 간단하다. 바로 자기 사랑과 교만이다! 우리의 고집과 교만은 언제나 하나님의 뜻과 싸운다. 죄와 교만의 "열매"는 자기 사랑이지만 성령의 열매는 두려움을 내어 쫓는 완전한 사랑이다. 하나님보다 자기를 더 사랑하는 사람의 내면에는 언제나 두려움이 있으며 이 두려움은 성령님과 충돌하기 때문에 자기 고집으로 삶의 통치권을 놓지 않고 하나님의 뜻과 반대된 비극적인 삶을 산다. 예수님은 겟세마네 동산에서 생명을 지키고 싶은 유혹과 격렬하게 싸우셨지만 마침내 간절한 기도로 "자신"을 돌파하며 선포하신다. "아빠, 아버지, 아버지께서는 모든 일을 하실 수 있으시니 내게서 이 잔을 거두어 주십시오. 그러나 내 뜻대로 하지 마시고 아버지의 뜻대로 하여 주십시오"(막 14:36).

예수님은 하나님께 항상 응답 받으셨지만 아버지께서 주신 권세를 자신의 유익을 구하는 데 사용하지 않으셨다. 그 이유는 아버지 안에서 자신의 분명한 정체성과 부르심을 아셨기 때문이다. 예수님은 아버지를 향한 완전한 사랑 안에 거하셨으며 오직 아버지의 기쁨이 되기 원하셨다. 완전한 하나님이시며 완전한 사람이신 예수님은 우리가 받는 모든 시험을 똑같이 받으셨다. 우리가 그렇듯 예수님도 자신을 위해 살고 싶은 유혹과 싸우시면서 결국 생명을 내려놓고 아버지께 순종하셨으며, 우리도 겸손히 하나님을 의지하면 예수님의 길을 따를 수 있음을 보여 주셨다! 예수님은 아버지와의 친밀한 관계와 바른 정체성과 동기라는 열매로 아버지를 영화롭게 하셨다. 우리를 통한 주님의 역사는 하나님과 형제자매를 사랑하며 사는 삶으로 열매 맺는다.

우리의 죄성과 교만을 잘 아시는 예수님은 우리가 멸망의 길로 가지 않기를 바라신다. 예수님은 기름 부음 받은 그룹 천사 루시퍼의 교만과 타락을 보셨다. 다른 천사보다 뛰어났던 루시퍼는 결국 교만의 함정에 빠졌다. "예수께서 이르시되 사탄이 하늘로서 번개같이 떨어지는 것을 내가 보았노라"(눅 10:18, 개역). 하나님은 루시퍼와 영광을 나누지 않으셨다. 하나님은 루시퍼의 교만이라는 열매를 보셨으며 루시퍼와 함께한 천사들은 하나님의 임재에서 영원히 추방되었다. 주님은 우리가 이런 형벌에 빠지지 않기를 바라신다. "교만은 패망의 선봉이요"(잠 16:18 개정).

하나님은 그리스도에게 임했던 것과 같은 성령님을 우리에게 보내서 우리가 예수님이 일으키신 것과 같은 정도가 아니라 더 큰 일을 하도록 준비시키신다. 하나님은 죽어가는 세상에 우리를 보내서 "병든 자를 고치며 죽은 자를 살리며 나병 환자를 깨끗하게 하며 귀신을 쫓아내되 너희가 거저 받았으니 거저 주라"(마 10:8)고 명하신다. 예수님의 제자들은 위임 명령을 따라 세상으로 나갔고, 예수님의 이름으로 일어난 기적에 매우 놀라며 돌아왔다. 예수님은 돌아온 제자들에게 이렇게 말씀하신다.

18 예수께서 그들에게 말씀하셨다. "사탄이 하늘에서 번갯불처럼 떨어지는 것을 내가 보았다. 보아라, 내가 너희에게 뱀과 전갈을 밟고 원수의 모든 세력을 누를 권세를 주었으니 아무것도 너희를 해하지 못할 것이다. 그러나 귀신들이 너희에게 굴복한다고 해서 기뻐하지 말고 너희의 이름이 하늘에 기록된 것을 기뻐하여라." (눅 10:18~20, 새번역)

예수님은 공생애 마지막 날 밤 최후의 만찬에서 제자들에게 명령하신다. "이제 나는 너희에게 새 계명을 준다. 서로 사랑하여라. 내가 너희를 사랑한 것 같이 너희도 서로 사랑하여라"(요 13:34). 사랑이 계명의 끝이다! 교만의 죄에서 구원받은 영혼의 열매는 이타적인 사랑이다. 자, 이제 정리해 보자. 예수님께서 우리에게 서로 사랑하라고 말씀하신다고 해서 "병든 자를 고치며 죽은 자를 살리며 나병 환자를 깨끗하게 하며 귀신을 쫓아내되 너희가 거저 받았으니 거저 주라"(마 10:8)는 명령을 취소하신 것이 아니다. 바울이 고린도 교인들에게 "내가 또한 가장 좋은 길을 너희에게 보이리라"(고전 12:31)라고 말했다고 해서 성령님의 은사와 사역을 부정한 것이 아닌 것과 같다.

우리가 성령 세례를 받았다면 표적과 기적은 이상한 일이 아니며 하나님의 뜻은 우리 삶에 성령님의 능력이 역사하는 것이다. 미국에서 하나님의 능력이 충만하게 풀어지지 못하는 이유는 경건의 모양은 있으나 경건의 능력은 부인하기 때문이며(딤후 3:4~5) 기독교가 하나님의 능력을 거부하는 이유는 하나님보다 쾌락(자아)을 더 사랑하기 때문이다. 쾌락은 자기 유익을 구한다. 우리가 하나님을 사랑하고 서로를 사랑하라는 명령을 완수할 때 표적이 우리를 따를 것이다. 하나님은 우리 안에 역사하시는 성령님의 일하심과 열매로 영광 받으신다.

포도나무 안에 거하라

이제 요한복음 15장으로 돌아가 보자. 예수님은 제자들에게 성령님의 오심과 내주하심을 가르치셨다. 나는 예수님의 말씀을 듣는 제자들의 마음에 기대감이 가득했을 것으로 생각한다. 제자들은 참 하나님이며 참 사람이신 메시아 예수 그리스도의 말씀 한 마디 한마디에 사로잡혔다. 예수님은 거룩한 임재에 흠뻑 취한 제자들에게 이렇게 말씀하신다. "나는 떠나지만 내가 보낼 성령님이 너희에게 모든 것을 가르쳐 주실 것이다." 사랑하는 예수님이 곧 떠날 것이라는 날벼락 같은 말씀을 듣고 제자들의 마음에 깊은 슬픔이 가득 찼고 예수님은 제자들의 마음을 아셨다. 지난 3년 반 동안 예수님과 함께하면서 예수님의 이름으로 기적까지 행한 제자들의 마음에 예수님의 부재는 큰 슬픔을 주는 사건이다.

예수님은 제자들에게 어떻게 하면 항상 예수님과 함께할 수 있는지 성령님을 통해 알려주기로 하셨다. 하지만 제자들은 예수님의 말씀의 핵심이 "나는 곧 십자가를 지겠지만 걱정하지 말라"는 말씀을 전혀 이해하지 못했다. 예수님은 말씀하신다. "내 안에 거하라 나도 너희 안에 거하리라"(요 15:4). NIV성경은 이렇게 표현한다. "내 안에 남아 있어라." 나는 이 번역이 "남아있다, 거하다, 살다(견디다 혹은 지속하다)"를 의미하는 헬라어 "메노^{MENO}"에 잘 어울리며 "살사, 머물다(혹은 남아있다)"라는 두 의미를 모두 사용해도 좋다고 생각한다. 우리가 이 세상을 살면서 주님 안에 거한다는 의미를 깨닫는 것은 매우 중요하다. 요한복음 15장에서 예수님은 "주님 안에 거하는" 방법을 말씀하신다.

"내 안에 거하라! 주일 아침에만 나를 찾지 마라. 네가 필요할 때만 나를 찾지 마라. 항상 내 안에 머물러라! 네가 내 안에 살고 머무를 때 너는 내 아버지께 영광 돌릴 열매를 맺을 것이다."

요한복음 6장을 보면 제자들이 예수님을 섬기는데 분주해서 예수님의 임재에 멀어진 적이 있다. 예수님은 자신을 억지로 이스라엘 왕으로 세우려는 무리를 빠져나와 산에 가서 아버지와 교제하셨다. 같은 본문을 마태복음으로 보면 예수님은 무리가 흩어지는 동안 제자들에게 먼저 배를 타고 다음 장소로 가라고 말씀하시고 기도하러 산으로 올라가셨다. 제자들은 예수님의 말씀에 순종하여 배에 올라 노를 저었다. 그러나 제자들에게 한 가지 문제가 있었다. 예수님 없이 출발한 것이다! 곧 큰 폭풍이 일자 신실하신 예수님께서 물 위를 걸어오셔서 제자들을 구출하신다.

나는 이것이 오늘날 주님의 일을 하면서 정작 주님의 임재 안에 "머물지" 못하는 많은 사람의 모습을 보여주는 예언적인 예화라고 생각한다. 이 사람들은 한때 주님의 임재 안에 있었기 때문에 어느 정도 성과를 나타내겠지만, 현재는 주님을 위한 사역에 너무 바빠서 오히려 주님만 갈망하는 마음을 잃을 위험에 빠져 있다. 누구든지 하나님을 위한 일의 동기가 하나님을 향한 온전한 사랑이 아니라면 쉽게 지치거나 쉽게 교만해질 수 있다. 어쩌면 당신은 "잠깐만요, 어쨌든 제자들은 예수님의 말씀에 순종했잖아요!"라고 말하고 싶을지도 모른다. 맞는 말이다. 제자들은 예수님의 명령을 따랐다. 나는 이것이 제자들뿐만 아니라 우리 모두를 향한 시험이라고 생각한다. 주님은 종종 우리가 예수님과 어떻게 동행하는지 시험하신다. 하나님보다 앞서가면서 주님의 이름으로 사역하느라 바쁠 것인가 아니면 하나님과 함께하면서 하나님의 임재 안에 "거하고 남기로" 선택할 것인가?

구약에 요한복음 6장과 대비되는 사건이 나온다. 주님은 모세에게 직접 말씀하신다. "너는 … 백성과 함께 여기를 떠나서 내가 … 주기로 한 그 땅으로 올라가라. 내가 사자를 너보다 앞서 보내어 … 나는 너희와 함께 올라가지 아니하리니"(출 33:1~3). 그러나 놀랍게도 모세는 하나님의 명령을 거부하며 이렇게 말한다. "주께서 친히 가지 아니하시려거든 우리를 이곳에서 올려보내지 마옵소서"(출 33:15). 세상에! 모세가 주님의 명령에 반항하는 모습이 보이는가? 누가 봐도 영락없는 반항이다. 그런데 모세를 향한 하나님의 반응을 보자. "네가 말하는 이 일도 내가 하리니 너는 내 목전에 은총을 입었고 내가 이름으로도 너를 앎이니라"(출 33:17).

모세는 하나님과 친밀한 관계를 맺고 하나님의 임재 안에 "거하면서" 임재가 우선순위가 아니면 어떤 일도 하지 않으려 했다. 심지어 하나님의 임재 안에 얼마나 오래 있었던지 모세의 얼굴에서 하나님의 영광이 빛날 정도였다. 주님은 모세에게 이렇게 말씀하셨다. "내가 이름으로도 너를 안다." 마태복음 7:21에 심판날 예수님께서 "내가 너를 알지 못한다" 말씀하시는 사람들과 비교하면 얼마나 대조적인 모습인가? 나는 우리가 마지막 날에 예수님이 기억하는 사람들이 되기를 기도한다.

이제 신약에서 주님이 우리를 시험하셔서 우리 마음이 진짜 추구하는 것이 무엇인지 밝히시는 예를 보자. 예수님은 누가복음 10:38~42에서 베다니의 나사로, 마르다, 마리아 남매의 집에 계신다. 늘 그렇듯이 예수님은 앉아서 모인 사람들에게 말씀을 가르치셨다. 집에 찾아온 예수님과 사람들을 섬기느라 분주한 마르다는 동생 마리아가 자기를 돕지 않고 예수님 곁에서 말씀을 듣는 것을 보고 속이 상했다. 우리가 볼 때, 자기 집을 찾아온 손님을 섬기느라 분주한 마르다의 불만은 정당하다. 마르다는 주님께 솔직하게 마리아를 향한 불만을 토로하고 자신을 돕도록 말해달라고 요청한다. 그러나 예수님은 마르다의 말을 듣고 이렇게 답하신다. "마르다야 마르다야 네가 많은 일로 염려하고 근심하나 몇 가지만 하든지 혹은 한 가지만이라도 족하니라 마리아는 이 좋은 편을 택하였으니 빼앗기지 아니하리라(눅10:41,42)."

다윗은 시편 27:4에서 이렇게 말한다. "내가 여호와께 바라는 한 가지 일 그것을 구하리니 곧 내가 내 평생에 여호와의 집에 살면서(거하면서, 남아있으면서) 여호와의 아름다움을 바라보며 그의 성전에서 사모하는 그것이라." 하나님은 다윗을 "내 마음에 합한 자"라고 말씀하셨다. 다윗이 원한 전부는 주님의 집에 머무는 것이다. 구약에서 "집"은 하나님 임재를 의미한다. 다윗은 인생 후반부에 아들 압살롬이 나라를 빼앗으려 할 때도 임재를 상징하는 하나님의 궤를 원했다. 다윗은 하나님의 임재를 위해서라면 기꺼이 모든 것을 포기했다. 다윗이 온 마음으로 원한 것은 오직 하나님의 임재였다! 우리가 원하는 것은 무엇인가?

모세, 다윗, 마리아는 모두 사역보다 임재를 선택했다! 우리도 다른 모든 것보다 "한 가지 갈망", 주님의 임재 안에서 예배하는 것을 선택해야 한다. 이 "임재 중심"의 장소에서 이루어지는 모든 사역이 하나님께 영광 돌릴 것이다. 모든 믿는 사람의 최우선 순위는 오직 하나님의 임재이다. 참된 예배는 하나님의 임재에서 나온다! 우리에게 "가장 필요한 오직 한 가지"는 하나님의 임재다. 아버지는 우리가 주님의 임재 안에 "남아 있을 때" 참된 예배의 열매를 받으신다. 주님의 임재를 선택하는 것이 우리가 마지막 날 주님의 보좌 앞에서 드릴 영원한 열매를 맺는 열쇠다. 예수님의 요한복음 15:4 말씀의 핵심은 이것이다.

> "내 안에서 끝까지 견디고 남아있어라. 포기하지 마라! 내 아버지께서 네가 더 많은 열매를 맺게 하실 것이다. 인생이 너를 힘들게 하고 원수가 너를 끌어내리려 하겠지만 끝까지 내 안에 남아 있어라. 네 삶의 예배에서 나오는 열매로 너는 내 아버지께 영광 돌릴 것이다!"

이 구절은 우리에게 예배가 중요한 이유를 잘 나타내준다. 우리가 하나님의 임재를 최우선순위에 둘 때 비로소 주님 안에 남아 머물 수 있다. 인생의 모든 시련 속에도 하나님의 임재를 중심에 두면 견딜 수 있다. 예배에서 하나님의 임재로 들어가 하나님 얼굴을 구할 때, 삶의 모든 염려를 버리고 가장 필요한 한 가지인 하나님의 임재를 선택하게 된다. 예배는 우리 안에 열매를 남긴다. 예배의 열매는 우리가 힘들고 어려운 상황에서 모든 것을 포기하고 싶을 때, 혹은 교만이 우리를 유혹할 때 끝까지 싸워 견디게 한다. 하나님의 임재는 우리가 하늘 보좌에 집중하는 원동력이다. 지존자의 은밀한 처소에서 주님의 아름다움을 바라보는 것 외에는 그 어떤 것도 우리를 만족시킬 수 없다.

예배의 또 다른 열매는 평생 하나님의 임재 안에 머무른 하나님의 자녀들이다. 그 누구도, 그 무엇도, 어떤 원수의 무기도 신랑이신 왕과 사랑의 관계로 맺어진 하나님의 자녀들을 떼어놓을 수 없다. 하나님을 사랑하며 삶으로 평생 예배한 하나님의 자녀가 참된 예배의 열매요 아버지의 영광이다. 사역의 성공과 성취를 빌미로 하나님의 영광을 가로채려는 육신의 유혹을 하나님을 진심으로 사랑하는 자녀들의 마음속에 불타는 마음이 이기게 한다. **하나님을 위한 수고의 열매가 친밀한 예배의 열매를 대신하지 못한다.**

우리가 주님의 임재를 추구할 때 임하는 하나님을 향한 갈망이 우리를 주님의 임재로 이끌어 우리가 맡은 사역의 열매에서 오는 인간적인 성취감 때문에 주님의 임재를 떠나지 않게 할 것이다. 하나님이 함께 가지 않으시면 우리도 가지 않는 것, 이것이 예배의 열매이며 아버지께 영광 돌리는 삶이다! 예배의 열매를 맺는 사람들은 이 세상 신에 굴복하지 않고 자신의 면류관을 우상의 발 앞에 드리지 않기 때문에 하나님이 더 큰 권세를 맡기신다. 예배자들은 오직 왕이신 예수님의 발 앞에만 면류관을 드린다. 할렐루야, 이것이 우리가 창조된 이유이다!

예배의 가장 높은 형태

이번 장을 끝내기 전에 다시 한번 정리하자. 참된 예배는 순종을 낳는다. 예배의 가장 높은 표현은 순종이다! 예수님은 다음 말씀에서 포도나무 가지인 우리가 참 포도나무이신 주님 안에 거해야 할 중요성을 알려주신다.

9 아버지께서 나를 사랑하신 것 같이 나도 너희를 사랑하였으니 나의 사랑 안에 거하라 10 내가 아버지의 계명을 지켜 그의 사랑 안에 거하는 것 같이 너희도 내 계명을 지키면 내 사랑 안에 거하리라 (요 15:9~10 개정)

하나님은 우리가 주님 안에 머물도록 창조하셨다. 하나님 안에 거하고 머무는 것, 이것이 참된 예배다. 책임과 의무 때문이 아니라 아버지를 기쁘게 하는 것이 우리의 갈망이자 기쁨이기 때문에 주님 안에 거하는 삶으로 주님의 말씀과 명령을 실천하는 그릇이 될 것이다. 하나님께 순종하는 기쁨을 발견하는 삶이 예배의 열매이다. 우리는 아버지를 깊이 사랑하기 때문에 그 말씀에 순종하며 주님의 임재를 떠나지 않는다. 다시 말한다. 당신이 하나님의 사랑에 깊이 빠졌다면 당신이 주님 안에 거하고 주님이 당신 안에 계시기 때문에 결코 주님의 임재를 떠나지 않을 것이다.

죽은 종교는 하나님을 향한 예배를 주일 아침 교회 건물에 모여 부르는 노래 상자에 담아 버렸고, 예배자가 주일 예배를 드리는 동안 그 마음이 하나님께 더 가까이 다가가는 것이 아니라 오히려 멀어지게 만들었다. 더 이상 하나님 안에 거하지 않는 사람들의 마음에는 하나님도 거하지 않으신다. 죽은 종교는 하나님을 향한 순종에서 기쁨을 제거하고 지켜야 할 규칙으로 만들어 "거룩함"이라고 이름 붙였다. 이것은 옳지 않다! 수천 번을 말해도 동의할 수 없다! 참된 예배는 우리 안에 완전한 기쁨과 즐거움으로 아버지의 뜻을 행하는 순종의 열매를 낳는다.

우리가 하나님을 미친 듯이 사랑할 때, 순종은 우리 삶의 즐거움이다. 하나님은 우리의 자발적인 순종을 기뻐하신다. 참된 예배는 궁극적으로 아버지와 신랑 예수님을 사랑하는 지존하신 하나님의 자녀들을 낳는다. 사랑에 빠지면 순종은 의무가 아니라 기쁨이며 주님의 임재를 향한 절대적인 열정으로 살면서 하나님을 기쁘게 하고 주님의 임재와 함께 하기 위해 무엇이라도 할 것이다. 완전한 사랑은 이타적이다. 예배자는 자신을 기쁘게 하는 것보다 주님을 기쁘게 하는 것으로 즐거워하며 이것이 주님의 사랑 안에 머무는 열매이다. 하나님은 완전한 사랑이시다. 우리가 하나님 안에 거할 때 사랑 안에서 하나님을 닮을 수 있다. 다시 기억하자. 예배의 가장 높은 형태는 순종이다.

유감스럽게도 오늘날 교회에서 순종이라는 단어는 사람들을 겁주고 물러서게 만드는 종교적이고 율법적인 단어로 취급된다. 사실 이 비극적인 현상은 불안한 지도자들이 사람들을 하나님의 뜻이 아닌 자기 뜻대로 조종하려고 권위를 남용했기 때문에 일어난 일이다. 하지만 우리는 주님의 자녀들의 삶에 순종의 중요성을 되찾아야 한다. 인간의 타고난 죄의 본성 때문에 구원받지 않고 하나님께 순종하는 것은 절대적으로 불가능하다. 거듭나서 우리 안에 영적인 DNA의 변화가 있지 않으면 우리는 영원히 자신을 위해 살 수밖에 없다. 그래서 순종은 자신을 위해 사는 종교적인 사람들에게는 언제나 불쾌한 말이다. 그러나 예수님을 믿음으로 부어진 하나님의 은혜로 말미암아 우리는 순종으로 주님의 뜻을 살아낼 수 있다. 순종이 자연스러운 삶, 이것이 참된 삶의 예배이다!

우리는 하나님을 떠나서 아무것도 할 수 없기 때문에 주님이 우리 안에 계시고 우리가 주님 안에 머물 때에만 하나님의 말씀에 순종하는 삶을 살 수 있다. 하나님의 말씀으로 창조된 천지 만물이 하나님의 말씀을 따라 자기 자리를 정하고 말씀을 따라 움직인다. 주님의 뜻을 따르는 원초적인 순종이 그 안에 있기 때문이다. 천사들도 하나님께 순종한다.

20 능력이 있어 여호와의 말씀을 행하며 그의 말씀의 소리를 듣는 여호와의 천사들이여 여호와를 송축하라 21 그에게 수종들며 그의 뜻을 행하는 모든 천군이여 여호와를 송축하라 22 여호와의 지으심을 받고 그가 다스리시는 모든 곳에 있는 너희여 여호와를 송축하라 내 영혼아 여호와를 송축하라 (시 103:20~22, 개정)

해와 달과 별과 온 우주가 주님의 음성에 순종한다. 모든 창조물이 하나님의 명령에 순종한다. 순종은 하나님의 말씀을 향한 창조물의 자연스러운 반응이며 가장 높은 형태의 예배이다. 하나님이 보좌에서 말씀하실 때 성령님이 역사하는 곳마다 말씀의 숨결을 따라 순종이 일어난다. 하나님의 사랑에 깊이 빠질수록 순종은 불편한 종교적 언어가 아닌 삶의 실재가 된다. 이것이 내가 그토록 열렬히 예배가 우리의 열쇠라고 믿는 이유다. 예배는 천상의 영원한 문을 열어 영광의 왕께서 이 땅에 침노하시는 문이다. 이전 장에서 내가 말한 모든 것, 예배의 마음, 장소, 대상, 향기, 열매는 평생에 걸쳐 하나님의 사랑에 빠지는 여정으로 우리를 인도한다.

모든 말과 모든 실천, 인생의 가장 힘든 순간과 가장 좋은 순간이 결국 하나님의 어린 양과 그의 신부인 교회의 혼인 예식을 위한 준비과정이다. 예수님은 이렇게 말씀하신다. "너희가 나를 사랑하면 내 계명을 지키리라"(요 14:15). 죽은 종교는 이 말씀을 이용하여 하나님을 향한 우리의 사랑을 증명하려면 하나님의 명령을 지켜야 하는 것처럼 억압하지만 애초부터 하나님의 명령은 하나님의 사랑에서 나오는 은혜 없이는 지킬 수 없다! 그러므로 하나님과 사랑에 빠지지 않으면 결코 주님의 명령을 지킬 수 없다.

예수님의 말씀은 "네가 사랑에 빠질 때 비로소 내 계명을 지킬 것이다"라는 의미이다. 사랑이 명령의 끝이다. 우리가 하나님과 사랑에 빠질 때 하나님의 명령과 모든 말씀은 순종을 위한 기쁨의 예배가 된다. 주님께서 우리 영의 눈을 여시어 우리를 향한 주님의 위대한 사랑을 깨닫게 되기를 기도한다. 또 주님께서 우리에게 다시 한번 뜨거운 사랑을 쏟아부으시길 기도한다. 참된 예배는 하나님이 주신 첫사랑을 하나님께 돌려드리는 것이다!

이제 2부에서 주님께서 다시 오시기 전 마지막 때에 일으키시는 군대의 모습이 어떤지 살펴보자.

마지막 때
예배자 군대

마지막 때
예배자 군대

2부

마지막 때 군대

THE END TIME ARMY

8장

다윗의 세대
THE DAVIDIC GENERATION

예수님은 우물가의 여인에게 이렇게 말씀하셨다.

23 아버지께 참되게 예배하는 자들은 영과 진리로 예배할 때가
오나니 곧 이 때라 아버지께서는 자기에게 이렇게 예배하는 자들
을 찾으시느니라 24 하나님은 영이시니 예배하는 자가 영과 진리
로 예배할지니라 (요 4:23~24, 개정)

하나님 아버지께서 찾는 것이 무엇일까 고민하던 나에게 이
말씀은 내 마음을 불타는 사랑으로 뜨겁게 만들었다. 아
버지는 참된 사역자나 대형교회를 찾지 않으시고 참된 예배자를 찾
으신다! 우리는 1부에서 참된 예배가 무엇인지 깊이 살펴보았다.
우리가 다룬 내용은 사실 참된 예배에 담긴 놀라운 영광의 겉만 살
펴본 수준이다. 나는 계시의 영이신 성령님께서 우리의 눈을 열어
예배의 중요성과 놀라운 영광을 더 많이 알려주시길 기도한다. 주
님의 뜻은 우리가 헤아릴 수 없이 풍성한 하나님의 영광을 깨닫는
것이다. 계시와 깨달음의 자리에서 참된 예배가 나온다.

이제 이번 장부터 이 시대에 하나님이 일으키는 마지막 때 군대의 모습을 밝히는 데 집중하려고 한다. 이 군대는 예수 그리스도의 다시 오심과 천년 통치를 준비하는 전쟁의 선두에 설 것이다. 역대하 16:9를 보자. "여호와의 눈은 온 땅을 두루 감찰하사 전심으로 자기에게 향하는 사람들을 위하여 능력을 베푸시나니." 우리 하나님은 열정적으로 "찾으시는 하나님"이다! 에덴동산에서 하나님은 아담과 하와를 찾으셨다. "네가 어디에 있느냐?" 우물가 여인과의 만남에서 예수님은 우리 모두에게 아버지께서 참된 예배자를 찾으신다고 알려주신다.

이제 우리는 다윗에게서 마지막 때 군대의 모습을 찾아볼 것이다. 하나님이 친히 "내 마음에 합한 자"라고 증언하신 다윗은 마지막 때 군대의 가장 훌륭한 예가 된다. 하나님은 주님 앞에 헌신했던 다윗의 혈통에서 세상의 구원자이신 예수님이 태어나도록 선택하셨다. 다윗의 중요성은 성경이 우리 주 예수님을 "다윗의 자손"으로 불렀다는 사실로 증명된다.

이스라엘이 한 사람을 찾았다

이스라엘은 이웃 나라 왕이 군대를 정비하고 백성을 이끌어 전쟁에 나가 싸우는 모습을 보면서 질투심을 느꼈으며 주님이 세운 예언적 지도력인 사무엘이 불만족스러웠다. 이스라엘은 사무엘에게 가서 자기를 위해 다른 나라처럼 왕을 세워달라고 요구했다. 사무엘이 이스라엘의 요구를 듣고 주님께 나아갔을 때 주님은 이렇게 응답하셨다. "백성이 네게 한 말을 다 들으라. 이는 그들이 너를 버림이 아니요 나를 버려 자기들의 왕이 되지 못하게 함이니라"(삼상 8:7). 주님은 사무엘의 예언적 지도력을 거절한 이스라엘에게 베냐민 족속 기스의 아들 사울을 초대 왕으로 세워 주신다. 성경은 사울의 모습이 "준수한 소년이라 이스라엘 자손 중에 그보다 더 준수한 자가 없고 키는 모든 백성보다 어깨 위만큼 더 컸더라"(삼상 9:2)라고 말한다.

전 국민이 보는 앞에서 사무엘 선지자가 왕으로 기름부은 사울은 전쟁에서 승승장구했고 한눈에 봐도 큰 키와 잘생긴 얼굴이었기 때문에 하나님이 이스라엘에게 주신 왕이 틀림없다는 생각이 들었다. 사울 왕은 이스라엘이 바랐던 것처럼 전쟁에서 이스라엘을 지휘했고 백성은 사울의 강한 통솔력과 승리를 바라보며 만족했다. 이스라엘의 눈에 사울은 영락없는 하나님의 사람이었다.

우리가 하나님의 믿음 안에서 주님의 뜻에 완전히 순복하지 않으면 육신의 눈에 보이는 것으로 살 수밖에 없다. 사람의 눈에는 사울이 이스라엘을 다스릴 최적의 인물로 보였지만, 하나님은 사람처럼 겉을 보지 않으시고 마음을 보신다. 자신이 좋게 생각하는 방식대로 이끌어줄 사람을 구한 이스라엘에게 하나님은 이스라엘이 구한 것을 그대로 주셨다. 우리는 하나님이 항상 가장 좋은 것을 주신다고 생각하지만 때때로 하나님은 우리가 구한 것이 좋지 않아도 응답하실 때가 있다. 하나님이 우리를 미워하시기 때문일까? 아니다. 하나님은 우리가 그것을 통해 배우기를 원하시기 때문에 응답하신다. 하나님은 결과적으로 사울이 이스라엘에게 큰 근심을 줄 것을 아셨지만 그들이 원한 왕을 주셨다.

나는 마지막 때가 되면 세상이 이스라엘의 역사와 매우 비슷한 모습을 보일 것이기 때문에 마지막 때 일어날 하나님의 군대인 다윗의 세대를 잘 이해하려면 먼저 사울의 삶을 깊이 연구해야 한다고 생각한다. 히브리 문화에서 엘리 제사장과 그의 아들들이 살았던 시기는 이스라엘에게 가장 어두운 시기 중 하나였다. 하나님의 등불이 더 이상 타오르지 않았고, 엘리의 아들들은 성막 입구에서 섬기는 여자들과 동침할 정도로 타락했다.

사무엘 선지자는 어두운 시대를 살던 이스라엘에게 주어진 구세주의 한 유형이다. 사무엘은 나실인으로 태어나서 주님의 음성을 들으며 영육간에 강건하게 성장했고 주님의 길과 뜻을 열정적으로 가르치며 이스라엘 전체를 개혁했다. 그런데도 이스라엘 백성은 사무엘의 예언적 지도력에서 오는 주님의 음성을 거부하고 한 "사람"을 세워 자신의 원수를 물리치도록 요구했다. 하나님이 다스리시는 나라의 백성이 왕이신 하나님을 거부하고 한 사람이 다스리고 인도하는 정치제도를 만들어 달라고 요구한 것이다.

과연 이스라엘의 역사와 마지막 때의 관계는 무엇인가? 성경은 마지막 때에 한 사람이 나타나며 모든 인류가 그를 따를 것이라고 말한다. 히브리 문화는 마지막 때에 메시아가 정복하는 왕으로 오셔서 주님의 원수들을 물리치고 이 땅에 하나님 나라를 세울 것이라고 가르친다. 앞서 6장과 7장에서 나누었듯이 우리 안의 성령님은 예수님의 생명을 증언하신다. 모든 구약 성경은 예수 그리스도의 삶과 죽음, 부활과 하나님의 나라를 증언하는 그림자이다.

사울 왕의 정권

하나님은 왕을 세워 달라는 이스라엘의 요청에 사울을 허락하신다. 우리는 사무엘을 보내서 사울을 찾으신 분이 하나님이라는 것을 기억해야 한다. 어쩌면 우리는 하나님의 주권을 이해하지 못하기 때문에 사탄이 사무엘을 미혹해서 사울을 선택하게 했거나, 아예 하나님의 선택이 틀렸다고 생각하기도 한다. 이 땅에 일어나는 모든 일은 결국 하나님이 자기 뜻을 이루려고 허락하시는 것이므로 마지막 때에 적그리스도가 나타난다 해도 하나님은 전혀 당황하지 않으신다.

요한계시록을 보면 마지막 때 많은 악을 행하는 자들을 두고 "그들에게 ~ 이 주어지다^{AND TO THEM IT WAS GIVEN}"라는 표현이 자주 나온다. 이제 생각해 보자. 악한 자들이 일하도록 "누가" 권세를 주는가? 정답은 하나님이다. 하나님은 스스로 통치하는 분이시다. 하나님이 만물의 최고 통치자이시다. "권세는 하나님으로부터 나지 않음이 없나니 모든 권세는 다 하나님께서 정하신 바라"(롬 13:1, 개정). 마지막 때를 이해하기 위해 먼저 우리 안에 하나님이 어떤 분인지 견고한 기초를 놓는 것이 아주 중요하다. 하나님의 주권에 근거하면, 원수가 펼치는 어떤 계략이든 오히려 하나님의 뜻에 따라 하나님의 영광을 위해 사용할 수 있다. 스스로 지혜 있다고 생각하는 간사한 사탄은 참된 지혜가 되시는 하나님의 손안에 있다. 사울의 정권이 다윗의 통치를 준비하는 데 중요한 역할을 한 것처럼 마지막 때 적그리스도의 출현은 그리스도께서 오셔서 다윗의 보좌에 앉아 다스리시는 것을 준비하는 역할을 할 것이다.

사울의 삶은 참으로 슬픈 이야기이다. 처음에 사울은 겸손하고 신실하며 경건한 사람이었다. 사울은 사무엘에게 이렇게 대답한다. "나는 이스라엘 지파의 가장 작은 지파 베냐민 사람이 아니니이까 … 당신이 어찌하여 내게 이같이 말씀하시나이까 하니"(삼상 9:21, 개정). 사울은 사무엘로부터 왕의 기름 부음을 받은 후 집으로 가서 아무에게도 말하지 않고 혼자 간직했다. 심지어 사울은 취임식 때도 사무엘이 사람들 앞에서 왕으로 부르자 짐보따리 사이에 숨었다. 이렇게 겸손한 마음으로 이스라엘을 다스리기 시작한 사울이 어떻게 주님의 제사장 85명을 죽이고 다윗까지 제거하려 하며 결국 주술사를 찾아갈 정도로 타락한 것일까?

이 질문의 답은 아주 간단하다. 바로 불순종 때문이다. 나는 사울의 삶을 연구할수록 주님께 신실했지만 온전히 순종하지 못한 사람의 안타까운 모습을 본다. 우리가 이 사건을 볼 때, "온전하게"라는 표현에 주목해야 한다. 사울은 하나님의 뜻에 노골적으로 반항하지 않았지만, 끝까지 온전하게 순종하지는 못했다. 사무엘상 13장을 보면 사울이 다스린 지 2년째에 블레셋과 전쟁을 한다. 성경은 이스라엘에 맞서 해변의 모래처럼 셀 수 없이 많은 블레셋 병사와 3,000대의 전차와 6,000명의 기병이 모였다고 표현한다. 이 위중한 상황에 사울은 사무엘이 도착할 때까지 길갈에서 7일 동안 기다리라는 구체적인 명령을 받는다. 하지만 시간이 지날수록 이스라엘은 거대한 블레셋의 군대를 보며 두려움에 빠졌고 시간이 갈수록 사울의 군대는 도망치는 군사들 때문에 서서히 수가 줄어 벌벌 떠는 소수의 병사만 남았다.

사울은 사무엘의 명령을 듣고 처음부터 불순종하지 않았다. 거대한 블레셋 군대를 마주하면서 극도의 압박에도 사무엘이 명령한 대로 일곱째 날까지 기다렸다. 하지만 사울은 하나님의 눈보다 두려움에 떠는 병사들의 겁에 질린 눈을 더 두려워했으며 결국 기다리지 못하고 스스로 주님께 제사를 지낸 직후 사무엘이 도착했다. 사울은 7일을 온전히 버티려고 노력했지만 마지막 순간 압박을 이기지 못하고 한순간에 불순종한 사람이 되었다. 99% 순종했지만 마지막 1%의 순간에 주님의 명령에 불순종한 것이다.

사울은 정말 순종하고 싶었지만 그 순종의 결심을 끝까지 지킬 성품이 부족했다. 왜 하나님은 사울의 불완전한 순종을 거부하셨을까? 하나님은 용서의 하나님 아니신가? 왜 사울에게 또 다른 기회를 주시지 않으셨을까? 하나님은 용서하시는 자비의 하나님이시다. 사울은 7일을 기다리기 위해 최선을 다했다. 하지만 우리 중에 많은 사람이 사울처럼 무너졌다. 최선을 다해 순종한 것과 끝까지 순종한 것은 다르다. 끝까지 순종하지 못한 사울의 이야기를 조금 더 들어보자.

> 11 사무엘이 이르되 왕이 행하신 것이 무엇이냐 하니 사울이 이르되 백성은 내게서 흩어지고 당신은 **정한 날** 안에 오지 아니하고 블레셋 사람은 믹마스에 모였음을 내가 보았으므로 12 이에 내가 이르기를 블레셋 사람들이 나를 치러 길갈로 내려오겠거늘 내가 여호와께 은혜를 간구하지 못하였다 하고 부득이하여 번제를 드렸나이다 하니라 (삼상 13:11~12 개정)

놀랍게도 사울은 불순종의 책임을 사무엘의 탓으로 돌리며 하나님을 위해 제사했다고 둘러댄다. 사무엘이 제시간에 도착하지 않았기 때문이라고 핑계 대는 사울의 모습이 정말 안타깝다. "제시간"은 누가 정하는가? 분명한 것은 사울이 정하는 것이 아니라는 사실이다. 이 상황은 에덴동산의 아담과 하와의 모습을 떠올리게 한다. 자비의 하나님은 우리의 불순종에도 우리를 변호하시지만 교만의 영은 대면의 순간에 진실한 고백을 거부한다. 아담은 주님을 탓했다. "당신이 주신 저 여자가 먹게 했습니다." 하와는 자기 잘못을 고백할 기회를 놓치고 뱀을 원망했다. 사울은 아담과 하와처럼 자신의 책임을 사무엘에게 전가했다.

나는 사울이 사무엘을 기다리지 못하고 제사를 지낼 때, 주변 사람들은 사울이 주님을 최우선순위에 두었다고 추켜세우며 감탄하고 손뼉 치며 환호했을 것이라고 확신한다. 그러나 사울의 종교적인 선택이 주님을 위한 순종을 무너트렸다! 종교의 영은 언제나 자신이 옳다는 교만의 옷을 입고 하나님의 일을 하는 것처럼 뽐내지만 하나님은 겉이 아니라 마음의 동기를 보신다. 만일 사울이 겸손하게 죄를 인정하고 회개했다면 우리는 지금 성경에서 다른 이야기를 읽었을지도 모른다. 사울에게서 이스라엘 왕국을 빼앗아간 것은 불순종이라는 단순한 행동과 회개의 부재였다. 사울이 제사를 지낸 후 사무엘이 길갈에 도착해서 사울을 꾸짖으며 이렇게 말한다. "여호와께서 왕에게 명령하신 바를 왕이 지키지 아니하였으므로 여호와께서 그의 마음에 맞는 사람을 구하여 여호와께서 그를 그의 백성의 지도자로 삼으셨느니라"(삼상 13:14).

이제 사무엘상 14장을 보자. 또다시 블레셋이 이스라엘에 맞서 전쟁하려고 진을 쳤다. 사울의 아들 요나단은 무기를 든 소년과 함께 용감하게 블레셋 진영에 나아가 단독으로 원수를 쳐부수는 동안 사울은 이스라엘 군대 전체에게 원수를 정복할 때까지 음식을 먹지 말라는 종교적인 맹세를 맺게 했다. 사울 왕의 이 오만한 종교 행위가 이스라엘 군대를 괴롭혔다. 사울의 충실한 부하들은 억지 맹세 아래 자신을 구속했다. 종교는 언제나 사람들을 억압하고 종교적인 명령으로 꽁꽁 묶으며, 실제로 그 명령을 완수해도 아무런 은혜가 없다. 사울은 사람들의 환심을 샀던 독실한 사람이었으나 하나님의 은총을 잃어버렸다. 하나님의 은혜는 하나님의 거룩한 은총이다. 종교는 겉으로 하나님의 뜻을 행하는 것처럼 보이는 모든 표현을 하지만 마음속 동기는 "자아"의 뜻에 뿌리내린다.

사울 왕의 종교적 지도력 아래에 있었기 때문에 은총이 없었던 이스라엘 군대는 배고픔을 이기지 못한 나머지 탐욕스럽게 동물을 죽여 피가 흐르는 고기를 먹었다. 사울은 이 끔찍한 죄를 보고도 종교적 열정에 취해 자신을 위한 첫 제단을 쌓고 하나님께 전쟁의 승패를 묻지만 하나님은 응답하지 않으신다. 제일 앞서 싸우느라 사울의 맹세를 몰랐던 요나단이 승리 후 꿀을 먹었다는 사실이 사울에게 알려진다. 다시 한번 사울은 종교적 열성으로 자신의 명령을 어겼다는 이유로 자기 아들을 죽이려 한다. 주님이 요나단을 사용하여 전쟁하셨음에도 사울은 기꺼이 자기 아들을 죽이려 한다. 이것이 인정사정 보지 않는 종교의 잔혹한 모습이다. 종교는 주님의 이름으로 죽인다!

마지막으로 사무엘상 15장의 사건을 보자. 사무엘이 사울에게
와서 아말렉에 맞서 전투에 나가라고 주님의 명령을 전달한다.
수백 년 전 하나님이 이스라엘을 출애굽 하실 때 아말렉이 이스라
엘에게 행한 일을 심판하는 전쟁이었다. 사무엘은 사울에게 아주
구체적으로 하나님의 명령을 지시한다.

> 지금 가서 아말렉을 쳐서 그들의 모든 소유를 **남기지 말고 진멸
> 하되** 남녀와 소아와 젖 먹는 아이와 우양과 낙타와 나귀를 죽이
> 라 하셨나이다 (삼상 15:3, 개정)

우리는 사울이 주님의 명령을 전한 사무엘에게 대놓고 "싫습
니다! 저는 그렇게 하지 않겠습니다. 당신의 명령을 거절합니다!"
라고 말하지 않았다는 사실에 주목해야 한다. 오히려 사울은 사
무엘의 말을 듣고 즉각 군대를 소집해서 아말렉을 공격한다. 문
제는 다음이다. 사울은 모든 사람을 죽였지만 아말렉 왕 아각과
짐승 중 가장 좋은 것을 살려두었다. 그리고 주님의 말씀이 사무
엘에게 임한다. "내가 사울을 왕으로 세운 것을 후회하노니 그가
돌이켜서 나를 따르지 아니하며 내 명령을 행하지 아니하였음이
니라"(삼상 15:11, 개정). 하지만 사울은 자기가 하나님의 지시를 잘
이행했다고 믿었다. 사무엘이 찾아왔을 때도 이렇게 말한다. "당
신은 여호와께 복을 받으소서 내가 여호와의 명령을 행하였나이
다"(삼상 15:13). 하나님의 마음을 모르는 이스라엘의 눈에 사울은
늘 주님을 우선시하는 위대한 왕이었지만 사실은 그렇지 않았다.

사무엘의 꾸짖음에 사울은 자신을 변호하면서 이렇게 말한다. "나는 실로 여호와의 목소리를 청종하여 여호와께서 보내신 길로 가서 … 다만 백성이 그 마땅히 멸할 것 중에서 가장 좋은 것으로 길갈에서 당신의 하나님 여호와께 제사하려고 양과 소를 끌어왔나이다"(삼상 15:20~21, 개정). 사울은 정말 자신이 주님의 길을 따른다고 믿었지만 사실은 자기도 모르게 자신의 영광을 위해 살고 있었다!

이 고대의 이야기가 오늘날의 이야기와 너무 비슷하지 않은가? 많은 사람이 열심히 사역하며 주님을 위해 헌신한다고 핑계 대지만 사실은 은연중에 자신을 높이고 알린다. 사울의 고백은 마음의 진짜 동기를 드러낸다. "내가 범죄하였나이다 내가 여호와의 명령과 당신의 말씀을 어긴 것은 **내가 백성을 두려워하여** 그들의 말을 청종하였음이니이다"(삼상 15:24). 사무엘이 떠나려고 돌아서자 사울이 간청한다. "내가 범죄하였을지라도 이제 청하옵나니 내 백성의 장로들 앞과 **이스라엘 앞에서 나를 높이사** 나와 함께 돌아가서 내가 당신의 하나님 여호와께 경배하게 하소서"(삼상 15:30). 이 끔찍한 광경에서 우리는 모든 문제의 근원을 본다.

자기를 사랑하고 사람을 두려워하는 인간적인 마음은 언제나 사람의 눈치를 보고 사람을 즐겁게 하는 모습으로 나타난다. 어느새 사울은 처음은 그렇지 않았지만 하나님을 진정으로 경외하는 마음을 잃었고 하나님보다 사람들의 눈치를 더 신경 썼다. 사울에게 주님을 섬기는 순수한 갈망이 없지는 않았지만 사람의 말을 두려워하는 것 때문에 끝까지 순종하는 데 실패했다. 사람에게 귀 기울이는 마음은 언제나 종교의 영이 들어오는 문을 연다.

어떤 이들은 이렇게 질문한다. "이게 오늘날 우리에게 어떤 의미가 있나요?" 좋은 질문이다! 사울의 정권은 우리에게 독실한 지도자가 세워진 정치체제를 보여준다. 현대는 정치적 올바름(P.C: Political Correctness)이 사회 전반의 목소리가 되어 교회 안에 암처럼 퍼졌다. 정치의 영은 하나님보다 사람을 즐겁게 하는 동기가 있기 때문에 하나님의 말씀에 순종하지 못한다. 예수님은 바리새인들이 하나님의 인정 보다 사람의 칭송 받기를 더 좋아한다는 사실을 밝혔다. 바리새인들은 십일조를 내며 모세의 율법을 가르치고 공개적인 장소에서 기도하는 방식에 순종했지만 정작 정의와 믿음과 자비라는 더 중요한 문제는 소홀히 여겼다.

사도 바울은 마지막 때의 사람들이 "바른 교훈을 받지 아니하며 귀가 가려워서 자기의 사욕을 따를 스승을 많이 둘 것"(딤후 4:3)이라고 말한다. 이것이 수천 년 전 사무엘이 사는 동안 이스라엘 백성이 선택한 길이다. 이스라엘은 하나님의 선지자들이 자기가 듣고 싶은 말을 하지 않자 회개하고 돌이키기보다 아예 하나님의 음성 듣기를 거부했고 자신이 원하는 소리를 들려줄 지도자를 세웠다. 오늘날도 많은 목회자와 지도자가 사람의 손에 의해 자리에서 물러날 수 있다는 두려움 속에 산다.

사울은 하나님을 믿지 않는 이교도의 왕이 아니었다. 이스라엘은 사무엘에게 하나님을 버린 불신자가 나라를 지도하게 해달라고 구하지 않았으며 그저 자기들이 원하는 대로 해줄 믿음 좋은 사람을 구했다. 사울은 주님을 따랐지만 전심으로 따르지는 않았다. 사람의 눈치를 보면 두려움이 몰래 들어와서 우리가 끝까지 순종하지 못하게 방해한다. 이것이 죽은 종교의 열매이다. 사울의 정권은 겉으로는 공개적인 장소에서 모든 일을 올바르게 하는 것처럼 보였지만 사람을 행복하게 할 정도만 하는 종교적 지도력의 전형을 보여 주었으며 예수님 시대의 바리새인들 역시 사울 왕의 뒤를 따랐고 예수님의 재림을 준비하는 현대도 마찬가지이다.

근대사에서 가장 악한 몇 정권이 놀랍게도 기독교 가치를 표방했다. 독일에서 출현한 아돌프 히틀러가 순식간에 사람들을 미혹하자 독일 교회는 사람들의 요구에 따라 히틀러가 하나님의 응답이라고 선언했다. 그러나 히틀러 정권이 막을 내릴 때 수백만 명의 유대인이 몰살되었으며 유럽 전체가 천문학적인 피해를 보았다. 전 세계에 일어나는 정치적 올바름은 겉으로는 모두를 위하고 사랑하는 것 같지만 미국의 경우 여성의 권리라는 이름으로 수많은 태아가 낙태 당하고 있다. 하나님의 영과 모든 창조물이 인류가 주님의 길을 저버렸다는 사실에 슬픔으로 신음하고 있다.

주님이 한 사람을 찾으신다

사울 왕은 성경에 나오는 가장 슬픈 이야기 중 하나다. 성경에 사울 왕의 좋지 않은 모습이 기록된 것은 분명한 이유가 있으며 이것이 내가 이번 장에서 상당한 분량으로 사울 왕의 이야기를 하는 이유이기도 하다. 우리는 이번 장을 사울 왕이 왕국을 잃는 불순종에서부터 시작했다. 사울은 주님의 제사장 85명을 죽였기 때문에, 다윗을 죽이려 했기 때문에, 주술사를 찾아갔기 때문에 왕국을 잃지 않았다. 물론 이런 행동도 분명히 잘못됐지만 결국 아주 단순한 명령 불순종했기 때문에 왕국을 잃었다. 사울의 불순종과 회개 없음에 사무엘은 하나님의 마음을 대언 한다.

> 13 사무엘이 사울에게 이르되 왕이 망령되이 행하였도다. 왕이 왕의 하나님 여호와께서 왕에게 내리신 명령을 지키지 아니하였도다. 그리하였더라면 여호와께서 이스라엘 위에 왕의 나라를 영원히 세우셨을 것이거늘 14 지금은 왕의 나라가 길지 못할 것이라 여호와께서 왕에게 명령하신 바를 왕이 지키지 아니하였으므로 여호와께서 그의 마음에 맞는 사람을 구하여 여호와께서 그를 그의 백성의 지도자로 삼으셨느니라 하고 (삼상 13:13~14, 개정)

하나님이 사울에게서 손을 거두신 길갈 사건은 사울이 왕으로 통치한 지 2년째 되던 해에 일어났다. 사울은 총 40년간 이스라엘을 통치했고 다윗은 사울이 죽은 후 30세에 왕이 되었으니 하나님은 다윗이 잉태되기도 전에 예비하신 것이다. 이스라엘 민족은 출애굽 후 광야에서 40년의 세월을 보낸 것처럼 다시 한번 사울 왕의 통치 아래 40년의 과도기를 견디며 하나님의 언약을 준비해야 했다. 이스라엘이 사울의 가혹한 지도력 아래 있는 동안 하나님은 들판에서 양 무리를 돌보던 다윗에게 주목하셨다. 다윗은 광야에서 늘 이스라엘의 하나님을 예배하며 친밀한 관계를 쌓았다. 이스라엘이 사울 정권의 압제 아래 있었지만 다윗은 지존자의 은밀한 처소에 숨어 주님의 은총을 누렸다. 하나님은 다윗을 "내 마음에 합한 자"라고 부르셨다.

요한복음 4장에서 예수님은 하나님이 찾으시는 것이 무엇인지 계시하셨다. 예배자를 찾으시는 하나님이 친히 다윗을 예비하시고 찾으셨다! 다윗이 살던 때는 이스라엘과 블레셋이 항상 겨루는 숨 막히는 시대였지만 다윗은 들판에서 주님께 사랑의 노래를 불렀다. 하나님은 진실로 마음에 합한 사람인 예배자를 발견하셨다! 다윗은 강력한 전사였지만 그 마음은 하나님을 향한 사랑으로 뜨겁게 타올랐기 때문에 주님 앞에 은총을 받았다. 그렇다, 다윗이 하나님의 마음을 움직인 것은 강력한 전투 기술 때문이 아니라 하나님의 임재를 향한 뜨겁고 간절한 사랑 때문이었다. 주님께서 다윗이 그 마음에 합한 자라고 말씀하신 이유는 예배를 향한 다윗의 "거룩한 중독" 때문이다. 나는 자주 말한다. **"가장 위대한 전사들은 가장 친밀한 예배자다!"**

이스라엘 민족은 겉으로 볼 때 위대한 승리자를 찾았지만 주님은 다윗의 내면에서 단순하고 올곧은 예배의 삶을 보시고 기쁨으로 선택하셨다. 다윗은 마음속 은밀한 처소에 하나님을 모시고 하나님과 깊은 사랑에 빠졌다. 이것이 하나님이 보시는 것이다! 다윗의 아버지 이새의 집에 온 사무엘 선지자까지 사람의 겉모습으로 하나님의 사람을 고르려 했다. 다윗의 맏형 엘리압을 보자마자 그가 하나님의 사람이라고 생각했지만 하나님의 생각은 달랐다.

...그의 용모와 키를 보지 말라 내가 이미 그를 버렸노라 내가 보는 것은 사람과 같지 아니하니 사람은 외모를 보거니와 나 여호와는 중심을 보느니라 하시더라 (삼상 16:7, 개정)

마지막 때를 사는 우리도 세상처럼 겉모습으로 사람을 판단하면 안 된다. 요한은 계시록에서 "바다에서 한 짐승이 나오는 것"(계 13:1)을 보았는데, 이것은 점진적인 반란으로 권력을 취하는 것을 의미한다. 사도 요한은 요한일서 4:3에서 이렇게 말한다.

예수를 시인하지 아니하는 영마다 하나님께 속한 것이 아니니 이것이 곧 적그리스도의 영이니라 오리라 한 말을 너희가 들었거니와 지금 벌써 세상에 있느니라.

요한은 이미 1900년 전 세상에 적그리스도의 영이 있었다고 말한다! 우리가 "사람" 찾기를 멈추면 하나님이 우리의 눈을 열어 하나님의 기준을 알려 주신다. 이스라엘 전체가 한 "사람"을 찾았지만 다윗은 "하나님"을 찾았다! 하나님의 선택으로 사울이 한동안 백성을 다스렸던 것처럼 마지막 때가 되면 사람을 즐겁게 하려는 정치의 영이 하나님의 허락 속에 지도자의 자리에 오를 것이다. 그러나 사울이 다스리는 시대에도 하나님은 친밀한 기름 부음에 젖은 다윗을 발견하셨으며 이 친밀함의 장소, 예배 속에서 다윗을 이스라엘의 지도자로 점 찍으셨다. 다윗의 예배의 삶이 하나님의 마음을 감동하게 했기에 하나님은 다윗의 혈통에서 하나님의 아들이 세상에 나오도록 허락하셨다.

사울의 압제 아래 있던 다윗의 때처럼 이 시대에도 예배와 친밀함의 자리에 헌신하는 다윗의 세대가 있다. 하나님의 임재를 향한 사랑과 헌신의 불길을 지피는 숨은 예배자의 운동이 일어나고 있다! 아이러니하게도 사울의 종교적인 태도와 사람을 즐겁게 하는 정치 체제는 하나님이 참된 지도자를 빚으시는 데 사용하는 수단이 된다. 주님은 아버지의 양을 돌보며 들판에 "박혀있던" 다윗을 준비시키셨다. 다윗은 주님의 화살통 안의 화살처럼 수년 동안 숨겨졌다. 다윗은 사무엘에게 사울을 이을 왕으로 기름 부음 받았지만 하나님은 또다시 다윗을 준비의 시간으로 인도하신다.

이제 은밀한 곳에 숨어있던 다윗이 드러날 때가 왔다. 사무엘상 17장은 다윗이 골리앗을 죽인 아주 유명한 이야기이다. 유명한 승리 후 다윗은 사울의 궁전으로 불려가 사울을 섬긴다. 아마도 다윗은 이 과정이 다음 왕이 될 것이라는 하나님의 말씀을 실현하는 과정이라고 생각했을지도 모른다. 다윗은 한발 더 나아가 사울의 딸과 결혼해 사울의 사위가 되었다. 점점 다윗에게 예정된 왕좌가 가까워지고 있었지만 실상은 사울이 던진 창을 피해 광야를 떠돌아야 할 시간이 기다리고 있었다.

사울이 다윗을 죽이기 위해 창을 던진 후 다윗은 10~12년을 도망 다닌다(성경은 정확한 시간을 알려주지 않는다). 질투로 눈이 먼 사울은 다윗을 죽이기 위해 부지런히 쫓아다녔다. 그 와중에 다윗은 두 번이나 사울을 죽일 기회가 있었지만 주님의 기름 부음 받은 사울의 목숨을 빼앗지 않았다. 다윗은 하나님의 마음에 합한 사람이다. 주님은 끝까지 자신에게 순종할 사람을 찾으신다. 원수가 다윗과 다윗의 자손을 죽이려고 사울을 이용했지만 하나님은 원수의 계획을 선으로 바꾸셨다. 사울의 광기는 다윗이 하나님의 백성을 이끌 참된 왕의 성품을 빚는 수단이 되었다.

다윗은 광야에서 예배의 삶으로 하나님의 마음에 더 가까이 다가갔다. 다윗은 자신이 겪는 시련이 하나님의 손이 빚으시는 것임을 이해할 만큼 아버지의 마음에 가까이 있었다. 사울이 다윗을 추격해도 다윗은 결코 사울의 명예를 손상하거나 비방하고 저주하지 않았으며 사울이 죽기를 바라지도 않았다. 다윗은 시련 속에서 자기의 손으로 사악한 정권을 무너뜨리려 하지 않았다. 앞으로 일어날 다윗의 세대는 다윗의 마음으로 사는 사람들이다. 다윗이 은밀한 예배의 처소에서 하나님만 찾은 것처럼 우리도 하나님만 찾아야 한다! 우리가 하나님께 가까이 갈수록 하나님의 마음을 더 깊이 깨닫는다.

우리는 다윗처럼 현재 통치 중인 "사울"의 지도력과 이 땅을 오염시키는 악이 오히려 우리가 주님과의 친밀함으로 들어가게 만드는 수단이라는 것을 알아야 한다. 하나님은 예배자를 찾으시며 많은 경우 예배자들은 고통의 용광로 속에서 태어나고 성숙한다. 현재 일어나는 다윗의 세대는 은밀한 처소에 거하는 생활방식으로 하늘의 관심을 받지만 동시에 현재 지도자의 위치에 있는 "사울"의 시기 질투 가득한 주목도 받을 것이다. 하지만 괜찮다! 하나님은 다윗의 세대를 멸망시키려는 사울의 계획을 하나님의 자녀들과 예배자들을 지키는 데 사용하실 것이다.

만일 먼 훗날 우리가 새 하늘과 새 땅에서 다윗을 만난다면 다윗은 우리에게 사울에게 쫓기는 고난 속에서 자신이 배운 것이 얼마나 귀하고 감사한 것이었는지 말해줄 것이다. 다윗의 시편 대부분이 광야에서 사울에게 쫓기는 고난의 용광로 속에서 만들어진 것이다. 다윗에게는 너무나 힘든 시간이었지만 시련 속에 계발된 성품이 없었다면 다윗은 왕이 될 수 없었을 것이며, 왕이 되었어도 오래가기 힘들었을 것이다.

현재의 다윗의 세대도 마찬가지다. **지금 우리가 겪는 모든 고난은 앞으로 우리가 경험할 영광과 비교할 수 없다.** 다윗은 은밀한 처소에서 하나님의 임재 안으로 부지런히 달려갔다. 마지막 때에 사울의 길을 갈 것인가 다윗의 모범을 따를 것인가? 다음 장에서는 다윗의 통치를 살펴볼 것이다. 이제 사울을 지나 다윗의 통치로 들어가자!

9장

모든 세대를 위한 유산
LEGACY FOR ALL GENERATIONS

16 이 후에 내가 돌아와서 다윗의 무너진 장막을 다시 지으며 또 그 허물어진 것을 다시 지어 일으키리니 17 이는 그 남은 사람들과 내 이름으로 일컬음을 받는 모든 이방인들로 주를 찾게 하려 함이라 하셨으니 (행 15:16~17)

성경은 태초부터 숨겨진 하나님의 신비가 이제 드러날 때가 되었다고 분명히 말한다. 베드로는 사도행전 3:21에 이렇게 말한다, "하나님이 영원 전부터 거룩한 선지자들의 입을 통하여 말씀하신바 만물을 회복하실 때까지는 하늘이 마땅히 그[예수]님를 받아 두리라." 하나님은 이 시대에 만물을 회복하신다. 사실 회복은 언제나 하나님의 마음에 변함없이 있었다. 초대 교회 때 사도들은 그리스도께서 자기 세대에 다시 오신다는 긴박함으로 말씀을 전했다. 계시록을 기록한 사도 요한을 제외한 다른 사도들은 그때로부터 2000년이 지난 지금도 교회가 계속 예수님의 재림을 기다리리라 생각하지 못했을 것이다. 당시 몇몇 교회가 주님의 재림이 지연되자 불평할 때 베드로는 이렇게 가르쳤다.

8 사랑하는 자들아 주께는 하루가 천 년 같고 천 년이 하루 같다는 이 한 가지를 잊지 말라 9 주의 약속은 어떤 이들이 더디다고 생각하는 것 같이 더딘 것이 아니라. 오직 주께서는 너희를 대하여 오래 참으사 아무도 멸망하지 아니하고 다 회개하기에 이르기를 원하시느니라. (벧후 3:8~9, 개정)

성령님은 태초부터 항상 신실한 증인이셨다. 하나님은 이미 모든 일을 다 이루셨으며 우리는 하나님의 은밀한 처소안에서 이미 완성된 하나님의 시간 속에 산다. 성령님은 하나님 안에서 완성된 일을 위해 선택한 그릇인 하나님의 사람을 통해 말씀하신다! 성경은 우리가 성령님의 말씀 중 일부만 파악할 뿐이라고 말한다. "우리는 부분적으로 알고 부분적으로 예언하니"(고전 13:9). 사도들은 성령님으로 충만했고 오늘날 성경의 일부가 된 계시를 받았음에도 솔직하게 부분적으로 안다고 고백한다.

우리는 사도행전에서 교회를 통해 하나님의 놀라운 계획이 나타나는 것을 본다. 한동안 사도들은 하나님의 복음이 유대인과 이스라엘만 구원하는 것이라고 믿었다. 그러나 성령님은 베드로에게 초자연적인 환상을 주셔서 로마 병사들과 함께 고넬료의 집에 가도록 인도하신다. 베드로가 고넬료의 집에 도착하자 하나님은 이방인에게 방언과 성령 세례를 주신다. 사실 사도들도 초자연적인 확증이 없으면 이방인에게 복음을 전파해야 한다는 것을 믿기 어려울 만큼 인간적인 고정관념이 있었다. 사도들도 우리처럼 부분적으로 알았다.

초대 교회는 하나님의 영으로 충만했고 엄청난 부흥이 있었지만 여전히 성령님께 순종할 때 일어나는 상황을 제한적으로 알았다. 사도행전 13장에서 안디옥 교회는 주님이 명령하신 복음 전파를 완수하기 위해 바나바와 바울을 안수하여 파송한다. 하나님이 주신 사명으로 바나바와 바울은 흩어진 유대인들에게 계속 말씀을 전했지만 결국 유대인에게 심한 거절을 당하고 나서 이방인들에게도 복음을 전하기 시작한다. 그러나 이것이 문제가 되어 온 교회가 다 같이 예루살렘에 모여 논의하게 된다.

이것이 사도행전 15장에 등장하는 "예루살렘 공의회"다. 초대 교회 모든 핵심 지도자가 모여 이방인에게 복음을 전파하는 것이 하나님의 말씀에 맞는지 논의하고 주님의 뜻을 구하는 자리였다. 초대 교회의 지도자들은 예수 그리스도께서 오직 이스라엘을 원수에게서 구하러 오셨으며 결국 예루살렘에서 이스라엘을 다스리실 것이라고 믿었다. 하지만 이것은 부분적인 진리였다. 하나님은 이스라엘뿐만 아니라 온 세상을 구원하려고 그리스도를 보내셨지만 사도들은 아직 "온 세상을 위한 복음"을 잘 몰랐다. 하지만 뜨거운 마음으로 함께 부지런히 성경을 연구하며 하나님의 뜻을 구한 후 하나님이 이끄시는 결론에 이른다. 예루살렘 교회의 지도자 야고보가 일어나서 이렇게 선포한다.

13 바나바와 바울이 말을 마친 뒤에 야고보가 대답하였다. "형제 여러분, 내 말을 들어보십시오. 14 하나님이 이방 사람들을 돌아보셔서 그들 가운데서 자기 이름을 위하여 처음으로 한 백성

을 택하신 경위를 시므온(베드로)이 이야기하였습니다. 15 예언자들의 말도 이것과 일치합니다. 예언서에 이렇게 기록되어 있습니다. 16 '이 뒤에 내가 다시 돌아와서 무너진 다윗의 집을 다시 짓겠으니 허물어진 곳을 다시 고치고 그 집을 바로 세우겠다. 17 그래서 남은 사람이 나 주를 찾고 내 백성이라는 이름을 받은 모든 이방 사람이 나 주를 찾게 하겠다. 18 이것은 주님의 말씀이니 주님은 옛부터 이 모든 일을 알게 해주시는 분이시다.' (행 15:13~18 새번역)

야고보가 인용한 말씀은 원래 구약의 선지자 아모스가 예언한 것이다. 성령님이 초대 교회의 눈을 여시고 온 민족을 위한 하나님의 계획을 계시하셨다. 수 세기 동안 유대인들은 메시아가 오셔서 이스라엘을 다윗 왕 시대에 누렸던 수준으로 회복하실 것이라고 믿었다. 이것은 사실이다! 예수님은 오셔서 다윗의 보좌에서 다스리실 것이다. 지금도 유대인들이 메시아가 다윗 시대에 누렸던 영광을 회복하길 기대할 만큼 다윗의 통치 아래 있던 이스라엘 민족은 놀라운 업적을 이루었다. 주님은 그리스도를 이스라엘뿐만 아니라 모든 죄인의 속죄로 이 세상에 보내심으로써 모든 인류를 향한 완전한 사랑을 나타내셨다. 누군가가 멸망하는 것은 하나님 아버지의 뜻이 아니다. 그리스도는 다시 오셔서 잃어버린 모든 것을 회복하시며 다윗의 보좌에서 이스라엘뿐만 아니라 모든 나라를 다스릴 것이다. 하나님의 마음에 각인된 다윗의 통치는 어떤 것인가? 마지막 때 다윗의 세대의 계시를 구해보자.

다윗의 통치

우리는 지난 장에서 사울의 삶과 통치를 다루었다. 이번 장에서는 다윗의 삶이 어떠했나 보자. 왕으로서 다윗의 통치와 개인으로서 다윗의 삶은 둘 다 전반적으로 우리에게 훌륭한 모범이다. 과연 하나님은 다윗의 삶을 어떻게 보셨을까? 우리가 잘 아는 것처럼 왕으로서 다윗은 사울의 불순종보다 훨씬 무거운 죄를 범했다. 그럼에도 하나님은 다윗을 마음에 합한 자라고 부르실 만큼 감동하신 이유는 무엇일까?

다윗은 어릴 때부터 하나님의 임재를 사랑했다. 주님은 나단 선지자를 통해 다윗에게 말씀하셨다. "내가 너를 목장 곧 양을 따르는 데에서 데려다가 내 백성 이스라엘의 주권자로 삼고"(삼하 7:8). 또 시편 78:70~72를 보면 "또 그의 종 다윗을 택하시되 양의 우리에서 취하시며 … 그의 백성인 야곱, 그의 소유인 이스라엘을 기르게 하셨더니 이에 그가 그들을 자기 마음의 완전함으로 기르고 그의 손의 능숙함으로 그들을 지도하였도다."라고 기록한다.

어릴 때부터 하나님의 임재를 사랑한 다윗의 순수한 마음이 주님을 사로잡았다. 예수님이 우물가의 여인을 찾으신 것처럼 하나님은 예배자 다윗을 찾으셨다! 주님은 이스라엘을 지도할 막강한 전사를 찾으시는 것이 아니라 하나님의 임재를 사랑하는 사람을 찾으셨다. 주님은 지금도 변함없이 뜨거운 열정으로 주님의 임재만 사랑하는 사람들을 찾으신다. 사랑에 빠진 사람 옆에 있어 본 적이 있는가? 사랑에 빠진 사람들은 사랑하는 사람을 향한 생각을 멈출 수 없기 때문에 자주 공상에 빠져 있다는 핀잔을 듣는다.

나도 아내와 교제할 때 어떻게든 함께 있고 싶어서 애를 썼다. 얼마 후 약혼을 하고 나서는 매일 결혼식 날까지 남은 시간을 계산했다. 아내를 정말 사랑했기 때문에 매일 밤 작별 인사를 하는 것이 정말 힘들었다. 결혼한 지금도 나는 아내를 뜨겁게 사랑하는 마음으로 아침마다 몸을 굽혀 사랑을 고백하고 정말 보고 싶을 거라고 이야기한 후 집을 나선다. 사랑은 이런 것이다. 나는 캔자스시티 기도의 집에서 쓰는 표현을 나는 참 좋아한다, **"예수님은 우리의 아름다운 집착입니다!"** 현대 사회에서 뜨거운 사랑은 "강박 증세"로 여겨진다. 나는 많은 이들에게 들려줄 좋은 소식이 있다. 당신이 예수님께 집착한다면 아무 문제가 없다. 그것은 참된 사랑이기 때문이다!

이스라엘이 블레셋과 대치하면서 전쟁의 중압감에 시달릴 때 다윗은 들판에서 양을 치며 하나님께 사랑의 노래를 불렀다. 광야에서 양을 치느라 이스라엘을 위협하는 블레셋의 존재를 몰랐을까? 그렇지 않다. 다윗은 어떤 상황에도 하나님을 바라보는 마음을 가졌다. 주님은 우리의 강한 힘이나 날렵하게 칼을 휘두르는 기술이나 성경 교육을 잘 받은 사람이나 탁월한 행정 기술, 마케팅을 위한 창의적 아이디어가 필요하신 것이 아니라 어떤 전쟁에도 하나님을 사랑하는 마음을 잃지 않는 예배자가 필요하시다. 다윗을 하나님의 마음에 합한 사람으로 만든 것은 다윗이 하나님의 임재를 뜨겁게 사랑하고 온전히 의지했기 때문이다.

시편 78:72은 다윗이 온전한 마음과 능숙한 손으로 하나님의 사람들을 지도했다고 한다. 능숙한 손이라는 단어는 시편의 맥락

에서 "악기를 능숙하게 연주하는 것"과 관련이 있다. "결혼의 노래
- 사랑의 노래"라고 불리는 시편 45편을 작성한 시편 기자는 이렇
게 기록한다. "내 마음이 좋은 말로 왕을 위하여 지은 것을 말하리
니 내 혀는 글솜씨가 뛰어난 서기관의 붓끝과 같도다"(시 45:1).

다윗이 하나님의 백성을 이끈 "기술"은 골리앗 같은 거인들
을 죽이는 전투 능력이 아니었다. **다윗의 "기술"은 일평생 하나님
의 임재를 향해 불타는 사랑의 마음을 지킨 지혜였다.** 이것이 예
배자의 삶이다! 다윗은 모든 시련과 승리 속에서 끝까지 하나님
을 향한 뜨거운 사랑의 불을 간직했다. 마지막 때가 되어 적그리
스도가 나타날 때, 끝까지 인내할 사람들은 하나님과 깊은 사랑에
빠진 사람들이다. 그래서 예수님은 이렇게 말씀하셨다.

12 불법이 성하므로 많은 사람의 사랑이 식어지리라 13 그러나
끝까지 견디는 자는 구원을 얻으리라 (마 24:12~13, 개정)

예수님이 말씀하신 "끝까지 견디는 사람"은 어떤 사람일까? 어
려운 환경에도 하나님을 향한 사랑이 식지 않는 사람들이다. 사
랑 안에 머무른 사람이 끝까지 견디는 사람이다. 다윗의 세대는
다윗이 은밀한 처소에서 붙잡았던 하나님의 사랑을 붙잡을 것이
다. 언제나 다윗의 최우선 순위는 하나님을 향한 사랑과 헌신이
었다. 시편 78:72은 다윗의 마음이 온전했다고 말한다. 온전함은
다른 사람이 보지 않을 때도 일관되게 사는 것이다. 다윗의 온전
함은 아무도 보지 않는 은밀한 중에 보시는 이스라엘의 주 하나님

을 기억하고 하나님만 기쁘게 하려는 순수한 열정에 뿌리내린다. 주님은 다윗의 마음속 동기를 드러내려고 다양한 사건으로 시험하셨다. 다윗은 두 번이나 사울의 목숨을 빼앗고 왕관을 차지할 기회가 있었지만 온전함 마음을 따라 사울에게 손대지 않았다.

다윗은 어릴 때부터 들판에서 임재 중심의 순수한 삶을 살았으며 왕이 되고 나서도 무언가를 하기 전에 먼저 "주님의 뜻을 구하는 규칙"을 변함없이 유지했다. 오 주님, 지금 일어나는 다윗의 세대가 다윗이 하나님을 향해 가진 마음을 가지게 하소서! 주님은 하나님의 임재를 사랑하는 한 사람, 다윗에게 나라 전체를 맡기셨다. 주님은 다윗이 하나님을 실망하게 하지 않을 것을 아셨다.

> 22 그 다음에 하나님께서는 사울을 물리치시고서 다윗을 그들의 왕으로 세우시고 증언하여 말씀하시기를 '내가 이새의 아들 다윗을 찾아냈으니 그는 내 마음에 드는 사람이다. 그가 내 뜻을 다 행할 것이다' 하셨습니다. 36 다윗은 사는 동안 하나님의 뜻을 받들어 섬기고 잠들어서 조상들 곁에 묻혀 썩고 말았습니다. (행 13:22, 36, 새번역)

주님은 다윗처럼 이 세대에 하나님의 목적을 추구하고 섬길 사람들을 세우신다! 성경은 사울 왕의 통치 중에 사회에서 버림받은 사람들이 다윗에게 모였다고 말한다. "환난 당한 모든 자와 빚진 모든 자와 마음이 원통한 자가 다 그에게로 모였고 그(다윗)는 그들의 우두머리가 되었는데"(삼상 22:2). 사회에서 거부당한 사람들을 가장 강력한 집단으로 변화시킨 다윗은 참으로 놀라운 하나님의 사람이다. 사회에서 실패한 연약한 사람들을 거침없는 군대로 만든 다윗의 비결은 무엇일까? 나는 하나님의 임재를 향한 다윗의 헌신이 다윗의 특별한 지도력의 비결이었다고 생각한다. 사회에서 거부당한 사람들은 다윗에게 힘든 순간이 다가올 때 어떻게 반응하는지 지켜보았을 것이다. 다윗은 어려운 상황이 닥칠 때마다 피난처 되시는 하나님의 임재를 추구했고, 이런 일관된 모습을 본 사람들 역시 다윗의 본을 따랐을 것이다. 아둘람 동굴의 무리는 사울이 추격할 때도 다윗이 자신의 마음을 온전하게 지키며 능숙한 손으로 하나님을 예배하는 모습을 보았다.

아둘람 동굴의 다윗은 예수님의 삶을 반영한다. 예수님은 이 땅을 걸으실 때 상류층과 함께하지 않으셨으며 세리와 죄인들과 어울린다고 비난당하셨다. 바리새인들이 보고 그의 제자들에게 이르되 어찌하여 너희 선생은 세리와 죄인들과 함께 잡수시느냐 (마 9:11, 개정). 예수님 시대에 거부당했던 세리와 죄인들이 하나님 나라의 기둥이 되었다. 예수님은 사람들이 하나님의 일을 감당하도록 세상에 파송하기 전에 먼저 자신과 함께 있게 하셨다. 이것이 주님의 방법이다. 주님은 자기 힘을 믿고 의지하며 자랑하는 세상의 강한 사람을 통해 하나님의 일을 하지 않으신다. 주님은 사회에서 거부당한 사람들을 선택하시고 먼저 주님의 임재 안으로 부르신 후 임재 안에서 변화시키시고 새롭게 정의하시며 모든 거절감과 상처를 치유하신 후 사용하신다. 주님은 이름 없는 자리에 있는 다윗의 세대를 세워 임재 안으로 이끄신다.

하나님은 거친 들판에서 양 떼를 치는 보잘 것 없는 연약한 사람을 부르셔서 임재로 무장시키신다. 하나님의 임재가 우리가 입어야 할 전신 갑주이기 때문에 하나님은 이 세대의 사울이 다윗의 세대에게 무거운 갑옷을 입히도록 허락하지 않으실 것이다. 하나님 아버지의 뜻을 이루는데 필요한 것은 오직 주님의 임재다! 다윗의 통치 말년에 아들 압살롬이 아버지 다윗을 대적해 반란을 일으켰지만, 다윗은 아들과 맞서 싸우지 않음으로써 스스로 문제를 해결하지 않고 하나님의 개입을 기다렸다. 다윗이 압살롬의 반란을 피해 신하들과 소수의 무리와 피신할 때 사독 제사장이 하나님의 법궤도 지고 나왔다. 하지만 다윗은 비록 아들 압살롬과 이스라엘이 자신을 배신했지만 그들을 사랑했기 때문에 하나님의 임재를 독점하지 않고 법궤를 이스라엘에 갖다 놓도록 명령한다.

하나님의 궤를 성읍으로 도로 메어 가라 만일 내가 여호와 앞에서 은혜를 입으면 도로 나를 인도하사 내게 그 궤와 그 계신 데를 보이시리라. (삼하 15:25, 개정)

다윗은 왕좌가 아니라 하나님의 임재를 원했다. 천국의 본질은 왕이신 하나님의 임재에 있다. 하나님의 임재가 있어야 천국이다. 다윗은 압살롬이 이스라엘 왕국을 빼앗았을 때 이것을 깨달았다. 이스라엘은 하나님께 속했고 주님의 임재는 모두를 위한 것이다. 다윗은 삶이 끝날 때까지 하나님을 추구했다. 이것이 핵심이자 열쇠이다! 하나님이 찾는 사람은 이제 막 열정으로 불타기 시작한 사람이 아니라 이미 활활 타고 있는 사람이다. 자신의 모든 것을 드려 하나님을 사랑하며 뜨겁게 타오르는 사람이 이 땅을 변화시킬 것이다. 하나님의 불 속에 머무는 것은 하나님의 사랑 안에 거하는 것을 의미한다. 그러므로 예배자는 하나님과 사랑에 빠진 사람이다. 다윗은 사랑에 빠졌다.

사울은 하나님의 지시에 불순종했고 왕국을 잃었다. 다윗은 밧세바와 간음을 저지르고 남편 우리야까지 죽인 후 사건을 은폐하려 했지만 하나님은 나단 선지자를 보내사 다윗을 책망하셨다. 하나님은 다윗이 진심으로 회개하자 받아들이셨다. 사울은 죄를 지었지만 회개하지 않아 왕위를 잃었고 다윗도 죄를 지었지만 회개하고 돌이킬 기회를 얻었다. 사울과 다윗의 차이는 무엇일까?

다윗은 하나님과 사랑에 빠졌지만 사울은 그렇지 않았다. 사울은 신앙심도 깊었고 주님의 길을 따르기 위해 노력했지만 결정적으로 하나님과 사랑에 빠지지 않았다. 사울이 하나님과 사랑에 빠지지 않았다는 것은 결국 사울의 동기가 사랑 안에서 하나님을 기쁘게 하는 것이 아니었음을 의미한다. 사울은 하나님 보다 하나님의 축복을 더 원했다. 한편 다윗은 사울보다 더 심한 죄를 지었지만 회개했다. 다윗은 모든 것을 잃어도 개의치 않고 오직 하나님의 임재를 원했다(시 51:11 참조).

나는 이스라엘의 왕 다윗을 놓고 할 이야기가 정말 많다. 하지만 우리가 이해해야 할 것은 다윗을 위대하게 만든 것이 다윗의 업적이 아니라 하나님 안에서 다윗이 누구였는가에 있다는 사실이다. 다윗이 하나님의 마음에 합한 사람이었다는 것이 다윗을 위대하게 만든다. 오늘날 우리도 마찬가지다. 우리가 하나님을 기쁘시게 하는 예배자가 되는 길은 우리가 무엇을 하는가가 아니라 우리가 하나님 안에서 누구인가에 달려있다. 우리가 다윗처럼 하나님을 사랑하면 우리가 하는 모든 것이 어떤 사람인지를 나타낼 것이다. 하나님을 사랑하는 연인, 예배자, 하나님의 마음을 추구하는 사람들, 이것이 하나님이 찾으시는 사람이다.

다윗의 열쇠

하나님은 난파선 같은 내 인생을 2007년에서 2010년까지 "예배와 기도에 헌신한 삶의 능력"이라는 계시로 구원하셨다. 햇수로는 3년이었지만 내 인생에서 참으로 긴 시간이었다. 내 간증은 어둠에서 빛으로 구조된 이야기이다. 나는 얼마 전까지만 해도 24-7 기도 운동이 무엇인지 전혀 알지 못했고 누가 유명한 사역자인지, 어떤 사역이 유명한지도 몰랐다. 지금 생각해 보면 당시에 내가 주님의 몸 된 교회의 정보를 잘 모르는 상태에서 24-7 기도와 예배 운동을 알게 된 것이 정말 감사하다. 24-7 예배와 기도는 새로 유행하는 교회 문화가 아니다. 24-7 기도는 지금도 하나님의 보좌에서 일어나고 있으며 앞으로도 영원히 드려질 예배이며 창조주의 임재를 향한 피조물의 당연한 반응이다. 하나님은 항상 계시기 때문에 예배는 절대 멈추지 않는다!

주님은 2010년 봄에 나를 40일간 금식과 기도로 부르셨다. 나는 아내와 방 두 칸짜리 작은 아파트의 방 하나를 기도실로 만들었고 예배 음악을 계속 틀어놨다. 나는 40일간 매일 자정에 알람을 맞추고 일어나서 1시간씩 기도했다. 사실 누워서 10분 정도 방언으로 기도하다 1시간 후에 깜짝 놀라 잠에서 깰 때가 많았지만 하나님은 내 마음의 진실함을 보셨다. 40일 기도 중에 지금도 생생하게 기억나는 특별한 순간이 있었다. 기도하던 중에 어느 순간 불처럼 뜨거운 중보의 영이 임하자 나는 천국의 신음으로 기도하기 시작했다. 나는 내가 사는 도시를 위해 울부짖었다. "하나님, 이 도시에 하나님의 불을 보내주십시오. 부흥을 보내주세요, 부흥을 보내주세요!" 나는 성경책을 들고 이렇게 말했다. "주님, 왜 우리는 이 성경에 기록된 하나님의 역사를 볼 수 없습니까? 하나님, 사도행전에 사도들이 두 눈으로 보았던 부흥을 우리에게도 보내주세요!"

나는 엎드려 펑펑 울면서 반복해서 고백했다. "하나님, 우리에게 열쇠를 주세요, 하나님, 우리에게 열쇠를 주세요." 더 이상 눈물이 나지 않을 때까지 울면서, 기도할 힘이 없을 때까지 반복해서 고백하자 어느 순간 모든 것을 뒤덮는 평안으로 가득한 하나님의 영광이 임했다. 나는 주님께서 내 영에 말씀하시는 것을 느꼈다. "다윗의 열쇠 … 다윗의 열쇠 …" 나는 정신을 차리고 말씀에 집중했다. 주님이 말씀하셨다. "다윗의 열쇠가 빌라델비아 교회에 주어졌다"(계 3:7 참조). 그리고 나에게 물으셨다. "빌라델비아가 무엇을 의미하느냐?" 나는 큰소리로 대답했다. "형제 사랑의 도시입니다." 그러자 주님은 지금까지 내 삶을 바꾼 특별한 말씀을 하셨다. "내 자녀들이 함께 모여 내 임재로 가까이 나올 때 네가 구하는 마지막 때의 부흥을 부어줄 것이다. 나는 어떤 교회나 사역, 교단에 내 영을 붓지 않고 도시와 열방에 부어줄 것이다." 그리고 주님은 내 눈을 여셔서 주님께서 그리스도의 몸을 한 도시보다 작게 축소하지 않으실 것을 보여주셨다.

주님은 우리처럼 교회를 분리하지 않으신다. 신약의 서신들도한 교회가 아니라 로마, 고린도, 에베소에 있는 지역 교회 전체를 향해 쓰였다. 주님은 내게 말씀하셨다. "다윗의 열쇠는 아무도 열 수 없는 문을 열고 아무도 닫을 수 없는 문을 닫는다. 다윗의 열쇠는 예배 안에서 누리는 친밀함이다! 예배와 친밀함이 영광의 왕이 도시에 들어가는 영원한 문들을 연다. 이것이 다윗의 열쇠다!" 이 말씀을 듣는 순간 내 삶은 영원히 변화되었다. 나는 은밀한 처소에서 드리는 예배와 기도에 헌신했고 도시를 위해 나 자신을 주님의 불타는 임재에 나를 바쳤다. 이 결정적인 하나님의 방문에 이르기까지 주님은 내가 주님을 위한 모든 것의 동기를 강하게 다루시면서 이타적인 사랑이 아닌 모든 것을 드러내셨다.

어느 날 기도할 때 주님께서 내게 속삭이셨다. "이기적인 야망들" 나는 이것이 원수의 참소가 아니라 내 마음을 밝히시는 주님의 음성임을 알았다. 당시에 나는 성경 학교에 다녔지만 내 이기적인 야망은 성공의 사다리를 올라 사역을 구축하고 큰 강단에 서서 설교하는 유명한 사역자가 되는 것이었다. 사실 우리 시대의 문화가 가르치는 성공이 이런 모습이다. 나는 이기적인 야망을 품고 내가 하는 모든 것이 하나님 나라를 위한다고 속였다. 이 거룩한 구별의 시간에 하나님은 나뿐만 아니라 우리가 받은 부르심을 감당하도록 준비시키신다. 사역이 아닌 하나님을 향한 부르심 말이다.

특별한 하나님의 방문이 있기 전에 하나님은 나를 두 가지 방법으로 만지셨다. 첫 번째 방법은 예배자 제이슨 업튼^{JASON UPTON}의 "Dying Star"라는 노래였다. 이 곡은 우리 모두에게 교만의 위험을 지적하기 위해 하나님이 제이슨에게 주신 강력한 노래다. 이 곡에서 떠오르는 별은 유명한 사역을 의미한다. 온 세상이 떠오르는 별을 바라보지만 정작 이 별 때문에 세상은 하나님을 보지 못한다. 결국 이 별의 결과는 우리가 역사에서 지켜본 것과 같다. 찬란하게 떠오른 별들은 결국 추락하고 죽어가는 또 다른 별과 같을 뿐이다. 나는 아기처럼 엉엉 울면서 이 곡을 듣고 또 들었다.

두 번째 방법으로 하나님은 데이먼 톰슨^{DAMON THOMPSON}이라는 사역자의 "그것의 세대^{A GENERATION OF ITS}"라는 메시지를 통해 내 영혼을 흔들었다. 데이먼은 하나님이 "누구"가 아니라 기꺼이 "그것"이 되길 원하는 세대를 일으키신다고 설교했다. 이 세대는 유명한 이름을 가지기보다 세례 요한처럼 "광야의 목소리"가 될 것이다. 또 이미 나를 감동시킨 제이슨 업튼의 노래도 언급했다. 데이먼은 하나님이 "대장장이들"을 일으키신다고 말했다. 우리가 앞서 나눈 것처럼 사울이 사무엘을 기다리지 못하고 제사를 지내서 하나님께 버림받은 때는 블레셋에 의해 이스라엘에 대장장이들이 사라진 때였다. 이스라엘에 대장장이들이 없어지자 원수는 더 이상 이스라엘을 두려워하지 않았다(삼상 13:19~22). 대장장이들은 어둡고 뜨거운 자리에 앉아 금속을 내리쳐 병사들이 들고 싸울 무기를 만드는 사람이다. 대장장이의 삶은 강단 위에서 볼 수 없는 은밀한 곳에 헌신한 삶이지만 이 보이지 않는 헌신이 나라를 위한 진짜 승리의 열쇠다.

이 두 메시지가 다른 여러 중요한 사건과 함께 2010년 봄 특별한 밤에 임할 하나님의 방문을 위해 내 마음을 준비한 도구들이다. 나는 하나님이 말씀하신 "다윗의 열쇠"를 위해 주님의 임재 안에 숨어 예배로 영원한 문을 여는 비밀을 찾는데 헌신했다. 성공을 위한 모든 야망과 심지어 사역까지도 주님을 위한 예배의 제단 위에 드렸다. 하나님은 나에게 이삭을 드린 아브라함처럼 한 세대와 도시와 나라를 위한 주님의 꿈을 위해 기꺼이 내 모든 미래를 제단 위에 올려놓으라고 말씀하셨다. **내려놓음과 내어드림, 이것이 다윗의 열쇠이다.** 다윗의 한 가지ONE THING 열망은 왕이 되는 것이 아니라 평생 주님의 임재 안에 거하는 것이었다(시 27:4). 과연 우리는 어떤가? 다윗처럼 주님의 임재만으로 만족할 수 있는가?

예배는 우리의 도시와 열방의 영원한 문을 열 다윗의 열쇠이다. 그리스도의 몸이 자기 승진SELF PROMOTION을 위한 야망을 버리고 하나님의 임재를 절대적인 우선순위로 삼는 그 날, 도시와 열방이 하나님께 돌아올 것이다. 주님의 교회는 선한 사업에 분주하지만 정작 가장 중요한 것, "하나님과 열렬한 사랑에 빠진 세대"를 세우는 것을 놓치고 있다. 교회는 탁월한 관리 방법과 아름다운 건물을 건축하는 법, 모든 세금을 절약하는 법은 알지만 가장 중요한 것을 놓치고 있다. 교회는 "하나님의 뜨거운 사랑의 불을 받는 방법과 그것을 더 극대화하는 방법"은 모른다. 만일 하나님이 현대 교회의 모든 안락함, 편안한 좌석, 냉난방 시설을 갖춘 멋진 건물, 우수한 음향 시스템을 제거하셔도 대형 교회를 유지할 수 있을까? 모든 편안함이 제거된 후에도 성도들은 뜨거운 마음을 유지할까?

교회와 사역자들은 사람들을 하나님께 인도하다 정작 자신은 거룩함과 하나님의 임재를 놓치는 비극에 빠지지 않도록 주의해야 한다. 사역 때문에 하나님과의 첫사랑을 잃으면 안 된다. 2010년 봄 그날 밤에 하나님이 말씀하신 다윗의 열쇠가 지금도 내 마음 깊이 남아 있다. 한 도시 안의 그리스도의 몸된 교회와 성도가 다른 모든 즐거움을 내려놓고 주님의 임재를 위해 뜨겁게 불타오를 때 주님의 꿈이 이루어질 것이다. 주님은 꿈은 물이 바다를 덮음 같이 주님의 영광으로 이 땅을 덮는 것이다(합 2:14). 이것이 도시의 영원한 문을 여는 다윗의 열쇠이다.

다윗의 삶은 마르지 않는 많은 계시와 통찰로 가득 차 있다. 이름 없는 들판에서 양을 돌보던 어린 시절부터 사울을 피해 다니면서 동굴에 숨어 살던 힘든 시절과 왕으로 살았던 시간 동안 다윗의 모든 생애는 마지막 때 일어날 세대를 위한 예언적 통찰로 가득하다. 그러나 아직도 많은 교회가 잘 모르는 다윗의 인생에서 가장 위대한 업적이 있다. 그것은 바로 "다윗의 장막"이다.

다윗의 장막

사도행전 15장에 나오는 예루살렘 공의회에서 야고보는 구약성경 아모스 9:11 말씀을 언급한다. "그 날에 내가 다윗의 무너진 장막을 일으키고 그것들의 틈을 막으며 그 허물어진 것을 일으켜서 옛적과 같이 세우고." 사실 우리는 지금까지 이 말씀에서 아무 의미도 발견하지 못하고 그냥 지나쳐왔다. 다윗의 장막이 무엇인지 몰랐기 때문에 깊이 생각해 본 적도 없었다. 그러나 하나님이 찾으신 한 사람 다윗의 마음이 어땠는지 온전히 이해하려면 다윗의 장막이 무엇인지, 왜 주님은 아모스 선지자를 통해 마지막 때 다윗의 장막을 재건하실 것이라고 말씀하셨는지 알아야 한다.

사울 왕이 죽은 후, 다윗은 헤브론에서 7년간 유다 지파를 다스렸다. 이 7년이 끝날 무렵 이스라엘 지파 전체가 다윗에게 모여서 기꺼이 복종하기 시작했다. 이때 다윗은 이것이 하나님이 하시는 일인 것을 알았다. 다윗은 이스라엘 모든 지파가 자신의 지도력에 굴복하도록 무력을 쓸 필요가 없었다. 예루살렘 전역을 다스리는 유일한 왕으로서 다윗은 공식적인 첫 직무로 모든 장로와 지휘관을 소집했다. 이 모임에서 다윗은 이렇게 말할 수 있었다. "이제 우리는 나가서 블레셋과 모든 주님의 원수들과 싸울 것입니다!" 우리는 앞서 이스라엘 백성이 왕을 구한 이유가 바로 이것이라는 것을 안다. 아마 다윗이 이렇게 말했다면 순식간에 사람들의 마음을 얻었을지도 모른다. 그러나 왕이 된 다윗이 제일 먼저 마음에 품은 것은 자신의 입지를 세우기 위한 정복 전쟁이 아니었다. 이스라엘의 모든 장로와 지휘관 앞에서 다윗은 진심을 말한다.

> 2 다윗이 이스라엘의 온 회중에게 이르되 만일 너희가 좋게 여기고 또 우리의 하나님 여호와께로 말미암았으면 우리가 이스라엘 온 땅에 남아 있는 우리 형제와 또 초원이 딸린 성읍에 사는 제사장과 레위 사람에게 전령을 보내 그들을 우리에게로 모이게 하고 3 우리가 우리 하나님의 궤를 우리에게로 옮겨오자 사울 때에는 우리가 궤 앞에서 묻지 아니하였느니라 하매 (역대상 13:2,3)

다윗의 말에 주목하자. 다윗에게 하나님의 임재보다 더 중요한 것은 없었다. 하나님의 궤는 임재를 나타내며 다윗은 첫 공식 행사에 모인 모든 장로와 지휘관 앞에서 하나님의 임재를 추구했다. 정말 놀라운 지도력이다! 다윗은 전쟁하도록 훈련된 모든 전사를 지휘하는 지휘관을 모아서 하나님의 마음에 합한 사람의 모습이 무엇인지 보여주었다. 이스라엘의 왕으로서 다윗의 첫 일은 이스라엘에 하나님의 임재를 되찾아와 예배를 시작하는 것이었다. 다윗의 고백에 온 이스라엘이 한마음으로 동의했다! 만일 우리나라의 대통령이 첫 업무로 예수님을 예배하겠다고 선포하면 어떤 일이 일어날까? 이것이 정확히 왕으로서 다윗이 한 첫 일이었다.

언제나 하나님의 임재를 추구하며 살았던 다윗에게 하나님의 임재를 회복하는 것은 당연한 일이었다. 예수님은 말씀하셨다. "마음에 가득한 것을 입으로 말함이라" 그리고 "그 열매로 나무를 알 것이라." 즉 우리의 말과 행동이 우리가 어떤 사람인지 증거한다. 다윗의 마음속 핵심은 예배였다! 앞서 언급했듯이 예배는 우리가 무엇을 하는가가 아니라 우리가 누구인가에 기초한다. 예배자는 하나님을 향한 자신의 사랑을 공개적으로 드러내길 원하는 내면의 갈망이 있으며 기회가 있을 때마다 이것을 실천한다.

이제 다윗은 이스라엘과 함께 하나님의 궤가 보관된 아비나답의 집이 있는 기럇여아림으로 가서 수레를 만들어 하나님의 궤를 싣고 예루살렘으로 출발한다. 다윗과 이스라엘이 온 힘을 다해 예배했다. 그런데 기돈의 타작마당에 앞에서 소가 비틀거려 궤가 흔들렸고, 웃사가 궤를 잡다 그 자리에서 죽었다. 열광적인 예배가 한순간에 중단되고 무거운 정적 속에 다윗과 모든 이스라엘이 충격과 두려움에 휩싸였다. 나는 이 사건을 보면서 의문이 들었다. 웃사가 궤를 붙잡으려다 죽은 사건이 성경에 기록될 정도로 중요한 이유는 무엇일까? 모세의 율법에 따르면 하나님의 언약궤는 레위 제사장들이 어깨로 메어서 운반해야 했다. 이것은 매우 예언적인 의미가 있다. 요한계시록 1:6은 그리스도께서 우리 모두를 "하나님 아버지를 위하여 나라와 제사장"으로 삼으셨다고 말한다. 우리는 모두 하나님의 임재를 운반하도록 지음 받았다.

다윗은 웃사가 죽은 후 궤를 오벳에돔의 집에서 3개월간 보관한 후 다시 한번 온 이스라엘을 모아서 하나님의 궤를 예루살렘으로 모셔온다. 다윗은 첫 번째 시도에서 했던 실수를 반복하지 않으려고 이번에는 제사장들이 궤를 어깨에 메게 했다. 다윗은 베에봇을 입었으며(대상 15:27) 제사장들은 궤를 어깨에 메고 여섯 걸음을 가면 멈춰서 송아지로 제사를 드렸다(삼하 6:13). 큰 찬양 소리와 함께 궤가 예루살렘에 안전히 도착하자 시온 산에 마련한 다윗의 장막으로 궤를 옮긴다. 다른 번역은 다윗의 장막을 다윗의 성막, 다윗의 천막이라고도 한다. 시온 산 정상의 다윗의 장막은 안에 다른 구조물 없이 궤가 한눈에 보이는 단순한 구조였다. 자, 앞서 우리는 하나님이 모세에게 하나님의 궤를 성소 안의 휘장 뒤 지성소에 보관해야 한다고 명령하신 것을 보았다. 지성소는 오직 일 년에 한 번, 속죄일에 대제사장이 자신을 정결하게 하고 들어갈 수 있었다. 모세의 기준으로 봤을 때 다윗은 완전히 율법에 어긋난 행동을 했다! 어떻게 다윗이 살아남을 수 있었을까?

우리는 앞서 사울이 하나님께 잘못된 제사를 지냈을 때 어떤 일이 일어났는지 보았다. 선지자 사무엘이 와서 약속을 지키지 않은 사울을 책망하고 사울은 불순종으로 나라를 잃었다. 과연 다윗은 규정된 장소인 모세의 성막에서 궤를 옮겨 단순한 장막을 설치하도록 하나님께 허락을 받았을까? 심지어 다윗이 입은 에봇은 주님을 섬기는 제사장만 입을 수 있었다. 어떻게 이럴 수 있는가? 그 이유는 바로 다윗의 마음 때문이었다. 주님을 향한 다윗의 뜨거운 사랑이 율법의 장벽을 무너뜨렸다. 우리는 역대상 15~17 장에서 다윗이 하나님의 임재를 위해 설치한 장막의 놀라운 점을 볼 수 있다. 다윗은 주님 앞에서 악기로 사역할 4,000명을 세웠고 그중 288명은 예언적 찬양대였다(대상 23:5, 25:6-7).

> 4 또 레위 사람을 세워 여호와의 궤 앞에서 섬기며 이스라엘 하나 님 여호와를 칭송하고 감사하며 찬양하게 하였으니 5 아삽은 우두 머리요 그 다음은 스가랴와 여이엘과 스미라못과 여히엘과 맛디 디아와 엘리압과 브나야와 오벧에돔과 여이엘이라 비파와 수금을 타고 아삽은 제금을 힘있게 치고 6 제사장 브나야와 야하시엘은 항상 하나님의 언약궤 앞에서 나팔을 부니라 (대상 16:4~6, 개정)

다윗이 이스라엘에 하루 24시간, 주 7일의 예배를 도입한 결과, 다윗의 장막에서 4000명의 음악가가 밤낮 쉬지 않고 주님을 예배했다. 하나님은 이 역사적인 사건에 주목하셨고 이후 아모스 선지자는 다윗이 지은 장막을 하나님이 다시 세우실 것이라고 예언했다. 어떤 사람들은 다윗이 24-7 연속 찬양과 예배를 제정한 것이 맞는지 의문을 제기한다. 이들은 모세의 성막에서 아침에 한번, 저녁에 한 번 제사한 것처럼 다윗의 장막도 "낮에 한번 밤에 한번" 예배한 것을 "주야"로 표현했다고 주장한다. 이 주장은 겉으로는 상당히 타당해 보이지만, 성경에 "항상"이라고 번역된 히브리 단어 "타미드"의 의미를 보면 다윗의 장막의 24시간 성격이 잘 드러난다. 타미드는 "지속하다, 연속하다, 끊임없이, 매일(아침과 저녁, 낮과 밤 모두), 항상, 언제나, 규칙적인, 방해 없이"라는 의미가 있다. 타미드는 주님 앞에 끊임없이 드려진 제사와 제단에서 계속해서 타오르는 불을 언급할 때 가장 많이 사용된 단어다.

다윗이 어린 목동이었을 때 주님께 불렀던 사랑의 노래에 담긴 마음은 많은 시간이 지나 다윗이 이스라엘의 왕이 되었을 때도 변하지 않았다. 다윗의 장막은 하나님과 깊은 사랑에 빠진 다윗의 마음을 외형적으로 표현했으며 시온 산 위 다윗의 장막에 드린 24-7 예배와 기도는 다윗이 하나님께 드린 마음의 전부였다. 흐르는 시간도 하나님을 향한 다윗의 불타는 사랑을 막을 수 없었다. 다윗의 장막은 모세의 율법에 따라 죄를 용서하는 피의 제사가 더 이상 필요 없는 신약의 현실을 보여주는 예표이며, 구약의 성막 희생 제물은 주님과 사랑에 빠진 불타는 마음으로 드리는 신약의 찬양의 제사와 우리 헌신으로 발전한다. 하나님은 우리의 찬양을 기뻐하시며 심지어 그 찬양에 거하시고 좌정하신다. 찬양과 경배가 우리에게 주어진 참된 제사장적 사역이다. 다윗이 은밀한 처소에서 견고하게 붙잡은 것은 하나님이 다스리실 통로인 찬양과 예배였다.

직접 만든 악기로 시편 대부분을 작사한 다윗은 단순한 시편가가 아니라 선지자의 기름 부음이 있는 예언적 시편가였다. 실제로 몇몇 시편은 메시아이신 예수 그리스도를 표현하고 있다. 나는 다윗이 예언적으로 하나님의 천국 보좌에서 스랍과 그룹, 24 장로와 셀 수 없이 많은 천군 천사가 모여 드리는 연속적인 예배를 보았을 것으로 생각한다. 다윗은 자신이 본 하늘나라의 예배를 이 땅에 가져오기 위해 할 수 있는 모든 것을 다했다. 왕으로서 33년간 예루살렘을 다스린 다윗의 첫 업무는 하나님의 궤를 이스라엘 시온 산에 있는 다윗의 장막으로 다시 모셔오고 4,000명의 숙련된 음악가로 구성된 24-7 예배를 시작하는 것이었다. 다윗의 장막은 예루살렘에서 33년간 유지되었다. 성경에서 또 다른 33년이 나오는 구절이 어디일까? 바로 다윗의 자손 예수님의 생애이다!

다윗의 장막은 사람의 손으로 짓지 않은 장막, 신약의 교회를 보여주는 가장 위대한 구약의 예표다. 어쩌면 다윗이 하나님을 위해 성전을 짓겠다고 했을 때 거절하신 이유는 다윗의 장막 때문이 아니었을까. 다윗이 주님을 위해 시온 산에 세운 장막은 이미 하나님의 마음을 사로잡았고 하나님은 이곳에서 드려진 예배자들의 찬양 중에 거하기를 기뻐하셨다! 하나님의 계획은 다윗이 사람의 손으로 만든 성전에 거하시는 것이 아니었다. 다윗은 하나님의 계획을 따라 하나님의 임재를 모세의 율법이 정한 네 벽의 경계에서 시온산 꼭대기에 공개된 장막으로 옮겼다. 다윗의 장막은 신약의 그리스도의 몸과 그리스도께서 거하시는 처소인 주님을 예배하는 사람들의 마음을 예표 한다.

나단 선지자가 다윗의 아들이 주님의 집을 지을 것이라고 예언했을 때, 이 예언은 솔로몬이 지을 성전뿐만 아니라 지옥의 문이 이기지 못할 주님의 교회를 세울 하나님의 아들 예수 그리스도를 의미하기도 한다. 다윗의 장막은 33년간 시온 산에서 하나님의 임재를 모셨다. 다윗의 자손 예수 그리스도는 33년간 구약의 메시아 예언을 성취하셨고 예수님의 보혈로 말미암아 시작된 교회는 하나님이 거하시는 참된 장막이 되었다.

다윗의 마음은 이스라엘 사람들이 쉬지 않고 예배하도록 강요해서 지치게 만드는 것이 아니라 그저 하나님의 임재를 최우선순위로 지키는 데 있었다. 우리는 다윗이 하나님께 멈추지 않는 예배의 불을 올려드린 것처럼 이제 전 세계에서 죽은 종교의 잿더미를 헤치고 새로운 다윗의 세대가 다윗과 같은 비전을 붙잡고 일어나 다시 한번 24-7 기도의 집을 세우는 모습을 보고 있다.

오늘날 이 땅에 모습을 드러내고 있는 전 세계의 다양한 모습의 기도의 집(보일러 룸, 불타는 용광로^{BURN FURNACES})들이 가진 공통적인 동기는 하나님의 사랑을 얻으려는 일 중심의 종교적인 의도가 아니며, 하나님의 완전한 사랑의 불 속에서 안식처를 발견한 다윗의 예배의 마음에 있다. 기도의 집은 연속 예배라는 또 다른 목표 성취를 위한 도구가 아니다. 사람인 우리는 시간의 제약을 받기 때문에 24-7이 하나님께 드릴 수 있는 최대의 시간이지만 24-7로도 하나님을 향한 우리의 불타는 마음속 갈망을 표현하는데 충분하지 않으며 우리의 마음과 삶이 쉬지 않고 불타는 사랑의 생활방식으로 하나님이 친히 거하시는 다윗의 장막 그 자체가 되어야 한다.

지금 일어나는 다윗의 세대는 다윗이 가졌던 하나님을 향한 사랑의 불을 동기로 삼는다. 하나님의 임재만이 우리가 갈망하는 모든 것이며 만일 하나님이 우리에게 원하시는 것이 금식의 광야와 기도의 동굴로 들어가는 것이라면 핑계 없이 기쁨으로 순종할 것이다. 다윗은 하나님과 사랑에 빠졌기 때문에 율법을 뛰어넘었다. 종교는 항상 우리에게 한계가 있다고 말하며 억압하지만 이제 일어날 다윗의 세대는 이전처럼 고분고분 억압당하지 않을 것이다. 다윗의 세대는 마치 바리새인을 화나게 했던 예수님처럼 종종 주님의 임재로 밀고 들어가기 위해 정해진 종교적 규칙을 어기는 넘치는 열정 때문에 종교적인 사람들을 화나게 할지도 모른다. 사랑으로 역사하는 열정적인 믿음은 종교적 규칙을 돌파하며 주님의 임재를 경험하게 한다. 이것이 다윗의 세대이다!

10장

불타오르는 사람들
THE BURNING ONES

지난 장에서 나는 하나님이 2010년 어느 봄날 밤, 은밀한 처소에 있던 나를 찾아오셔서 다윗의 열쇠의 계시로 만지신 일을 나누었다. 그날 이후 몇 개월간 하나님은 계속 나를 변화시키셨다. 고린도후서 3:18은 이렇게 말한다. "우리가 다 수건을 벗은 얼굴로 거울을 보는 것 같이 주의 영광을 보매 그와 같은 형상으로 변화하여 영광에서 영광에 이르니 곧 주의 영으로 말미암음이니라." 우리가 하나님을 바라볼 때 주님과 같은 형상으로 변화한다. 나는 이렇게 표현하고 싶다. **"당신이 보는 것이 당신의 모습이 된다."** 거룩한 구별의 시간을 통과하는 동안 예배의 처소는 주님의 아름다움을 바라보는 피난처였다. 하나님은 이 바라봄의 자리에서 나를 변화시키셨고 내 영혼에 주님의 형상을 새기셨으며 내가 주님의 얼굴 앞에 머물 때마다 날 변화시키셨다.

2010년 여름, 주님은 내 은밀한 처소를 혁신하는 결정적인 시기를 지나게 하셨다. 이 일은 9월 초 노동절 주말을 앞둔 더 콜^{THE} ^{CALL} 새크라멘토 집회에서 일어났다. 이 집회는 아내와 내가 BURN 24-7과 처음 만나서 사역을 시작하는 열쇠였다. 나는 이 집회에

214 마지막 때의 예배자 군대

서 현재까지 함께하는 친구들을 만나 교제했는데, 하나님이 우리 교제에 역사하셔서 마치 불이 붙은 것 같았다. 주님은 우리가 모일 때마다 말씀으로 신선한 감동과 깨달음을 주셨고 모임을 마칠 때는 항상 기도회로 끝맺곤 했다. 어느새 우리는 서로 자연스럽게 말했다. "모여서 다시 불태우자!" 우리는 같이 시간을 보낸 후 몇 시간이 지나도 계속 느껴지는 하나님의 불 때문에 서로를 약간은 장난스럽게 "불타오르는 사람들^{BURNING ONES}"이라고 불렀다.

주님은 더 콜 집회에 참여하기 전부터 정기적으로 내 영혼에 말씀하셨다. "나는 불타오르는 세대를 일으키고 있다. 나는 내 임재 안에서 불타오르는 것이 유일한 소망인 사람들을 통해 이 땅에 내 임재를 풀어 놓을 것이다." 나는 더 콜 집회에서 "불타오르는 사람들"과 함께 하면서 주님의 말씀을 약간 이해할 수 있었다. 하나님은 미리 우리 부부를 준비시키셨다. 이때까지만 해도 나는 하나님이 우리를 "BURN 24-7" 사역과 연결하실지 알지 못했다. 나는 예전에 섬겼던 목사님이 하신 말씀을 좋아한다. "주님은 이미 우리를 위해 예비하신 것으로 우리를 준비시키신다." 더콜 집회에서 친구들과 모였을 때마다 일어나는 일을 보면서 나는 주님의 말씀을 이해했다. 우리 하나님은 소멸하는 불이시다. 우리가 주님의 임재 안에 모이면 우리도 주님처럼 불타오를 것이다.

나는 주님의 음성을 들을 때마다 성경으로 검증한다. 한글 킹제임스성경 잠언 25:2은 이렇게 말한다. "일을 숨기는 것은 하나님의 영광이나, 일을 찾아내는 것은 왕의 영예니라." 오직 열정적으로 탐구하는 영혼에만 보여주시는 금광 속의 감춰진 보화 같은 계시가 존재한다. 하나님이 성령님을 통해 말씀하시고 우리가 그 말씀을 붙잡기 전에 말씀을 확증하는 성경 구절을 찾는 것이 아주 중요하다. 이 검증 과정은 성령님의 역사를 제한하거나 통제하기 위해서가 아니라 믿음 안에서 듣는 사람과 말하는 사람 서로를 세우는 견고한 성경적 토대를 만드는 과정이다.

초대교회 사도들은 성령님의 감동을 성경으로 검증하고 정의하여 바른 토대를 놓는데 헌신했다. 예를 들면, 오순절에 예수님께서 약속하신 성령의 불이 임하여 제자들은 방언을 말하고 뜨거운 부흥이 일어났다. 베드로는 일어나서 "이것은 하나님의 새로운 운동이니 마음에 들지 않으면 그냥 잊으십시오!"라고 말하지 않았다. 베드로는 담대히 일어나서 이 놀라운 상황에 딱 맞는 성경 말씀을 적용했다. "이는 곧 선지자 요엘을 통하여 말씀하신 것이니 일렀으되"(행 2:16, 개정). 이후로 성경을 통한 확증은 사도행전의 일반적인 규칙이 되었다. 하나님의 초자연적인 역사가 나타나면 사도들은 비판적으로 대하기 전에 성경에서 의미를 찾아 적용하며 성령님의 역사를 따르면서 성도들이 지혜와 사랑 안에 살도록 도왔다.

지금 마지막 때를 사는 우리도 마찬가지다. 하나님은 주님의 영을 사도행전 때보다 지금 훨씬 더 많이 부으신다. 지금 일어나는 초자연적인 일들을 성경으로 검증하고 확증하는 것은 우리의 몫이며 주님의 역사를 치우침 없이 성실하게 분별하는 것이 하나님의 신실한 청지기 역할을 하는 것이다. 예수님은 사도 요한을 통해 일곱 교회에 이렇게 말씀하셨다. "귀 있는 자는 성령이 교회들에게 하시는 말씀을 들을지어다."

우리는 이 마지막 때에 하나님의 왕과 제사장으로서 성령님이 주시는 감동을 성경으로 확증해야 한다. 하나님은 내게 몇 개월간 계속 "불타는 사람의 세대"를 일으키신다고 말씀하셨다. 나는 음성을 듣고 "네 주님"이라고 말하는 데서 멈추지 않고 하나님이 말씀하신 "불타는 사람들"이 누구인지 성경에서 어떻게 확증할 수 있는지 찾았으며 결국 하나님이 주신 감동을 설명할만한 귀한 보물을 발견했다. 이제 내가 찾은 깨달음을 여러분과 나누려 한다. 우리 모두 "불타는 사람들의 세대GENERATION OF BURNING ONES"로 부르심 받았다!

스랍 천사

주님은 이사야 선지자에게 요한계시록 4장과 5장에 나오는 요한의 환상과 아주 비슷한 환상을 주신다. 이사야서 말씀은 내가 주님의 감동을 더 깊이 깨닫는 동기가 되었다.

> 1 웃시야 왕이 죽던 해에 내가 본즉 주께서 높이 들린 보좌에 앉으셨는데 그의 옷자락은 성전에 가득하였고 2 스랍들이 모시고 섰는데 각기 여섯 날개가 있어 그 둘로는 자기의 얼굴을 가리었고 그 둘로는 자기의 발을 가리었고 그 둘로는 날며 3 서로 불러 이르되 거룩하다 거룩하다 거룩하다 만군의 여호와여 그의 영광이 온 땅에 충만하도다 하더라 (사 6:1~3)

이사야 선지자는 환상을 통해 하나님의 보좌를 둘러선 "스랍"이라고 부르는 천상의 존재를 구체적으로 묘사한다. 스랍의 히브리 원어의 의미는 "불타는 존재, 불타는 사람" 또는 문자 그대로 "불같은 뱀(구리색 때문에)"이다. 스랍 천사들이 불타오르는 이유는 소멸하는 불이신 하나님의 임재 아주 가까이 있기 때문이다! 나는 스랍이라는 이름이 정말 마음에 든다. 천상의 다른 어떤 존재도 "스랍 - 불타는 사람들"이란 이름을 받지 못했다.

스랍 천사를 하나님의 보좌 주변의 그룹 천사와 혼동하지 말자. 에스겔과 요한은 하나님이 주신 환상 속에서 "생물"을 언급한다. 에스겔은 이 생물이 하나님의 임재를 운반하는 존재(겔 1장)라고 기록하며 이후 에스겔 10:1에서 이 생물의 이름을 그룹이라고 밝힌다. 사도 요한은 요한계시록 4장과 5장에서 보좌를 둘러 서 있는 생물을 기록한다. 그룹 천사들은 창세기 3장에 생명 나무의 길을 지키는 임무를 맡았다. 또 지성소로 들어가는 휘장에 그룹 천사의 모습이 새겨져 있으며 장막 안 속죄소를 그룹이 양쪽에서 날개를 펼쳐 덮고 있다. 성경 구절을 통해 그룹 천사는 하나님의 거룩한 임재를 지키고 보호하는 임무를 맡은 것으로 보인다.

그렇다면 스랍 천사들은 어떤 존재인가? 스랍들은 요한계시록 4장과 5장의 네 생물(혹은 그룹)과 같은 말을 외친다. 왜 스랍 천사들이 천국에서 "불타는 사람들"이라는 이름을 받았는가? 열쇠는 이사야 6:2절 "스랍들이 모시고 섰는데(역주: 영어 성경에서는 Above Him were seraphim으로 '하나님 위에⋯')"에 있다. 하나님 위에? 주님 위에? 나는 이것이 오타가 아닌지 몇 번이나 다시 봤다. 당신은 성경 어디에서든 누군가 혹은 무언가가 하나님 위에 있는 것을 본 적 있는가? 결론적으로 성경에는 스랍 외에 하나님 "위"에 있는 것은 없다. 더 깊이 들어가기 전에 우리 하나님이 가장 크고 높으신 분임을 고백하자! 어떤 권세나 권능이든 주님보다 높은 것은 없다. 하지만 하나님은 자신을 낮추시어 십자가에서 죽기까지 순종하셨다(빌 2:7~9).

나는 스랍 천사가 하나님과 함께 하는 예배자의 예표라고 생각한다. 하나님은 스스로 낮추시어 예배자의 찬양을 통해 높임 받기로 선택하셨다. 지극히 높고 전능하신 하나님이 "불타는 사람들"의 예배로 높임 받으신다는 것 자체가 하나님의 절대적인 겸손을 나타낸다. 불타는 사람들은 다윗처럼 본질적으로 예배자들이다. 예배를 위해 창조된 불타는 사람들은 하나님의 임재에 아주 가까이 있어서 하나님의 거룩한 불로 자신을 태운다. 스랍 천사들과 예배자들은 천국의 보좌 위, 하나님이 그들의 예배 중에 높임 받으시는 자리를 가지고 있다.

"이같이 화답하는 자의 소리로"

주님은 이 시대에 불타는 사람들의 세대를 일으키신다. 이 "불타는 사람들"은 천국 예배의 능력과 예배자들의 모습을 알려준다. 이사야서 6장은 하나님의 보좌에서 일어나는 예배를 아주 분명하게 묘사한다. "이같이 화답하는 자의 소리로 말미암아 문지방의 터가 요동하며 성전에 연기가 충만한지라"(사 6:4). 나는 이 구절을 깨닫는 데 많은 시간이 걸렸다. 이 구절은 "하나님이 말씀하시는 소리로" 터가 요동했다고 말하지 않는다. 나는 하나님의 음성이 하늘을 흔드는 것을 안다. 그러나 이 구절은 하나님의 음성이 아니라 "이같이 화답하는 자의 소리"가 천상을 흔든다고 말한다. 예배자들의 소리가 하늘을 흔든다! 앞서 말한 것처럼 참된 예배는 창조주의 계시를 향한 피조물의 자연스러운 반응이다.

천국의 불타는 사람들은 하나님의 영광을 바라보며 이렇게 외친다. "거룩하다 거룩하다 거룩하다 만군의 여호와여 그의 영광이 온 땅에 충만하도다(사 6:3, 개정)." 이 불타는 사람들은 우리처럼 단순히 어떤 노래를 흥얼거리는 것이 아니라 자신이 보는 것에 반응한다! 불타는 자들이 본 것은 보좌에 앉으신 영광의 주님이었으며 주님을 본 스랍의 깊은 내적 반응은 크게 외치는 것이었다. 불타는 예배자들의 외침은 하늘의 문지방을 흔든다. 이것이 예배다! 불타는 예배자들의 예배가 하늘의 성전을 연기로 가득 채운다.

고대 히브리 문화에서 기록자가 어떤 단어를 강조하고 싶을 때는 그 단어를 두 번 반복해서 기록했다. 이것은 현대 영문학에서 감탄부호를 쓰는 것과 같은 의미이다. 히브리 성경 저자들은 한 단어를 두 번 반복해서 감탄을 표현했다. 느낌을 최상의 수준으로 강조할 때는 단어를 세 번 반복했다. 이것은 아주 드문 경우였지만 표현하는 바를 가장 높은 수준으로 강조하는 방법이었다. 그러므로 이사야가 들은 것은 스랍들이 단순히 '거룩'을 겸손한 어조로 세 번 말한 게 아니라, 이 천사들의 내면에서 폭발하듯 분출되는 외침이었다. 이사야는 자신이 보고 들은 것과 그 감격을 최대한 그대로 표현하려고 세 번 반복을 사용했다. 소멸하는 불이신 우리 하나님을 바라보는 불타오르는 스랍 천사들을 상상해 보라. 하나님의 무한한 영광을 단 한 번만 바라봐도 천상을 뒤흔드는 예배가 폭발한다. 스랍 천사의 외침, 이것이 예배다! 이것이 참된 예배가 터져 나올 때 일어나는 일이다! 이것이 예배하는 군대의 능력이다. 하나님은 이 시대에 "불타오르는 사람들의 세대"를 일으키신다. 불타오르는 세대들은 영광중에 하나님을 바라보며 폭발적인 예배로 하늘을 흔들 것이다.

"웃시야 왕이 죽던 해에"

어떤 이들은 이렇게 질문할지 모른다. "이것이 마지막 때와 무슨 관련이 있습니까?" 이 질문은 하나님이 내 눈을 여시기 전까지 내 질문이기도 했다. 이사야는 이렇게 환상을 시작한다. "웃시야 왕이 죽던 해에" 나는 이 구절의 의미를 직접 하나님께 구했다. 내가 주님께 받은 감동은 놀랍고도 유익했다. 물론 다른 탁월한 사역자들과 신학자들의 해석이 틀렸다는 의미는 아니지만 때때로 개인적 계시를 위해 직접 하나님의 감동을 추구할 때가 있다. 이제 하나님이 이 구절을 풀어주신 의미를 여러분과 나누려고 한다.

웃시야 왕은 유다 왕국이 아직 남유다와 북이스라엘로 나누어지지 않은 유다 왕국을 솔로몬 왕의 집권 초기 시절 이후 가장 번성하게 이끌었다. 웃시야가 신실하게 주님을 구하는 동안 그의 명성이 해외로 퍼졌고 유다 군대는 천하무적이었다. 하지만 웃시야 왕은 통치 말년에 교만에 빠져 왕위에서 물러났으며 주님은 나병으로 웃시야를 치셨다. 웃시야 왕이 죽은 해는 유다 왕국 역사상 가장 슬픈 시간이었다. 이때 하나님은 이사야에게 천국의 관점을 보여주기 위해 주님의 영으로 들어 올리셨다.

한 국가에 슬픔과 혼란이 닥쳤을 때 하나님은 이사야에게 "보좌의 예배"라는 계시를 주셨다. 이사야는 불타오르는 스랍 천사들이 하나님의 거룩하심을 외치며 땅이 주님의 영광으로 충만하다고 고백한다. 우리는 한 가지 질문을 할 수 있다. "정말 유다 왕국이 하나님의 영광으로 충만했는가? 아니면 당시 기준으로 약 2700년 후의 미래인 현대를 말하는 것인가?" 사람의 관점에서 보면 당시 유다 왕국에 하나님의 영광이 임하지 않았다. 이사야의 반응에 이것이 나타난다. "화로다 나여 망하게 되었도다. 나는 입술이 부정한 사람이요 나는 입술이 부정한 백성 중에 거주하면서 만군의 여호와이신 왕을 뵈었음이로다 하였더라"(사 6:5). 하나님의 임재 안에서 이사야는 완전히 실패한 존재였지만 스랍 천사들은 예배 안에서 이 땅에 하나님의 영광을 선포하고 예언했다.

우리는 역사의 시간이 아무리 어둡고 비관적이어도 하나님의 임재 안에는 영원한 기쁨이 충만하다는 것을 이해해야 한다. 하나님의 때에 하나님 안에서 만물이 가지런히 정렬되고 주님의 일이 성취된다. 주님은 우리의 영원한 왕이시며 우리는 주님의 임재 안에서 소망으로 안식을 누린다. 불타오르는 스랍들이 웃시야 왕이 죽은 해가 얼마나 암울한지 걱정하지 않은 것처럼 불타오르는 세대는 역사상 가장 어두운 시간에도 걱정하지 않으며 마지막 때 적그리스도의 출몰을 두려워하지 않는다. 불타오르는 세대가 예배 중에 하나님의 임재에 반응하며 목소리를 높일 때 하늘이 진동하고 하나님의 영광의 연기가 성전을 채운다.

솔로몬 왕은 성전이 완공되자 예배자들과 음악가들을 불렀다.

12 노래하는 레위 사람들인 아삽과 헤만과 여두둔과 그들의 아들들과 친족들이 모두 모시 옷을 입고 심벌즈와 거문고와 수금을 들고 제단 동쪽에 늘어서고 그들과 함께 나팔 부는 제사장 백이십 명도 함께 서 있었다. 13 나팔 부는 사람들과 노래하는 사람들이 일제히 한 목소리로 주님께 찬양과 감사를 드렸다. 나팔과 심벌즈와 그 밖의 악기가 한데 어우러지고 "주님은 선하시다. 그 인자하심이 영원하다" 하고 소리를 높여 주님을 찬양할 때에 그 집, 곧 주님의 성전에는 구름이 가득 찼다. 14 주님의 영광이 하나님의 성전을 가득 채워서 구름이 자욱하였으므로 제사장들은 서서 일을 볼 수가 없었다. (대하 5:12~14, 새번역)

하나님은 넘치는 찬양 중에 거하시며 하나님이 임재하실 때 예배가 터져 나온다! 하나님을 향한 예배는 이 땅에 더 큰 영광을 풀어놓는다. 우리는 이것을 요한계시록 8장에서 다시 본다.

1 어린 양이 일곱째 봉인을 여실 때 하늘에 약 반 시간쯤 정적이 있더라. 2 그때 내가 보니, 일곱 천사가 하나님 앞에 섰고 3 다른 천사가 나와서 금향로를 가지고 제단에 서서 많은 향을 받았으니 이는 모든 성도의 기도와 함께 그것을 보좌 앞에 있는 금제단에 드리고자 함이더라. 4 그 향의 연기가 성도들의 기도와 함께 그 천사의 손에서 하나님 앞으로 올라가더라. 5 그 천사가 향로를 가져다가 제단 불을 담아서 땅에 쏟으니 거기에서 음성들과 천둥들과 번개들과 지진이 일어나더라. (계 8:1~5, 한글킹)

주님 앞에 올라오는 연기, 성도의 중보기도가 이 땅을 진동하고 예수님의 재림을 준비하며 최후 심판을 시작하게 한다. 내가 이 깨달음을 얻기 전에 주님은 이런 감동을 주셨다. "이 불타는 장소에서 내 임재를 이 땅에 풀어낼 것이다." 참된 예배는 계시의 깨달음에서 나오기 때문에 성령님이 말씀하시고 행하시는 것을 성경에서 찾아 확증하는 것이 굉장히 중요하다. 불타오르는 자들은 항상 하나님을 바라보며 가장 깊은 곳에서부터 주님을 향한 예배를 쏟아낼 준비를 하는데, 하나님이 우리가 이전에 알지 못했던 새로운 영광의 측면을 보이실 때 우리 안에 뜨거운 예배가 터져 나온다! 예배자들의 예배로 하늘이 요동할 때 더 큰 영광이 역사한다. 이것이 하나님이 이 시대의 참된 예배자들을 통해서 하시는 일이다. 예배자들의 소리에 하늘의 문이 열리고 영광의 왕께서 아름다움과 거룩함을 향한 더 큰 계시로 주님의 집에 임하실 것이다.

"내 입술에 대며"

6 그 때에 그 스랍 중의 하나가 부젓가락으로 제단에서 집은 바핀 숯을 손에 가지고 내게로 날아와서 7 그것을 내 입술에 대며 이르되 보라 이것이 네 입에 닿았으니 네 악이 제하여졌고 네 죄가 사하여졌느니라 하더라 (사 6:6~7, 개정)

이사야 선지자는 강력한 예배 속에서 자신이 부정하기 때문에 하나님이 필요하다는 것을 깨달아 간절히 부르짖으며 기도하자 스랍 천사가 제단의 숯불을 이사야 선지자의 입술에 댄다. 나는 다시 한번 말하고 싶다. 지금은 하나님의 불이 절대적으로 필요한 시대다! 이제 일어날 세대는 하나님의 불로 달궈진 세대다. 심지어 이 불타오르는 세대는 **"불 위에 머무는 세대"**가 될 것이다. 우리가 하나님 안에 있도록 부르심 받았다는 말은 곧 주님의 불 안에 있도록 부르심 받았다는 의미이다. 소멸하는 불이신 하나님 안에 있는 것은 무엇이든 불타오른다.

우리가 하나님의 불에 관해 알아야 하는 중요한 한 가지는 "불을 통한 정화"이다. 하나님의 불은 죄짓는 사람들에는 괴롭지만 하나님의 사랑에 빠진 사람들에게는 하나님을 향한 더 깊은 사랑을 불러일으킨다. 하나님의 임재의 불길은 하나님께 더 가까이 나아가지 못하게 막는 우리 안의 모든 것을 구별해서 정화한다. 우리는 이사야를 통해 이것을 아주 분명하게 볼 수 있다. 이사야가 하나님의 불에 가까이 다가갔을 때 그가 할 수 있는 것은 그저 자신의 죄를 깨닫고 고백하는 것이었다. 이사야는 하나님의 불 앞에서 자기 죄를 깨달았지만 불타오르는 스랍들은 땅의 일에 개의치 않고 하나님의 임재에 사로잡혀 이 땅에 하나님의 거룩함이 충만할 것이라고 선포한다. 하나님은 스랍 천사를 보내서 이사야의 입술에 제단의 숯불을 대시고 죄가 용서받았음을 선포하신다.

왜 하나님의 선지자 이사야가 죄를 용서받는 것이 중요한가? 이것이 오늘날 우리에게 주는 의미는 무엇인가? 우리는 이사야의 이야기에서 중요한 말씀을 발견한다. 나는 앞서 이렇게 말했다. "죄의 근원은 자아이다." 다시 말해 우리가 죄를 용서받고 죄책감과 수치를 제거하려면 단순히 우리의 죄악 된 행동만 용서받아서 될 것이 아니라 죄의 뿌리인 자아를 해결해야 한다. 우리는 모두 자아 중심이라는 죄의 속성을 지니고 태어났다. 이사야가 하나님의 영광으로 들어갔을 때 거룩한 영광의 불 앞에 자신의 죄악된 내면을 깨닫는다. 사실 하나님의 뜻은 우리가 내면을 추구하는 것이 아니라 눈을 들어 주님을 보는 것이다. 우리가 자기 죄악에 집중하지 않고 눈을 들어 하나님을 볼 때 하나님의 불이 우리의 이기적인 본성을 태워 제거하고 주님을 더 명확하게 바라보게 한다. 우리가 주님을 바라볼 때 절망이나 실망, 죽음의 압박에 눌리지 않는다.

마지막 때가 되면 적그리스도의 영이 사회에서 하나님의 자리를 밀어내고 큰 악이 퍼지며 사람들 안에 사악함이 상승할 것이다. 예수님은 우리에게 말씀하신다. "불법이 성하므로 많은 사람의 사랑이 식어지리라"(마 24:12). 지금 이 시대에 가득한 사악함에 압도되지 말라. 하지만 이 일이 이사야에게 일어났다. 이사야는 하나님의 영광 앞에서 자기 죄에 사로잡혔다. 우리도 죄에 초점을 맞추면 언제나 이사야처럼 될 수 있다. 죄는 다루어야 하지만 아름다우신 하나님을 보지 못할 정도가 되어선 안 된다. 죄의 문제는 십자가에서 해결되었으므로 자신의 죄(자아)에서 눈을 떼야 주님을 명확하게 볼 수 있다. 한때 우리의 관심을 사로잡은 죄의 문제가 주님의 아름다운 거룩함을 바라보는 마음을 막지 못하게 하라.

나는 여러분이 내 말을 오해하지 않기를 바란다. 모든 사람은 죄를 범하였으므로 누구든지 하나님의 임재 앞에 서면 죄를 깨닫고 회개하게 된다. 특히 구원의 여정에서 회개는 매우 중요하다. 하지만 주님의 몸된 교회 안에 많은 신자가 원수가 주는 죄책감의 함정에 빠져서 복음을 듣기 전과 전혀 다를 것 없는 율법적인 삶을 산다. 구원받았지만 아직도 하나님을 떠올리면 무섭고 멀게만 느껴진다면 진정한 회개와 함께 주어지는 하나님의 임재 안에 있는 영원한 예배의 기쁨과 친밀함을 맛보아야 한다.

불타오르는 사람들의 세대는 이 시대에 많은 사람을 무너트릴 종교적 정죄의 영을 극복할 것이다. 이 땅에 불법이 퍼지겠지만 불타오르는 사람들은 자신의 양심을 말씀으로 깨끗하게 하며 자아 중심의 이기적인 삶을 하나님의 임재의 불로 다스릴 것이다. 만일 우리가 죄에 빠져 악한 삶을 살면 끊임없는 정죄의 무거운 눌림 아래 살 수밖에 없다. 정죄의 영은 항상 자신이 가치 없으며 하나님이 기뻐하시는 삶을 살 수 없다는 느낌과 거짓 겸손을 동반한다. 이것이 이사야가 하나님의 거룩한 불의 임재 앞에 섰을 때 일어난 일이며 우리 모두에게 언제든지 일어날 수 있는 일이다.

이 시대의 불타오르는 사람들은 끊임없이 하나님의 아름다운 거룩함에 시선을 고정하는 삶을 산다. 우리는 종교가 그리스도의 신부에게 덧칠해 놓은 추악한 율법주의에서 거룩함을 되찾아야 한다. 우리가 "아름다운 거룩함" 안에서 예배하며 더 이상 죄에 초점을 맞추지 않을 때 비로소 거룩함이 무거운 짐이 아니라 아름다운 것임을 깨닫는다. 우리의 초점을 자기 연약함에서 왕이신 하나님께 옮길 때, 제단의 불이 우리의 입술을 만지며 변화시킬 것이다. 하나님은 이 땅을 구원하시려는 열정으로 불타신다. 주님의 뜻은 아들을 위한 신부를 정죄하시는 것이 아니라 아름답게 준비시키는 것이다. 우리 하나님은 거룩하시다!

하나님은 창조물과 완전히 분리되셨지만 우리가 하나님을 믿을 때 우리도 하나님의 거룩을 닮아간다. 그렇다, 주님은 모든 사람이 죄를 지었기 때문에 하나님의 임재 안에서 우리의 죄도 책망하신다. 하나님은 우리의 죄악 된 자기중심적 속성을 이미 십자가에서 처리하셨고 하나님의 책망 앞에 겸손히 자기를 낮추는 사람들에게 은혜를 베푸신다. 그래서 바울은 이렇게 말했다. "그러므로 이제 (육[이기적인 죄의 속성]에 따라 살지 않고 성령님을 따르는) 그리스도 예수 안에 있는 자에게는 결코 정죄함이 없나니"(롬 8:1).

스랍들은 소멸하는 불이신 하나님의 임재를 바라보고 "거룩"이라고 외쳤다. 하나님의 보좌를 향한 천군 천사들의 예배가 하늘을 흔들고 성전에 더 큰 영광을 풀어 놓는다. 한편, 이사야는 하나님의 불 앞에서 자신과 주변의 죄에 집중했기 때문에 "화로다, 화로다, 나는 부정하도다"라고 고백한다. 사탄의 계략은 우리가 자기에게 사로잡히게 만드는 것이다. 위대하신 주님의 임재 앞에서 자기만 바라보는 것은 정말 미련한 일이다. 사실 우리가 아무리 삶을 바르게 유지하려 해도 주님의 거룩이 없으면 변화하지 않고 늘 불평하면서 "화로다 나여 망하게 되었도다"라고 말할 뿐이다.

원수의 전략은 모든 세대를 종교적으로 압박해서 무력하게 만드는 것이며 우리가 지금처럼 자기 죄에 억눌리는 한 하나님이 기뻐하시는 일을 하며 주님께 영광 돌리기 어렵다는 것을 빨리 깨달아야 한다. 이 땅을 변화시키는 것은 우리가 아니라 하나님이시다. 예배는 하나님에 관한 것이다. 우리가 자신의 연약함에 집중하는 것을 멈추고 하나님을 바라볼 때 스랍 천사처럼 "주님은 거룩하시다! 이 땅에 주님의 영광이 충만하다"라고 고백할 수 있다.

하나님은 마지막 때에 모든 영광중에 계신 왕을 본 "불타오르는 사람들의 세대"를 일으킨다. 이 세대는 하나님의 사람들이 보좌 앞에 나가지 못하게 막는 죽은 종교의 무거운 멍에를 메고 주저앉아 있지 않으며 그리스도에 맞서는 모든 불법과 악에 무력하게 제압당하지 않을 것이다. 이 불타는 예배자들은 언제나 하나님을 바라보고 그 놀라운 사랑 안에 머무르면서, 자기 내면에 하나님을 기쁘시게 하지 못하는 것이 주님의 불 안에 타는 고통이 있어도 물러서지 않고 정화의 과정을 견뎌낸다. 이유는 단순하다. 어떤 상황에도 하나님의 사랑을 붙들고 그 안에 머물기 때문이다. 하나님을 향한 불타는 사랑의 열정으로 가득한 예배자들을 통해 하나님의 임재의 불이 이 땅에 흘러간다. 보라! 하늘을 움직이고 땅을 흔드는 예배자들이 일어난다!

불타오르는 예배자들은 이 시대가 아무리 어두워도 세상에서 상처받고 버림받은 사람들이 찾아와서 안식할 수 있는 밝은 등대가 될 것이다. 불타오르는 예배자들은 유명하고 화려한 사람들이 아니라 마지막 문이 닫히기 전에 이 세대가 첫사랑을 회복하도록 마치 세례 요한처럼 광야에서 외치는 사람들이다. 이 뜨거운 예배자들의 목소리에 영원한 문이 열리고 영광의 왕이 오셔서 보좌에 좌정하신다! 하나님의 불이 이 세대를 삼켜 하나님의 마음을 움직이는 예배를 일으킬 것이다. 나는 당신도 하나님의 불에 뛰어들어 불타오르는 세대가 되길 기도한다. 당신은 결코 이전 같을 수 없을 것이다!

11장

사랑하는 신부
THE BELOVED BRIDE

나는 내 사랑하는 자에게 속하였고 내 사랑하는 자는 내게 속하
였으며 (아 6:3)

사람은 타고난 타락한 속성 때문에 자기 행위에서 정체성을 찾는다. 특히 서구 자본주의 사회에서는 이런 현상이 두드러지게 나타난다. 세상의 문화는 "모든 사람이 자신의 행복을 추구할 권리가 있다"라고 주장하며 미국에서는 이 주장을 아메리칸 드림이라고 표현한다. 많은 사람이 성공이라는 꿈을 이루기 위해 자기가 계획한 길에 헌신한다. 하지만 이런 세상적 성공 추구는 결과적으로 사람의 영혼과 내면에 소홀하게 만들고 결국 탈진과 허무감에 빠지게 한다. 많은 사람이 일과 꿈에서 자신의 정체성을 찾는 함정에 빠져서 허우적거리다 자신도 잃고 가정도 무너지고 심지어 주님의 사역도 조롱을 당한다. 역사는 우리에게 1930년대 미국에 대공황이 발생하자 수많은 부자가 자살로 삶을 마감했다고 증거한다. 이유는 무엇일까? 부자들은 자신이 쌓아놓은 돈에서 정체성을 찾았는데 돈이 사라지자 자신도 사라져 버렸기 때문이었다.

정체성의 위기

정체성은 존재의 가치를 정의하기 때문에 매우 중요하다. 특히 각 개인이 어떤 존재인지 다양한 방식으로 설명하는 다문화 사회에서는 더욱더 그렇다. 안타깝게도 미국은 하나님이 주신 정체성에 반하는 이념과 인식체계로 자신을 규정하고 설명하려는 사람들의 용광로가 되었다. 우리가 하나님이 창조한 존재라는 것을 모르면 하나님의 자녀라는 핵심 정체성을 잃게 된다. 에덴동산에서 아담과 하와는 창조주 하나님과 함께 걷고 이야기하는 친밀한 관계였다. 주님께서 아담과 하와에게 영을 불어넣으시자 그들의 삶 전체가 하나님과 사람과 사람의 관계를 중심으로 움직였다.

주님은 이렇게 말씀하셨다. "사람이 혼자 사는 것이 좋지 아니하니 내가 그를 위하여 돕는 배필을 지으리라"(창 2:18). 아담이 모든 동물에게 이름을 준 후에 하나님은 이렇게 말씀하셨다. "아담이 돕는 배필이 없음으로"(창 2:20). 그리고 주님은 아담을 깊이 재우시고 그에게서 하와를 창조하신다. 하나님은 관계를 위해 사람을 창조하셨다. 우리는 창세기를 통해 아담이 하나님만 보도록 창조되지 않았음을 알 수 있다. 에덴동산의 모든 완벽함과 풍성함으로 가득한 하나님의 임재 안에 사는 아담에게도 잘 맞는 돕는 배필이 필요했다. 아담과 하와는 에덴동산이라는 환경에 살면서 하나님과 완벽한 관계를 누렸다. 이것이 하나님의 창조이다. 우리는 하나님의 창조 안에서 성부, 성자, 성령 삼위일체 하나님이 누리시는 완벽한 사랑의 관계성을 본다. 그리고 삼위일체의 완벽한 사랑이 하나님의 임재 안에 영원히 나타난다.

성경을 보면 아버지 하나님은 아들 예수님을 사랑하시고 아들은 아버지를 사랑하며 성령님은 아들과 아버지께 영광 돌리신다. 하나님은 삼위일체라는 완벽한 관계 안에 계시기 때문에 우리처럼 감정적으로 채워지기 위한 관계가 필요가 없으시다. 이렇게 완벽한 사랑의 관계 안에 계신 하나님의 궁극적인 마음은 언제나 자신이 창조한 사람들을 향해 그 완전하고 충만한 사랑을 열렬하게 표현하는 것이다. 하나님이 하시는 모든 일에 그 사랑이 깃들어 있다. 하나님은 사람이 사랑받고 사랑하도록 창조하셨으므로 우리가 하나님의 사랑을 받으면 그 사랑을 주변 사람에게 표현해야 한다. 하지만 사람은 원죄 때문에 사랑받도록 창조된 아들과 딸의 원래 정체성을 잃어버렸다.

우리는 창세기 3장에서 이 즉각적인 정체성 상실의 현장을 목격한다. 아담과 하와의 마음에 죄가 들어오자 하나님의 임재가 사라지고 두려움이 몰려왔다. 동산에 오신 하나님은 "네가 어디 있느냐" 외치시며 아담과 하와를 찾으신다. 하나님은 죄의 결과로 사람에게서 임재를 거두셨지만 놀랍게도 여전히 아담과 하와의 죄로 잃어버린 관계를 회복하시려는 적극적인 아버지의 모습을 보여주신다. 지극히 높으신 하나님의 자녀로 창조된 사람들이 죄의 노예가 되었다. 첫 사람 아담은 하나님의 아들이라는 정체성을 잃었지만 주님은 즉시 놀라운 구속의 계획을 예언하신다(창 3:15). 우리가 믿는 하나님은 죄를 심판하시지만 항상 자비를 보여주신다. 하나님은 의로운 심판관이며 동시에 잃어버린 관계를 공의 안에서 회복하기 원하시는 사랑의 아버지이시다.

죄를 짓고 하나님의 임재 밖으로 쫓겨난 사람들이 계속 버려진 상태로 있는 것은 하나님의 뜻이 아니다. 나는 하나님을 묵상할 때마다 사람에게 회개할 기회를 주시는 하나님의 크신 자비와 은혜에 놀라곤 한다. 과연 우리가 하나님이라면 사람들에게 하나님처럼 은혜를 베풀 수 있을까? 종교는 하나님의 모습을 잔뜩 화가 나 있으며 언제든지 죄인을 지옥으로 던져 버릴 만반의 준비를 한 모습으로 표현한다. 이런 종교적인 하나님의 모습은 우리가 창세기에서 보는 사랑과 은혜로 가득한 아버지의 모습이 아니다. 성경에 기록된 하나님의 모습은 잃어버린 관계를 회복하기 위해 자녀들을 찾아오시는 아버지의 모습이다.

구약 성경 전체가 하나님의 자녀의 잃어버린 정체성과 친밀한 관계를 회복하려는 하나님의 계획을 나타낸다. 하나님은 친밀한 관계를 상실한 이스라엘이 하나님의 뜻대로 살도록 친히 율법을 세우셨지만 이스라엘은 그 율법마저 거부하고 대항했다. 율법의 행위로 사람이 의로워질 수 없다. 성경은 우리에게 하나님과 우리의 관계가 결코 율법의 실천으로 가까워질 수 없다고 말한다. 우리의 언행도 중요하지만 언행이 우리의 정체성을 대표하지 못한다.

그러므로 율법의 행위로 그의 앞에 의롭다 하심을 얻을 육체가 없나니 율법으로는 죄를 깨달음이니라 (롬 3:20, 개정)

하나님이 모든 사람을 순종하지 아니하는 가운데 가두어 두심은 모든 사람에게 긍휼을 베풀려 하심이로다 (롬 11:32, 개정)

사랑받는 자

창세기 3장에 아담에게 심판이 선고된다.

17 아담에게 이르시되 네가 네 아내의 말을 듣고 내가 네게 먹지 말라 한 나무의 열매를 먹었은즉 땅은 너로 말미암아 저주를 받고 너는 **네 평생에 수고하여야 그 소산을 먹으리라** 18 땅이 네게 가시덤불과 엉겅퀴를 낼 것이라 네가 먹을 것은 밭의 채소인즉 19 네가 흙으로 돌아갈 때까지 얼굴에 땀을 흘려야 먹을 것을 먹으리니 네가 그것에서 취함을 입었음이라 너는 흙이니 흙으로 돌아갈 것이니라 하시니라 (창 3:17~19, 개정)

우리 안에 "일 중심" 속성이 뿌리내린 이유는 태초에 아담이 지은 죄에 대한 하나님의 심판의 결과 때문이다. 아담은 죄의 결과로 아버지의 놀라운 영광과 친밀한 임재와 따뜻한 관계를 잃고 결과적으로 "영적인 고아"가 되어 에덴동산에서 쫓겨났다. 하나님은 사람을 창조하실 때 영혼의 중심에 하나님이 안식하실 자리, 영원을 사모하는 마음(전 3:11)을 만드셨다. 그러나 죄의 결과 하나님은 처소를 떠나셨으며 사람은 살기 위해 땅을 일궈야 했다. 그래서 아담의 타락 이후 모든 사람 안에 선택의 여지 없이 "고아의 영"이 있다. 우리 안에 있는 고아의 영에서 나오는 공허함은 오직 아버지의 사랑으로만 채울 수 있다. 하나님을 믿지 않는 사람은 하나님이 아닌 것으로 공허함을 채우려고 평생을 수고하지만, 하나님 없는 모든 수고와 시도는 가시덤불과 엉겅퀴를 낼 뿐이다.

상당수의 기독교 교단을 포함하여 이 세상의 종교는 "일 중심" 역할과 관계로 신, 혹은 하나님과 조화를 이룰 방법을 찾으라고 우리를 압박한다. 세상 종교는 잃어버린 하나님의 사랑을 얻으려는 고아의 영에서 나온 인본주의적 시도이다. 우리 내면의 공허함을 채우려는 인정 욕구가 사람들의 관계에서 끊임없이 관심과 사랑을 받도록 부추기기 때문에 사람에게 가장 어려운 것은 "그저 가만히 사랑받는 것"이기도 하다. 고아의 영은 언제나 값없이 받을 수 있는 하나님의 사랑을 수고해서 얻으려 한다. 하지만 성경은 이렇게 말한다. "그러나 더욱 큰 은혜를 주시나니 그러므로 일렀으되 하나님이 교만한 자를 물리치시고 겸손한 자에게 은혜를 주신다 하였느니라"(약 4:6). 하나님의 사랑은 우리의 수고로 얻지 못한다.

　　은혜는 사랑의 하나님이 사람의 자격이나 노력을 따지지 않고 주시는 선물이다. 하나님의 사랑과 은혜는 사람의 노력으로 얻을 수 없으며 오직 하나님의 아들 예수 그리스도를 믿을 때 받을 수 있다. 하나님은 자신의 많은 헌신과 수고를 주장하는 사람들이 아니라 겸손히 자신을 낮추는 사람들에게 은혜를 주신다. 은혜는 오직 믿음으로 받는다! 그래서 현대인에게 가장 힘들고 어려운 것은 어쩌면 "사랑받는 것"일지도 모른다. 사람의 교만하고 죄악 된 본성은 자신의 수고로 하나님의 사랑을 교환하고 싶어 한다. 사람은 자신이 옳은 일을 했기 때문에 사랑받는다는 잘못된 안정감을 추구하는데, 성경은 이것을 교만이라고 부른다. 하나님은 사람의 수고에 뿌리를 둔 모든 교만을 물리치시고 인간적인 노력을 거부하신다. 교만은 모든 죄악의 뿌리이다.

가인은 자기 손으로 경작한 땅의 열매인 곡식으로 하나님께 제사를 드렸지만 주님은 가인의 제물을 거절하셨다. 성경에 하나님이 왜 가인의 제사를 받지 않으셨는지 정확한 이유가 나오지 않는다. 하지만 우리는 앞서 야고보서 4:6에서 하나님이 교만한 자를 물리치신다는 말씀을 읽었다. 하나님이 가인의 제물을 거부하신 이유는 우리 눈에 보이지 않는 가인의 마음속 교만의 문제였을 수 있다. 우리도 마음속 고아의 영 때문에 자기도 모르게 가인처럼 효율적인 일과 사역을 통해 정체성을 찾으려 한다. 자신의 수고에서 정체성을 찾는 것은 하나님의 사랑 안에 값없이 흐르는 은혜를 거부하는 잘못된 선택이다. "너희는 그 은혜에 의하여 믿음으로 말미암아 구원을 받았으니 … 행위에서 난 것이 아니니 이는 누구든지 자랑하지 못하게 함이라"(엡 2:8~9).

태초에 하나님은 자기 형상을 따라 자녀를 창조하셨지 노예와 일꾼을 창조하신 것이 아니다! 우리의 정체성은 하나님 안에서 우리가 누구인지에 달려있다. 우리는 하나님의 자녀로 하나님의 거룩한 속성을 물려받았다. 동산에서 아담과 하와가 범죄한 후 하나님은 우리가 에덴동산에서 누린 지극히 높으신 하나님의 자녀라는 정체성과 관계를 회복하기 위해 이 땅에 독생자 예수님을 보내셨다. 예수님이 찾아오신 이스라엘은 아버지를 잃은 고아나 마찬가지여서 율법을 얼마나 잘 지키는지로 자기 정체성을 삼았다. 예수 그리스도는 이스라엘의 거룩하신 하나님을 "아바 아버지"라고 부르셨다. 히브리 문화에서 아바는 어린아이가 자신의 아버지를 "아빠"라고 부르는 애정이 듬뿍 담긴 말이다.

이스라엘의 종교 지도자들은 아버지를 향한 예수님의 친밀한 표현에 극도로 분노했고, 예수님의 친밀함은 결국 예수님을 죽이려는 그들의 욕망을 부채질하는 촉매가 되었다(요 5:18 참조). 이스라엘 민족은 고아의 영에서 나온 공허함 속에 살았기 때문에 거룩하신 하나님을 아바 아버지라고 부르는 것을 생각조차 할 수 없었고 바리새인들은 자기 수고로 하나님을 즐겁게 해드리려 노력했기 때문에 자녀의 정체성을 회복하기 원하시는 하나님의 계획을 볼 수 없었다. 성경은 예수님이 세례받으실 때를 이렇게 묘사한다.

> 16 예수께서 세례를 받으시고 곧 물에서 올라오실새 하늘이 열리고 하나님의 성령님이 비둘기 같이 내려 자기 위에 임하심을 보시더니 17 하늘로부터 소리가 있어 말씀하시되 이는 내 사랑하는 아들이요 내 기뻐하는 자라 하시니라 (마 3:16~17, 개정)

예수님이 요단강에서 세례받으실 때는 아직 공식적인 사역을 시작하지 않으신 때였다. 12살 때 요셉과 마리아와 성전을 방문했을 때 서기관들과 대화하신 것 외에는 성경에 아무것도 기록된 것이 없었지만, 하나님 아버지는 사역과 상관없이 정체성으로 예수님의 아들 됨을 확증하셨다. 이후 예수님은 성령에 이끌리어 광야로 나가셨고 사탄은 예수님의 정체성을 집중적으로 공격한다. "네가 하나님의 아들이거든 이것을 해라 … 이것을 해라 … 이것을 해라." 사탄은 사람을 공격할 때 일에서 정체성을 찾는 고아의 영이 가진 인정 욕구를 위해 자신을 증명하도록 유혹한다.

예수님은 완전한 사람으로서 보통 사람이 받는 것처럼 시험 받으셨다. 하지만 예수님은 과거와 현재와 미래에도 항상 하나님의 아들이시다. 우리가 거듭날 때 우리 수고가 아닌 하나님의 아들을 믿는 믿음으로 하나님의 자녀가 되는 자격을 받았다. 우리는 하나님의 아들을 믿는 믿음으로 주님의 유업에 참여한다. 우리는 더 이상 아버지 없는 고아가 아니다. 우리는 하나님의 자녀로 입양되었으며 하늘에 계신 아바 아버지의 완벽한 사랑을 마음껏 누리는 관계를 회복했다. 예수님이 흘리신 보혈로 이제 우리의 혈관에 흐르는 왕의 피가 교만과 두려움에 익숙한 모든 옛 속성을 파쇄할 것이다. 우리는 사랑받는 사람이므로 이제 하나님의 큰 사랑을 받아 누리자! 우리가 아바 아버지의 온전한 사랑을 받아들일 때 두려움이 사라진다(요일 4:18 참조).

그 누구도 주님의 사랑을 자기 수고와 헌신으로 얻을 수 없다. 주님을 향한 우리의 헌신은 사랑받기 위한 과정이 아니라 사랑받은 결과이다. 우리는 주님의 보혈을 힘입어 하나님의 자녀가 되어 주님의 임재 앞에 자유롭게 나아가 그 사랑을 누린다. 선하신 하나님은 놀라운 사랑으로 우리를 값없이 사랑하신다. 하나님은 우리를 주님의 사랑에서 멀어지게 만드는 모든 두려움과 의심과 수치 같은 어둠의 뿌리를 몰아내는 완전한 사랑으로 우리를 자유케 하신다. 하나님의 자녀들은 값없이 받은 사랑으로 아바 아버지를 아낌없이 사랑하며 하나님의 사랑을 듬뿍 받은 자녀들은 아버지의 임재에서 흘러나오는 완벽한 사랑으로 하나로 맺어진 형제자매를 사랑한다. 이것이 태초부터 우리를 향한 하나님의 뜻이다.

하나님의 형상으로 창조된 우리는 주님을 향한 예배와 서로를 향한 사랑으로 하나님의 완전한 사랑을 나타내게 하신다. 우리가 서로를 사랑하며 살 때 사랑의 빛으로 어둠을 쫓아낸다. 이것이 마지막 때 예배자 군대의 영광이다! 오, 교회여 이제 자기 수고와 헌신에서 나온 교만을 내려놓고 하나님의 자녀라는 참된 정체성으로 살아가자. 우리는 아름다운 교회 건물을 건축했고 좋은 교단이 있으며 훌륭한 프로그램과 잘 준비된 주일 오전 예배가 있지만 정작 제일 중요한 사랑받는 자녀로 사는 핵심인 아바 아버지의 완벽한 사랑이 부족하다! 주님, 지금 우리를 도우소서!

신부

하나님 아버지는 독생자 예수님을 통해 우리를 구원하셨다. 나는 하나님 아버지께서 세상에 독생자를 보내신 것은 단지 우리를 자녀로 회복하시고 구원하시기 위해서만이 아니라 지금 시대의 영적 최전선에 설 마지막 때 예배자 군대로 세우시기 위해서라고 믿는다. 사도 요한은 요한계시록에 "그 준비한 것이 신부가 남편을 위하여 단장한 것"(계 21:2) 같은 성이 하늘에서 내려오는 환상을 기록한다. 그리고 마지막 일곱 재앙을 담은 천사가 요한에게 다가와 말한다. "이리 오라 내가 신부 곧 어린 양의 아내를 네게 보이리라"(계 21:9). 이 천사는 요한을 데리고 성으로 올라가 이 도시(신부)의 모든 아름다움과 장식을 보여준다. 이 신부는 누구인가? 말 그대로 물리적인 도시인가? 어떤 해석은 새 예루살렘을 물리적인 도시라고 하는데, 나는 이 가르침에 부분적으로 동의한다.

나는 이 신부가 우리라고 생각한다. 우리는 어린 양 예수 그리스도의 신부이다! 하나님 아버지께서 예수님을 보내신 이유는 우리를 죄와 죽음에서 구원하실 뿐만 아니라 우리를 사랑하는 아들 예수님의 신부로 준비하기 위한 것이기도 하다. 그래서 우리의 정체성은 아버지의 자녀이면서 동시에 예수님의 신부이다. 나는 신부로서 우리의 정체성이 마지막 때의 절대적인 열쇠라고 믿는다. 요한계시록 22장에서 요한은 예수님의 기록된 마지막 말씀을 전한다. "보라 내가 속히 오리니 내가 줄 상이 내게 있어 … 나 예수는 교회들을 위하여 내 사자를 보내어 이것들을 너희에게 증언하게 하였노라"(계 22:12,16). 요한은 자신이 들은 것을 기록한다. "성령과 신부가 말씀하시기를 오라"(계 22:17). 이 말씀은 마지막 때 예수님이 오시기 전에 성령님과 신부의 간절한 외침이다. 성령님과 '전사'가 아니다. 성령님과 '중보기도자'도 아니다. 성령님과 '사역자'들도 아니다. 마지막 때 성령님의 탄식은 하나님을 열렬히 사랑하는 상사병LOVE-SICK에 걸린 "신부의 사랑 가득한 예배"로 완성되어 다시 오시는 예수님을 환영할 것이다. 마지막 때 군대를 위한 연료는 불타는 사랑이다! 아가서에서 신부는 신랑에게 외친다.

6 너는 나를 도장 같이 마음에 품고 도장 같이 팔에 두라 사랑은 죽음 같이 강하고 질투는 스올 같이 잔인하며 불길 같이 일어나니 그 기세가 여호와의 불과 같으니라 7 많은 물도 이 사랑을 끄지 못하겠고 홍수라도 삼키지 못하나니 사람이 그의 온 가산을 다 주고 사랑과 바꾸려 할지라도 오히려 멸시를 받으리라 (아 8:6~7)

성경에서 가장 위대한 책은 남편과 아내의 친밀한 사랑을 보여주는 아가서이다. 아가서를 예언적인 눈으로 보면 신부 된 교회를 향한 신랑 예수님의 뜨거운 사랑을 발견한다. 그리스도의 신부로 준비된 교회가 재림하시는 신랑되신 주님과 만날 때 어린 양의 혼인 잔치가 열린다! 당신이 남자든 여자든 상관없이 우리는 모두 주님의 신부다. 신부는 신랑과 함께할 순간을 기대하며 자신을 단장한다. 신부는 어디에서 주님을 위해 준비하는가? 바로 예배의 자리다! 신부는 예배의 제단에서 신랑 앞에 자신의 사랑을 올려드리고 주님과 함께 은밀한 처소의 친밀함을 누린다. 가장 순수한 형태의 예배는 깊은 사랑에 빠지는 것이다.

주님은 지금 이 시대에 하나님의 완전한 사랑을 부어 주신다. 주님의 신부 된 교회가 이 완전한 사랑을 받아들이면 주님이 우리를 사랑하시는 것처럼 우리도 주님을 사랑하게 된다. 우리는 예배로 완전한 사랑의 하나님을 사랑하며 우리의 불타는 사랑을 올려드리며 그리스도와 신부의 친밀한 사랑을 가장 훌륭하게 표현한 것이 남편과 아내 사이의 결혼이다. 하나님이 성경의 마지막 책 계시록에서 그리스도의 신부가 누구인지 드러내신 것처럼 역사의 마지막 때 그리스도의 신부 된 예배자들이 일어날 것이다. 에덴동산에서 하나님은 아담을 창조하시고 홀로 있는 것이 좋지 않아 아담의 옆구리에서 신부 하와를 만드셨다. 바울은 에베소서에서 남편과 아내가 사랑 안에 함께 사는 방법을 가르치면서 이 신비를 알려 준다. 바울은 에베소서에서 결혼을 그리스도와 우리의 관계로 비유하면서 우리를 다시 에덴동산으로 이끈다.

31 그러므로 사람이 부모를 떠나 그의 아내와 합하여 그 둘이 한 육체가 될지니 32 이 비밀이 크도다 나는 그리스도와 교회에 대하여 말하노라 (엡 5:31~32, 개정)

이것은 태초부터 예정된 하나님의 계획이다. 바울은 로마서 5 장과 고린도전서 15장에서 아담이 하나님의 아들의 모형이며 하와는 신부의 모형인 것을 밝힌다. 아담의 옆구리에서 나온 하와가 아담과 하나가 된 것처럼 예수님의 옆구리에서 흘린 피에서 시작한 신부 된 교회도 마지막 날에 예수님과 하나 될 것이다. 마지막 때 군대는 하나님의 자녀이자 그리스도의 신부로서 분명한 정체성을 깨달아야 한다. 우리의 정체성은 두 가지다. 하나님 아버지의 눈으로 본 자녀의 정체성과 아들의 눈으로 본 신부의 정체성이다. 우리의 정체성은 우리가 자신을 어떻게 보느냐가 아니라 하나님이 우리를 어떻게 보시는가에 달려있다!

우리가 하나님의 사랑으로 살면 하나님의 사랑의 빛을 어두운 세상에 비출 수 있다. 신부는 신랑을 향한 불타는 사랑으로 살기 때문에 죽음조차도 신부의 예배와 기도를 막을 수 없다. 바울은 로마서 8장에서 모든 피조물이 하나님의 아들과 딸이 나타나기를 기다리고 신음하며, 성령님이 말할 수 없는 탄식으로 우리를 위해 중보하신다고 말한다. 그리스도의 신부는 온 하늘과 땅의 간절한 열망 가운데 성령님을 힘입어 은밀한 처소에서 자신을 준비한다. 신부는 우리의 신랑이며 왕이신 예수님이 없으면 살 수 없을 만큼 주님을 향한 열렬한 사랑으로 타오른다.

나는 우리가 모든 피조물과 성령님의 탄식과 사랑에 빠진 신부의 탄식이 보좌에 계신 하나님과 어린 양 앞에 올라가는 마지막 때를 산다고 믿는다. 신랑이 속히 오셔서 신부를 취하시길 노래하는 세대가 뜨거운 사랑과 헌신으로 일어날 때가 머지않았다. 신부는 하늘 법정이자 사랑의 제단 앞에 예배와 사랑을 쏟아부으며 준비하고 있다. 신부는 사랑으로 하나님의 아들 예수님께 이렇게 외치며 간구한다. **"주님 오시옵소서! 주님 오시옵소서! 주님은 제 영혼의 사랑이십니다. 저는 당신 없이 더 이상 살 수 없습니다!"** 예수님은 주님을 향한 신부의 사랑에 큰 감동을 받아 만유의 왕으로서 오셔서 신부를 곁에 두실 것이다.

우리의 참된 정체성

예배는 우리가 무엇을 하는가가 아니라 누구인가에 달려 있다! 우리는 하나님의 사랑을 받으며 그 사랑을 다시 하나님의 보좌로 올려드리는 예배자로 창조되었다. 하나님은 우리의 정체성을 하나님 아버지의 자녀로 확정하셨으며 신부를 준비시키시려 아들을 보내셨다. 우리는 하나님의 자녀와 신부로서 하나님의 낙원, 에덴동산에서 주님과 함께한 원래의 위치로 회복할 것이다. 이곳에서 우리는 하나님이 우리에게 부으시는 완전한 사랑으로 예배하고 섬기며 주님의 임재를 누릴 것이다. 우리는 영광스럽게도 하나님이 우리에게 주신 사랑으로 주님을 사랑한다. 우리가 예배 중에 하나님을 향한 사랑을 불태울 때 주님의 사랑이 타인에게 값없이 흘러간다. 이것이 하나님의 형상대로 사람을 창조하신 목적이다.

우리가 하나님과 올바른 관계로 살 때 우리 안에 넘치는 하나님의 사랑이 이웃을 향해 넘치게 될 것이다. 시대가 아무리 어두워도 우리는 그 어둠 속에서 주님의 사랑의 빛을 비추며 결국 우리 앞에서 어둠은 도망갈 것이다. 우리의 참된 정체성은 주님 안에 있다. 일이 아니라 주님과 사랑에 빠질 때 우리 안에 참된 정체성과 삶의 목적이 회복된다. 아바 아버지의 모든 것이 완벽하시다. 하나님의 아들 예수님은 삼위일체 하나님과 같은 사랑으로 신부를 사랑하신다. 사랑이 참된 예배를 위한 원동력이자 마지막 때 영광의 왕이 오실 영원한 문을 여는 열쇠이다. 사랑이 마지막 때 예배자 군대의 참된 정체성과 삶의 목적이다. 이제 가짜 정체성을 버리고 우리의 참된 정체성으로 뜨겁게 살면서 우리의 신랑이자 왕이신 예수님의 재림을 위해 이 세상을 준비하자!

12장

하나님의 임재 안에서 전쟁하라
WARRING FROM HIS PRESENCE

나는 이 책을 마무리하면서 여러분에게 질문하고 싶다. **"당신은 마지막 때 군대에 입대할 준비가 되었습니까? 이 전투의 최전선에 뛰어들 준비가 되었습니까?"** 나는 하나님이 이 책을 읽는 모든 사람의 마지막 때 전쟁의 고정관념을 깨트리시기를 기도한다. 하나님은 세상 방식처럼 사탄에게 주먹을 휘두르고 발로 땅을 쾅쾅 내리치며 이 도시에서 떠나라고 큰소리치지 않는 새로운 방식으로 전쟁하는 새로운 군대를 일으키신다.

> 3 우리가 육신으로 행하나 육신에 따라 싸우지 아니하노니 4 우리의 싸우는 무기는 육신에 속한 것이 아니요 오직 어떤 견고한 진도 무너뜨리는 하나님의 능력이라 모든 이론을 무너뜨리며
> (고후 10:3~4, 개정)

이전 세대의 영적 전쟁은 혈과 육이 낭자한 방식으로 이루어졌다면 마지막 때 군대는 하나님과 사랑에 빠진 곳, 예배의 처소에서 아름답게 전쟁한다! 이 계시가 내 마음에 심겼을 때가 기억난다.

그때는 청년 목회를 하면서 지칠 대로 지쳤었다. 피할 수 없이 다가오는 영적 전쟁의 무게가 아내와 나를 짓눌러 도저히 감당하기 어려웠다. 당시 우리는 아주 친밀한 사람의 죄를 다루어야 했는데 그 사건 자체가 많은 사람에게 악영향을 끼쳤다. 정말 최악의 상황이었다. 많은 사람이 실망했고 우리의 노력과 상관없이 사탄은 여전히 건재하며 우리를 비웃는 것 같았다. 나는 주님을 위한 열정으로 사탄에게 성령의 검 곧 하나님의 말씀으로 반격하기 시작했다.

내 설교는 죄악과 사탄에게 초점을 맞추고 정면으로 대적했지만, 생각과 다르게 몸과 마음은 점점 더 힘들었고 기도할 때도 항상 사탄을 묶고 꾸짖어야 한다는 압박감에 시달렸다. 땀을 뻘뻘 흘리고 턱이 아플 정도로 방언하며 힘겹게 기도하지 않으면 내 기도가 하늘에 닿지 않을 것 같았다. 시간이 흐를수록 나는 죄악과 사탄을 향한 분노가 깊어졌고 나아지지 않는 상황에 의욕을 잃어갔다.

어느 주말, 힘겨움이 절정에 달했을 때 모든 것을 멈추고 아내와 캘리포니아 치코라는 지역의 산에 있는 YWAM(YOUTH WITH A MISSON) 베이스로 휴가를 떠났다. 이곳은 시에라 네바다 산맥의 매우 아름답고 한적한 곳에 있었다. 신기하게 그곳에 도착한 순간 그때까지 짊어졌던 무거운 삶의 무게가 사라지는 것 같았다. 우리는 서둘러 짐을 풀고 곧장 가벼운 차림으로 산길을 따라 걷다 계곡이 내려다보이는 한적한 장소를 발견했다. 이곳에서 나와 아내는 하나님과 홀로 교제하기 위해 서로 다른 곳으로 갔다. 하나님은 평화롭고 적막한 곳에서 내게 말씀하셨고 내 인생이 변화되었다. 그때 내가 들은 하나님의 음성을 여러분과 나누고 싶다.

"네가 지금까지 싸웠던 방법을 내려놓고 이 평화롭고 한적한 장소처럼 '안식처 안에서 전투하는 새로운 방법'을 배워야 한다. 나는 이미 모든 전쟁에서 승리했으며, 너의 전쟁은 나의 승리에서 시작되므로 이미 너의 싸움은 안식을 누리는 이긴 싸움이다. 하지만 사탄은 내 승리의 안식처에서 너를 빼내어 죄와 악에 맞서 증오와 분노의 싸움터로 들어가게 한다. 이제 너는 내 사랑과 평안으로 싸워야 한다."

하나님의 음성이 내 안에 영원한 변화를 일으키는 깨달음을 주었다. 나는 곧 하나님의 음성에 담긴 핵심을 파악했고 그 자리에서 마음에 치유가 일어났으며 지금까지 계속되고 있다. 마지막 때의 예배자 군대는 하나님의 임재를 향한 사랑과 열정으로 싸우도록 부르심 받았다. 원수는 이미 하나님께 패배한 전쟁을 어떻게든 다시 이겨 보려고 우리를 하나님의 사랑과 쉼이 충만한 임재에서 끌어내어 육적으로 싸우게 만든다. 만일 우리가 원수의 교란 작전에 말려들면 다가오는 거친 시간을 견디기 어려울 것이다. 시편 132편에 다윗은 하나님을 위한 처소, 주님을 위한 안식의 장소를 찾을 때까지 눈꺼풀로 졸게 하지 않겠다고 선포했다.

이 말씀이 한 세대 전체가 마지막 때 예배자 군대에 합류하도록 도전하는 내 핵심 메시지이다. 우리의 전쟁은 안식의 장소인 하나님의 임재 안에서 이루어져야 한다. 이 시대에 하나님이 일으키시는 예배자 군대는 심지어 원수가 보는 앞에서 주님께서 마련하신 만찬을 누릴 것이다(시 23:5 참조). 예배자 군대는 큰 원수에 맞

설 때에도 하나님의 임재를 누리는 법을 배운 사람들이다. 하나님을 사랑하는 예배자들의 자발적인 겸손과 사랑의 헌신이 원수의 적진을 무너트린다. 예수님은 이렇게 말씀하셨다.

> 이 세상의 임금이 오겠음이라 그러나 그는 내게 관계할 것이 없으니 (요 14:30, 개정)

이 말씀은 원수가 예수님을 아버지의 품에서 끌어낼 수 있는 어떤 것도 발견하지 못한다는 뜻이다. 예수님은 원하시면 하늘의 모든 천군을 불러 지옥에 맞서 싸울 권세가 있지만 자발적으로 아버지께 순종하사 십자가에서 죽으심으로 모든 인류를 향한 어둠의 권세를 파하셨다. 하나님의 자녀 된 우리도 모든 악의 영역을 묶고 꾸짖고 자르고 찢을 권세가 있지만, 우리의 도시와 지역에서 정사와 권세를 밀어내는 것은 육적인 싸움이 아니라 하나님의 임재와 사랑에 빠져 예배의 제단에 엎드리는 우리의 자발적 순종이다.

이제 최전선으로 뛰어들 준비가 되었는가? 마지막 때 예배자 군대에 동참할 것인가? 우리가 하나님과 이웃을 급진적으로 사랑해야 할 모든 곳에서 서로가 필요하다. 우리가 신랑 예수 그리스도의 신부요 제자임을 확증하는 것은 하나님을 향한 우리의 뜨거운 사랑이다. "세상 나라가 우리 주와 그의 그리스도의 나라가"(계 11:15) 될 때까지 우리 함께 열렬히 예배하며 도시와 열방에 신랑이신 왕이 다시 오실 길을 예비하자. 할렐루야!

6 또 내가 들으니 허다한 무리의 음성과도 같고

많은 물 소리와도 같고 큰 우렛소리와도 같은 소리로 이르되

할렐루야 주 우리 하나님 곧 전능하신 이가 통치하시도다

7 우리가 즐거워하고 크게 기뻐하며 그에게 영광을 돌리세

어린 양의 혼인 기약이 이르렀고 그의 아내가

자신을 준비하였으므로

8 그에게 빛나고 깨끗한 세마포 옷을 입도록 허락하셨으니

이 세마포 옷은 성도들의 옳은 행실이로다 하더라

9 천사가 내게 말하기를 기록하라 어린 양의 혼인 잔치에

청함을 받은 자들은 복이 있도다 하고 또 내게 말하되

이것은 하나님의 참되신 말씀이라 하기로

(계 19:6-9, 개정)

Bethel Books 도서 안내

승리의 종말론 / 값 16,000원

주님의 몸 된 교회는 계속해서 주님의 영광을 향해 성장하며
더욱 더 연합되어 이전에 보지 못한 하나님의 권능을 나타내고,
사탄은 결단코 이 세상을 장악하지 못할 것이다.
우리 주 예수 그리스도께서 만주의 주, 만왕의 왕으로서
모든 대적을 그 발아래 굴복시키실 것이다!

하나님의 불같은 사랑 / 값 13,500원

이 책은 밥 소르기 목사의 베스트셀러 <기도 응답의 지연이
주는 축복> 의 후속편으로, 하나님께서 사랑하는 교회에
어떻게 역사하시는지 알려준다.
불같은 열정으로 타오르는 십자가로 나아가 하나님의 불같은
사랑을 경험하고, 성경에서 가장 영광스러운 주제인
"하나님의 사랑"을 깊이 묵상하라.

워십리더 멘토링 / 값 12,000원

다음세대 예배인도자들을 세우기 위한
예배인도자 10명의 멘토링 이야기.
당신은 이 책을 통해, 10명의 예배인도자와 함께 나란히 걷고,
보고, 배우며 멘토링의 중요한 지혜를 얻을 것이다.

다윗의 세대 / 값 10,000원

다윗의 세대는 마지막 때에 성령님께서 기름부으신 예배자요
영적 용사의 세대이며 여호수아 세대가 시작한 하나님의 일을
완성하는 세대이다. 저자는 8개의 주제를 통해 다윗의 세대의
특징을 효과적으로 설명한다.

지성소 / 값 10,000원

성령님께서 지금 이 시간 그리스도의 거룩한 신부들이 지성소로
들어가도록 부르신다. 하나님께서 가장 높고 은밀한 지성소에서
천국의 사명과 계시, 하나님의 뜻과 거룩한 부르심을 주시고,
이것을 성취할 수 있는 권능을 주신다!

참된 예배자의 마음 / 값 8,500원

이 책의 저자 켄트 헨리는 지난 40년간 예배를 인도하고
예배자를 훈련하는 일에 헌신해왔다.
이 책을 통해 참된 예배자의 마음을 더 깊이알고 살아가게 될
것이다.

하나님의 사랑받는 자녀가 되다 / 값 7,500원

하나님 아버지의 가족으로 입양되어 양자 된 우리의 정체성을 입양을
통해 설명해 준다. 입양된 아이들이 경험하는 여러 가지 힘겨움은
우리가 하나님 나라에서 경험하는 것과 아주 비슷하다.
하나님 아버지의 사랑과 더 깊은 연결점을 발견하게 되기를 기도한다.

옮긴이 / 천슬기

경북대학교를 졸업하고 성도들에게 하나님의 기름 부음과 선한 영향력이 임하는 통로로 쓰임 받기를 기도하면서 다양한 영성서적을 번역하고 있다. 현재 The River Church 에서 사모로 섬기고 있으며 역서로는 〈치유의 임재〉, 〈오전 9시 성령님이 임하는 시간〉, 〈당신의 영적 은사를 알라〉, 〈비전과 목적으로 성장하는 건강한 교회〉, 〈예배 그 이상의 예배〉(이상 서로사랑), 〈지성소〉, 〈중보적 예배〉, 〈승리의 종말론〉, 〈십자가의 아름다움〉(이상 벧엘북스)등이 있다.

마지막 때 예배자 군대

지 은 이 크리스 험프리
옮 긴 이 천슬기
표   지 조종민

펴 낸 이 한성진
펴 낸 날 2020년 12월 7일
펴 낸 곳 벧엘북스 BETHEL BOOKS
등   록 2008년 3월 19일 제 25100-2008-000011호

주   소 서울시 강남구 봉은사로 71길 31 한나빌딩 지층
웹사이트 https://www.facebook.com/BBOOKS2 또는 페이스북에서 벧엘북스로 검색
쇼 핑 몰 https://smartstore.naver.com/bethelbooks
전   화 070-8623-4969(문자 수신 가능)
총   판 비전북 031-907-3928
I S B N 978-89-94642-36-9 / 03230